Über dieses Buch

Nördlich von Arequipa in Peru befindet sich auf dem radioaktiven Felsen von Ylo eine Inschrift, von der es in der Überlieferung heißt, sie beschreibe den Weg zu den versunkenen alten Welten; sie hat bis auf den heutigen Tag noch nicht entziffert werden können. In der Universität von Leningrad lagern Dokumente, die den Schluß zulassen, daß es bereits vor 100 000 Jahren das Wissen um die Kunst der Herztransplantationen gegeben hat ...
Mit diesen und vielen anderen staunenswerten Fakten konfrontiert Charroux den Leser und zeigt, wie vieles darauf hinweist, daß es die sagenumwobenen Kontinente Atlantis und Mu wirklich gegeben hat. Seine kühnen Hypothesen hat Charroux mit gewichtigen Argumenten untermauert.

Vollständige Taschenbuchausgabe
mit 53 Abbildungen
Droemersche Verlagsanstalt Th. Knaur Nachf.
München/Zürich
Lizenzausgabe mit freundlicher Genehmigung der
Econ Verlag GmbH, Düsseldorf

Titel der bei Robert Laffont, Paris, erschienenen Originalausgabe:
Le livre des mondes oubliés

Aus dem Französischen übertragen von Elisabeth Schwarz
Umschlaggestaltung Atelier Blaumeiser
Gesamtherstellung Ebner, Ulm
Printed in Germany
ISBN 3-426-00420-8

1.–20. Tausend Januar 1976
21.–28. Tausend März 1976
29.–36. Tausend Dezember 1976

Robert Charroux:
Vergessene Welten

Auf den Spuren des Geheimnisvollen

Droemer Knaur

Inhalt

Vorwort

In der französischen Ortschaft Plouézoch (Departement Finistère) gibt es eine Pyramide, die so groß ist wie eine Kathedrale.
Auf dem radioaktiven Felsen von Ylo, nördlich von Arequipa in Peru, weist eine nicht entzifferbare Inschrift der Überlieferung nach den Weg zum Eingang »der versunkenen alten Welten«.
Im brasilianischen Sertão wurden steinerne Leuchter gefunden – Säulen mit Kugeln –, die schon in Urzeiten Licht spendeten.
Vor 100 000 Jahren haben unsere höherentwickelten Ahnen erfolgreich Herztransplantationen vorgenommen. Die Beweise dafür werden in der Universität von Leningrad verwahrt.
Dies und unzählige Enthüllungen ähnlicher Art bilden den erregenden, weil geheimnisumwitterten Inhalt dieses Buches. Damit sich der Leser besser von den Tatsachen überzeugen kann, sind die Berichte mit zahlreichen Fotos belegt.
Mit einem Wort, das Buch wird Sie nicht enttäuschen: weder in der Beschreibung vergessener Kontinente oder in den Abhandlungen über Archäologie, noch in der Schilderung unerklärlicher Ereignisse aus dem geheimnisvoll-unbekannten Bereich. Doch es bietet noch mehr. Es untersucht darüber hinaus Fragen und Probleme rund um die Christusgestalt, wobei der Autor so häretische Aspekte aufzeigt, daß er in früheren Zeiten dafür auf dem Scheiterhaufen gelandet wäre. Schließlich wird überzeugend all das dargestellt, was etwa 5000 bis 10 000 Menschen wohl wissen, aber nicht preisgeben können.
Es ist ein ungewöhnliches, ein erregendes, aber kein frevlerisches Thema. Gewiß, der Jesus der Evangelien wird nicht geschont; aber der echte, der authentische Jesus, der essenische »Lehrer der Gerechtigkeit«, streng und unbestechlich wie er war, wird lebendig aus dem Abenteuer hervorgehen.
Da ich gewisse Reaktionen voraussehe, möchte ich den Leser meiner Aufrichtigkeit versichern. Als ich die sogenannten heiligen Schriften studierte, die Manuskripte vom Toten Meer und auch andere Dokumente, die Sie wahrscheinlich nicht kennen, tat ich es nicht als Christ, nicht als Atheist, sondern ohne jede Parteinahme als Historiker und Exeget. Alles, was ich vorbringe, sind nur Hypothesen, allerdings mit dem größ-

ten Wahrscheinlichkeitsgrad. Es ist nicht ausgeschlossen, daß sie falsch sind oder zumindest deutlich an der Realität vorbeigehen. Der Wahrheit kann man sich eben nur schrittweise nähern, in einem ständigen Auf und Ab von positiven Ergebnissen und Irrtümern. Der Forscher irrt in einem Labyrinth umher, in dessen Zentrum er nie gelangen kann.

So muß ich ein »mea culpa« anstimmen und zugeben, daß mir zahlreiche Fehler unterlaufen sind: Der Andenleuchter ist nicht in den Stein gehauen, sondern in den Sand gegraben; die runden Steine in Guatemala sind keine Überreste einer alten Kultur, sie sind einfach vulkanische Gebilde . . . Leider bin ich von falschen Behauptungen irregeführt worden, aber in diesem Buch werde ich verschiedene Angaben aus früheren Berichten richtigstellen.

Es wird mir aber auch noch ein anderer, schwerwiegenderer Vorwurf gemacht: Schüler und Studenten stellen immer öfter einen Teil des klassischen Unterrichts in Frage, indem sie sich auf meine Bücher berufen. Ich bedauere dies aufrichtig und bitte meine jungen Freunde zu verstehen, daß – wenn auch für manche meiner Thesen authentische Beweise existieren – sie meist nur intellektuelle Spielereien sind. Sie sollen den Geist schärfen und könnten eines Tages eine Bestätigung finden. Aber diese Arbeit, dieses Spiel setzt selbstverständlich die Kenntnis der klassischen Grundlagen, etwa der Chemie, der Physik, der Biologie und der Mathematik, voraus.

Robert-Charroux-Klubs sind in Frankreich und im Ausland spontan gebildet worden. Es haben sich dazu Studenten, begeisterte Anhänger der Erforschung des Ungewöhnlichen, des Übersinnlichen und des nonkonformistischen Wissens zusammengefunden. Diese Klubs erhalten periodisch Themen zum Studieren, Infragestellen und Durchdenken. Aber ich möchte meinen Freunden nochmals versichern, daß es sich dabei um Arbeitshypothesen handelt. Auf keinen Fall ist es mein Wunsch, sie dem Schulunterricht zu entfremden. Im Gegenteil.

In diesem Buch werden die Initiation und das Geheimnisvoll-Unbekannte tiefer durchleuchtet als in meinen früheren Werken. Denn mein Anliegen ist es, Aberglauben sowie blinden und falschen Glauben aus der Welt zu schaffen.

Phantastisches

1. Der Candelabro und das Geheimnis von Nazca

Wenn wir Menschen auf unserem Planeten ungewöhnliche Gegenstände finden, Zeichnungen oder Schriften, die wir weder datieren noch entziffern können, geraten wir unweigerlich in Versuchung, sie unbekannten oder sogar außerirdischen Kulturen zuzuordnen.
Auf zwei Gog und Magog genannten Hügeln in der Nähe von Cambridge (England) kann man vom Flugzeug aus riesige Zeichnungen erkennen, die vom Boden her nicht sichtbar sind. Aus derselben Perspektive findet man in der Grafschaft Somerset die Himmelskarte unserer Hemisphäre gezeichnet, und zwar in den trockenen Flächen und Kanälen, die einen mehrere Kilometer langen Teich umranden (nach Victor Kernbach, *Traditions Inconnues* – Unbekannte Überlieferungen). Oder: In den Vereinigten Staaten bilden Bodenerhebungen riesige Schlangen; vielleicht sind sie das Werk eines geheimnisvollen alten Volkes.
Diese verschiedenen Symbole oder Schriften scheinen so angelegt worden zu sein, daß sie nur für einen Beobachter in der Luft lesbar sind, der entweder von einem anderen Planeten kommt oder sich in die Luft erheben kann.

Geheimnisvolle Spuren

Die Halbinsel Paracas in Peru liegt 300 km südlich von Lima. Hier findet man den rätselhaften *Candelabro*, den Andenleuchter, auf einem kleinen halbmondförmigen, violetten Hügel, der ein letzter Ausläufer der Kordilleren ist. Der Boden ist sandig, mit einer dünnen Oberschicht aus violettem Kies, die eine dicke Schicht ockerfarbigen, mehlig-feinen, aber kompakten Sandes bedeckt, der von jeglicher Verschmutzung frei ist.
Der Candelabro oder die »Tres Cruces«, wie er von der einheimischen Bevölkerung genannt wird, liegt gegenüber von Pisco, ungefähr zehn Seemeilen entfernt auf der anderen Seite der riesigen Bucht.
Um den Ort auf dem Landweg zu erreichen, muß man einen dreißig Kilometer langen Umweg machen. Da die Peruaner von Natur aus wenig zur Neugierde neigen, glaube ich, daß wir – mein Freund Edmond Wer-

tenschlag, meine Frau Yvette und ich – in diesem Jahrhundert wohl die ersten Menschen waren, die die unermeßlichen Sandflächen von Paracas betreten haben.
Wir hatten die Bucht überquert und, nach einer schwierigen Landung am steilen Felsenufer, ungefähr einen Kilometer vom Candelabro entfernt, das Land betreten. Es war am 26. April 1969. Edmond Wertenschlag und die Besatzung der kleinen Jacht könnten es bezeugen: Wir haben einen vollkommen unberührten Boden vorgefunden; kein Hinweis darauf, daß jemals Menschen hier gewesen sind. Dafür haben wir die Spuren eines Pumas gefunden: runde Löcher in einer Linie, da das Tier beim Gehen die Füße kreuzt.
»Er muß diese Nacht vorbeigekommen sein«, bemerkte meine Frau, denn die Abdrücke sahen ganz frisch aus.
»Oder vorige Woche«, antwortete Edmond Wertenschlag, der sich über das Phänomen von Paracas bereits eine Meinung gebildet hatte . . . Oder vor zehn Jahren. Denn, und dies ist der unerklärliche Grund, der den Candelabro alle Stürme und Unbilden von Wetter und Zeiten überdauern ließ, die Dünen von Paracas erhalten unverändert durch Jahrhunderte und Jahrtausende die Spuren, die einmal in ihren violetten und ockerfarbigen Sand gegraben wurden. Eine Zeichnung mit der Spitze eines Sonnenschirms würde – vorausgesetzt, daß kein Eingriff von Menschenhand erfolgt – über das Jahr 2000 hinaus erhalten bleiben.
Als wir von unserem Landeplatz zum Candelabro gingen, führte unser Weg entlang des Pazifiks über ein kleines Plateau aus halberstarrtem Sand. Die Dünen erhoben sich zu unserer Linken mit einer Steigung von etwa 40° bis zu einer Höhe von rund 400 Meter.
Unsere erste Entdeckung waren drei Spuren, die vom Gipfel bis zum Rand der Steilküste hinunterliefen. Sie sahen wie drei Furchen eines Lastwagenrades aus, das auf einer Breite von 25 cm den Sand leicht zusammengedrückt und eine kaum zentimetertiefe Rinne gebildet hatte. Als ob ein einzelnes Rad ganz allein den Abhang hinuntergerollt wäre.
Je mehr wir uns dem Candelabro näherten, desto weicher wurde der Sand, so daß wir beim Gehen bis zu den Knöcheln einsanken und tiefe, ockergelbe Spuren hinterließen, die sich von der violetten Fläche eigenartig abhoben. Meine Frau ging voran, und wir setzten unsere Füße aufmerksam in ihre Spuren, wohl aus einem dunklen Gefühl der Achtung vor der

Abbildung 1 und 2: Der Große Mann von Wilmington, den man vom Flugzeug aus bei South Downs (Eastbourne) in England sehen kann, ist 80 Meter lang. Seine Umrisse werden von einem riesigen Graben gebildet. Der Candelabro wird auch der »Dreizack der Anden« oder »Los Tres Cruces« genannt.

Abbildung 3: Es ist ein Rätsel, wer diese geheimnisvollen Linien in die Dünen von Paracas gezeichnet hat.

Unberührtheit des Sandes. Wir gingen wie in einer Prozession und fühlten uns auch genauso feierlich.
Der Candelabro – aber ist es überhaupt ein Leuchter? – liegt an einem Hang; die Linien bilden Vertiefungen, die fast überall von brüchigen, geriefelten Kalksteinen gesäumt werden. Die Hauptachse könnte die Furche eines riesigen Schlittens oder eines Walfängerbootes sein, das man hat hinuntergleiten lassen. Diese Mittelfurche ist ungefähr 4,50 m breit, 0,60 m tief und an die 500 m lang. Die Äste des Candelabro und die bildlichen Motive, die wie Personen oder Tiere aussehen, sind von geringerer Breite

und Tiefe. Die Steine am Rand der Rinnen sind halb im Sand verschwunden. Sie scheinen nicht befestigt gewesen zu sein und sind eher am Rand der Furche verstreut, statt diese richtig zu begrenzen.
Der Hang ist manchmal so steil, daß meine Frau beim Aufstieg stellenweise die Hände zu Hilfe nehmen mußte; und selbst dabei war sie noch unsicher, denn der Wind bläst am Nachmittag sehr stark in der Gegend von Pisco. Die Winde von Paracas sind in Peru so berühmt wie der Nordwind im Mittelmeergebiet.
Ich erwähne diese Details, weil sie für das Verständnis des Phänomens von größter Bedeutung sind: Trotz Wind und Gefälle flog nämlich nicht ein einziges Staubkörnchen um uns herum. Als wären die Dispersionskräfte gegen die Dichte des Sandes machtlos*. Es wird etliche Wochen, Monate oder noch länger dauern, bis unsere Spuren wieder ausgelöscht sind.
Es klingt unwahrscheinlich, unglaublich, aber es ist eine feststehende Tatsache: In der lockeren Düne von Paracas bleiben Spuren, die an jedem anderen Ort in einer Stunde verschwunden wären, Jahrhunderte und vielleicht sogar Jahrtausende lang erhalten.

Der Candelabro

Der *Candelabro de los Andes* geht wahrscheinlich auf die Zeit der Inkas oder vielleicht auf jene der Aymaras zurück. Wie so oft haben die Christen dieses Monument für sich beansprucht und es »die drei Kreuze« getauft; die Einheimischen sagen häufiger »der Dreizack«.
Er sieht wie ein dreiarmiger Leuchter mit einem ausgeprägten Mittelstamm aus, der auf einem rechteckigen Fuß ruht. In der Mitte dieses Fußes sieht man eine in den Sand gegrabene Aushöhlung, von der ich allerdings annehme, daß sie aus viel späterer Zeit stammt als die anderen Linien. Die Spitze des mittleren Astes wird von einer Art Totem gebildet, einem Kopf und zwei erhobenen Händen. Einige Meter tiefer wachsen zu beiden Seiten der Achse Äste, die in einer Spirale enden.
Etwa in der Mitte des Leuchters gehen zwei weitere Zweige von der Achse aus. Sie führen ungefähr hundert Meter von ihr weg, um dann in rechtem Winkel aufzusteigen, ohne aber die Höhe des mittleren Totems zu erreichen; sie haben die Form einer Eidechse oder eines Salamanders. Zwei

* Es ist eine erwiesene Tatsache, daß der Sand ab einer bestimmten Feinheit dem Wind widersteht und daß die unfühlbar feinen Pulver selbst im Zentrum eines Wirbelsturms unbewegt bleiben.

Stützarme – in Wirklichkeit zwei Gräben – bieten den beiden Zweigen einen fiktiven Halt.
Man hat gesagt, daß es ein Lebensbaum ist. Eduardo Garcia Montero schreibt in seinem *Code libre des pirates* (Freier Kodex der Piraten): »Es ist eine Markierung der Seeräuber zur Bezeichnung ihrer Schatzverstecke.«
Andere wieder behaupten, daß die »drei Kreuze« um das Jahr 1835 von einem Geistlichen, dem Pater Guatemala, angelegt wurden »zwischen der Landzunge Pejerrez und der Insel San Gallân, damit die Fischer der Bucht von Pisco sie an diesem von wütenden Stürmen umtobten Ort betrachten können«. Dies ist unzweifelhaft eine fromme Lüge, da der Leuchter bereits mehr als ein Jahrhundert vorher gesehen und beschrieben worden war.
Tatsächlich ist es so, daß weder der Zeitpunkt der Entstehung noch die Urheber mit Sicherheit bestimmt werden können. Die wunderbare Konservierung der Erdgräben war noch nie Gegenstand von Untersuchungen peruanischer Archäologen; was die ausländischen betrifft, so haben sie nicht einmal von der Existenz des Candelabro eine Ahnung.
Die einzige Bemerkung, die ich zum Thema machen möchte, ist folgende: Abgesehen vom natürlichen Widerstand, den der feine Sand den Dispersionskräften bietet, ist der Hügel mit dem Candelabro durch seine Lage vor den beherrschenden Winden von Paracas geschützt, deren gewöhnliche Richtung west-östlich ist.
Welche Bedeutung hat diese große Zeichnung aber wirklich, die wir in Ermangelung einer besseren Definition wohl den »Andenleuchter« nennen müssen?

Das Ker Lan von Paracas

Ich selbst habe noch einen anderen solchen »Leuchter« entdeckt. Er ist größer und schöner als dieser, liegt in der Pampa von Nazca und sieht eher wie ein Reliquiar aus. Es dürfte kein Zweifel darüber bestehen, daß die Zeichnungen von Nazca mit dem Candelabro eng verbunden sind. Gelingt es, ihn zu erklären, verfügt man über wesentliche Angaben zur Lösung der anderen Rätsel.
Die Gegend von Paracas (Bucht von Pisco) ist reich an archäologischen Funden. Die Töpferei von Paracas ist in ganz Peru berühmt. Aber dort,

Abbildung 4: Hier die große Mittelachse des Candelabro; es ist nur ein Graben, der sich nie füllt.

genauer gesagt in den Höhlen von Paracas, wurde auch ein Großteil der Mumien aus der Inkazeit gefunden. Es wurden sicher noch nicht alle entdeckt, und man kann annehmen, daß diese Gegend ein heiliger Ort, eine Bestattungsstätte, war, das, was die Kelten ein Ker Lan, das heißt die Stadt des heiligen Ortes, nannten.
Am inneren Ufer der Halbinsel, das ich sehr gut kenne, und am anderen Ufer, das zum offenen Meer hin liegt (dieses habe ich nicht erforscht), gibt es unzählige steile Felsklippen, die von tiefen Höhlen durchsetzt sind. Diese sind entweder Öffnungen von unterirdischen Höhlensystemen oder Labyrinthe mit zerklüfteten Säulen, an denen sich die Wellen in bewegtem Farbenspiel brechen.
In diesen Höhlen sind die berühmten »Mumien von Paracas« entdeckt worden; in diesen Höhlen – die Phantasie verleitet zu diesem Gedanken, und wahrscheinlich entspricht er der Wahrheit – haben die Piraten und Freibeuter aus der Zeit der Silberflotten ihre Beute und ihre Schätze versteckt. Könnte man annehmen, daß sie diesen Candelabro oder Dreizack gezeichnet haben, um ihren Schlupfwinkel leichter wiederzufinden? Wohl kaum! Außerdem ist die Zeichnung nur vom Land oder von der Bucht aus sichtbar, also unsichtbar von hoher See, wo die Schiffe unter schwarzer Flagge zu segeln pflegten. Auch ist die Halbinsel Paracas sehr leicht zu erkennen, denn sie ist die einzige an der ganzen peruanischen Küste. Die Zeichnung des Dreizacks mit dem Salamander scheint eher mit dem Stil der Inkas als mit jenem der Flibustiere verwandt.

Das Zeichen für tabu

Wie allgemein in Peru angenommen wird, muß man den *Candelabro* als Zeichen bewerten. Ich bin sicher nicht weit von der Wahrheit entfernt, wenn ich annehme, daß die Halbinsel Paracas unter dem Zeichen für *tabu* steht. Am Fuß des Berges: Gräber, Mumien, Schätze vielleicht, sicher Gold. Oben: der Leuchter als Wächter und Zeichen für tabu. Es ist verboten, diesen Ort zu entweihen.
Diese Erklärung wäre zufriedenstellend, wenn sie auch für die Pampa von Nazca gelten könnte. Die geheimnisvollen Zeichen, die über eine riesige Fläche verstreut sind, wobei viele Linien mehr als 60 km lang sind, müßten gemäß der eben vorgebrachten Hypothese eine unermeßlich große Nekropole bezeichnen und bedecken, in der Tausende und Abertausende Mumien verborgen sind, alle mit ihrem goldenen Zehrpfennig für das Jenseits ausgestattet. Alles Gold von Peru . . . der phantastischste Schatz der Welt!

Abbildung 5: Vom Flugzeug betrachtet, sieht die Pampa von Nazca wie eine Fläche mit Landebahnen aus. Die schräge schwarze Linie ist der Panamerican Highway.

In diesem Fall könnten die geometrischen Linien, die Zeichnungen von Personen, Blumen, Tieren, wie Lamas, Kondore, Spinnen, Schlangen, und anderer Gegenstände wie das Reliquiar von Nazca entweder für uns unverständlich gewordene Epitaphe oder aber Grenzlinien zwischen Stämmen, Rassen, Völkern oder Generationen sein.

Ruht vielleicht im goldenen Sand der Pampas von Nazca und Paracas der sagenhafte Schatz der Inkas, den Pizarro und Almagro vergeblich suchten? Dieser Schatz, von dem sowohl Geschichte als auch Sage zu berichten wissen, wurde nach Ansicht der Chronisten Cieza de Leon und Garcilaso de la Vega »von den *Orejones* vor der Ankunft der Spanier versteckt, sobald die Inkas begriffen hatten, daß es die Eroberer nur auf ihre Schätze abgesehen hatten«.

Versteckt ja, aber wo? Die Geschichte gibt darüber keine Auskunft. Bisher hatte man gedacht, daß die Verstecke auf dem Altiplano zwischen Cuzco und Machu Pichu liegen, wo ich einige Inkagräber gesehen habe, von denen die Prähistoriker nichts wissen. Vielleicht sollten die Nachforschungen in Zukunft eher in der Gegend des Reliquiars von Nazca vorgenommen werden, der wie ein ungewöhnliches Juwel in die Pampa gezeichnet ist, inmitten eines wahren Labyrinths von parallelen und gekreuzten Linien. Doch leider dürfte nur geringe Hoffnung bestehen, in Nazca eine Nekropole zu entdecken, da die Linien von einem langen modernen Band durchschnitten werden: dem Panamerican Highway, bei dessen Bau meines Wissens keine aufsehenerregenden Funde zutage gefördert wurden.

Die Pampa von Nazca

Am 15. Breitengrad, zwischen 73 und 75 Grad westlicher Länge, erstrekken sich wüstenähnliche Plateaus in mittlerer Höhenlage, die von ebenso öden Tälern durchzogen werden. In dieser Wüste, die zu Unrecht Pampa genannt wird, kann man vom Flugzeug aus die geheimnisvollen Zeichnungen von Nazca sehen, die sich über Tausende und Abertausende Hektar Land erstrecken.
Sollten Sie sie aus der Nähe betrachten wollen, empfehle ich Ihnen, zunächst nach Lima zu fahren und von dort ein Lufttaxi entweder nach Paracas, in die Nähe des *Candelabro*, oder nach Nazca zu nehmen, von wo aus man die öden Pampas durchstreifen kann.
Der Panamerican Highway führt zwischen Pisco und Nazca mitten durch die Zeichnungen, insbesondere direkt an der berühmten Spinne vorbei. Ein genaueres Studium erfordert eine Fahrt im Taxi, zum Beispiel von Nazca zum Rio Grande oder von Nazca nach Palpa.
Aber *pistas*, wie man in Peru die Linien und Flächen aus hellem Sand nennt, findet man überall, von Paracas bis Chile: Die sicherste Methode, sie zu entdecken, besteht darin, die Gegend unermüdlich mit dem Flugzeug zu durchstreifen; dann kann man gewiß sein, daß man Dutzende, wenn nicht Hunderte von bisher unbekannten Zeichnungen entdecken und lokalisieren wird.
Eine wesentliche Vorkehrung muß man allerdings treffen: nämlich die Erkundungsflüge am Morgen durchführen, da die Stürme von Paracas gewöhnlich jeden Nachmittag losbrechen und solche Forschungsunternehmen in der Luft gefährlich machen*.

* Am Sonntag, dem 27. April 1969, zerschellte die Cessna unseres Piloten Luis Astengo Alvizuri, der in Peru unter dem Namen »Goldpfeil« berühmt war, in Molina, als er uns in Pisco abholen wollte. Am selben Tag und zur gleichen Stunde stürzte auch der Hubschrauber des bolivianischen Staatspräsidenten René Barrientos bei Cochabamba ab, und achtzehn Personen kamen bei einem Linienflug ums Leben: Die Anden haben an diesem Tag ihre Opfer gefordert. Wir selbst sind wie durch ein Wunder verschont geblieben.

Das Werk eines außerirdischen Volkes

Am Sonntag, dem 27. April 1969, hob unsere kleine Piper, geflogen von einem jungen Leutnant des Stützpunktes, von Pisco in südöstlicher Richtung ab.

Mein Freund Edmond Wertenschlag, der zugleich mein Führer war, begleitete mich. Der Leutnant kannte die Gegend wie seine Westentasche, da er sie fast täglich überflog; dieser Umstand sollte uns bei der Rückkehr das Leben retten.

Er machte mich darauf aufmerksam, daß wir etwa 20 km nach Pisco Zeichnungen sehen würden, von deren Existenz nur wenige Leute etwas ahnten. Diese Zeichnungen sind vielleicht die schönsten der Pampas überhaupt; sie stellen unter anderem einen Kondor mit ausgebreiteten Flügeln und einen Mann mit seinem Lama dar.

Nach ungefähr einer Stunde überflogen wir ein grünendes Tal, von dem ich annehme, daß es das Tal des Rio Grande war. Hier beginnt das Gebiet der Zeichen. Das Tal windet sich wie eine grüne Schlange durch die Pampas, die in Wahrheit nichts anderes als Wüsten mit Sand und Steinen sind. Das Land ist öde wie die Halbinsel Paracas mit ihrem Candelabro. Wenn man Nazca überfliegt, sind es die riesigen »Landebahnen«, die am stärksten ins Auge springen und die Phantasie anregen. Warum »Landebahnen«? Ich kann es nicht sagen, aber dieser Verwendungszweck fällt einem unmittelbar ein, wenn man die großen Rechtecke oder Trapeze sieht, die mehrere hundert Meter, manche sogar mehrere Kilometer lang sind, und die dreieckigen, flügelförmigen Bündel, die sich auf unermeßlichen Weiten als helle Flecken auf dem dunkleren Grund des Bodens abzeichnen.

Diese ganze Wüste ist mit einer dichten Schrift bedeckt. So weit das Auge reicht, nichts als Linien; manchmal sind sie parallel, öfter laufen sie auseinander, aber immer sind sie ganz gerade. Sie erklimmen Grate und Hügel, steigen in Schluchten hinab, kreuzen und verschlingen sich in einer Vielzahl von hellen Flächen: Rechtecke, Trapeze, Dreiecke. All das ist eingesäumt, wenn man so sagen kann, mit einer braunen Linie, die den Umrissen genau folgt.

Was bedeuten diese Linien und Flächen? Man zermartert sich erfolglos das Gehirn, um eine Erklärung zu finden. Doch unweigerlich kommt man immer wieder auf den ersten unwiderstehlichen Eindruck zurück: Landebahnen, wie man sie in Orly oder auf den großen Flughäfen von New York, London und Tokio zu sehen gewohnt ist.

Diese *pistas* sind geometrisch so exakt gezeichnet, daß sie vom Reißbrett eines riesigen Architekten zu stammen scheinen, der einer wissenschaftlich hoch gebildeten, außerirdischen Zivilisation angehört. Es sieht so aus, als wäre das unberührte, flache, sandige Blatt von Nazca aus großer Entfernung mit einem Laser oder anderen technischen Mitteln bedruckt worden. Handelt es sich um ein Spiel, um eine Botschaft, von Erdenbewohnern an außerirdische Leser gerichtet, oder um Bojen, ein Signalisiersystem, das Raumfahrer hinterlassen haben? Unser bewußtes Denken zögert und verweigert die Aussage, aber in unserem Unterbewußtsein mischen sich widersprüchliche Eindrücke, aus denen sich gewisse Fakten herauskristallisieren: Flugfelder, »Kosmodrome«, Laserspuren – Botschaft einer Kultur auf einem anderen Stern!

Kein Rationalist wird zugeben, daß diese Eindrücke der tatsächlichen Wahrheit entsprechen, aber keiner würde sich an Ort und Stelle der Magie der Bilder entziehen können, die ich vor Ihren Augen habe erstehen lassen.

Logisch betrachtet, kann man diese geometrischen Linien, die mit Zeichnungen von Blumen, Vögeln, Insekten, Göttern und surrealistischen Gegenständen bestreut sind, nur für das Werk eines alten Volkes halten – der Inkas vielleicht –, das jene Gegend in Peru bewohnt hat. Dieselbe Logik hindert uns aber zu glauben, daß ein altes Volk in Südamerika über genügend technische und wissenschaftliche Kenntnisse verfügt hat, um diese kolossale Arbeit zu verrichten, deren Entwurf nicht mit menschlichen Maßstäben zu messen ist und eher mit einer Titanenkultur verbunden zu sein scheint.

Wie soll man die Linien wiedergeben? Aus welcher Entfernung im Raum? Unsere verdammte Logik zwingt uns zur Annahme, daß nur ein von der Erde entferntes Auge und Gehirn die vollkommene Geradlinigkeit gewährleisten konnte, was wiederum bedeutet, daß der Architekt von einem Helikopter, einem Flugzeug oder einem anderen Luftfahrzeug aus operierte.

Zusammenhanglosigkeit, Widerspruch, außerirdische Wissenschaft . . . Wie soll man sich aus diesem Puzzle ein Bild machen?

Die Zeichnungen sind jünger als die Linien

Die Zeichnungen von Nazca sind – wie ich bereits ausgeführt habe – nicht nur geometrische Figuren, sie zeigen auch viele andere Dar-

Abbildung 6 und 7: Zwei geheimnisvolle Zeichnungen unter Tausenden: der 400 Meter lange »Kondor« und die nur 30 Meter lange »Spinne«. Die Linien sind streng geometrisch.

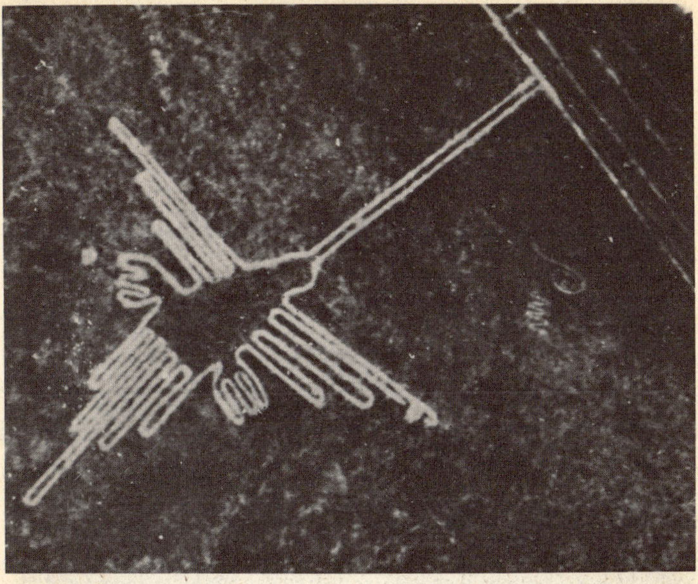

stellungen. Eine Spinne, die mir (nach sehr annähernder Schätzung) ungefähr fünfzig Meter lang schien, liegt entlang des *Panam*, ungefähr einen Kilometer vom Tal entfernt. In dieser Zone sieht man auch andere geheimnisvolle Zeichnungen, eine Art »Schießscheiben« mit sieben Kreisen oder Spiralen, einen Vogel mit langem Schnabel, Flügeln und weit gespreiztem Schwanz.

An anderen Orten, wie in der Gegend von Palpa (Pampa von Huayuri), in den Schluchten zwischen Chesica und Lima, auf dem Weg nach Canta, in den Schluchten von Puquio, findet man außer den obligaten »Landeflächen« auch Vögel, nimbengeschmückte Götter, dreiköpfige Schlangen und sechsblättrige Blumen . . .

Diese Zeichnungen sind alle von unglaublicher Schärfe. Sie müssen von höher entwickelten Gehirnen stilisiert worden sein, denn sie beweisen eine künstlerische Reife, wie sie nur die größte Epoche der Malerei in Frankreich gehabt hat: Ende des 19. und Beginn des 20. Jahrhunderts. Obwohl die geometrischen Linienführungen zur Entstehung faszinierender Hypothesen geführt haben, scheint mir ihr Rästsel noch nicht gelöst. Ein wichtiges Detail wird immerhin bei genauer Betrachtung deutlich: Die Zeichnungen sind jüngeren Datums als die »Landeflächen«, die sie entweder auslöschen oder auf die sie übergreifen.

Wie in Paracas besteht auch in Nazca der Boden aus hellgelbem Sand, der von einer dünnen, granitartigen dunkleren Schicht bedeckt wird. Die Linien treten erstaunlich deutlich hervor, da sie den ockerfarbenen Sand inmitten der dunkelvioletten Fläche des unberührten Bodens freilegen. Wie in Paracas sind die Linien schmale Wege oder Gräben von geringer Tiefe, gesäumt von einem Wulst aus Steinen und Sand. Manchmal gibt es keinen solchen Wulst, und die Linien sind – wie die parallelen Linien nahe beim Candelabro – nur geheimnisvolle Spuren.

Aber Spuren von was? Wie sind sie entstanden? Und wie kann der ockergelbe Sand auf den *pistas*, auf den Rechtecken und dreieckigen Flügeln erhalten bleiben, ohne schließlich von dem violetten granitartigen Film bedeckt zu werden, der sonst überall liegt? Und wie konnten diese Linien, diese Zeichen bestehen bleiben trotz Sturm und Regen – wobei allerdings letzterer in dieser Gegend ziemlich selten ist?

Wie in Paracas stehen wir erstaunt vor einem Phänomen: Es ist unglaublich und doch wahr. Denn die Winde von Nazca, die Stürme, muß man schon sagen, sind ebenso heftig wie in der Gegend des *Candelabro de los Andes*. Ich habe es an diesem 27. April 1969 selbst erlebt, als unser kleines Flugzeug seinen Erkundungsflug unterbrechen mußte, da es von den Böen unbarmherzig hin und her geworfen wurde. Durcheinandergeschüttelt, hochgerissen, umgeworfen, so verbrachten wir ein oder zwei

dramatische Stunden, da uns sowohl Nazca als auch Pisco wegen der außerordentlich schlechten atmosphärischen Bedingungen die Landung verboten.
Später berichtete uns meine Frau, die auf der Startbahn von Pisco geblieben war, daß man wegen des aufgewirbelten Staubes keine hundert Meter weit sehen konnte; um nicht von den Windstößen umgeworfen zu werden, hatte sie bei einem Hangar Schutz suchen müssen.
Diese Feststellungen zeigen, daß zwar der Staub auf dem Flugplatz aufgewirbelt wurde, daß aber zum selben Zeitpunkt und trotz eines gleich starken Sturmes der gelbe Sand von Nazca unbeweglich und ohne sichtbare Veränderung liegenblieb. In Nazca waren die Zeichnungen und Linien immer gut zu sehen.

Liegt der Schlüssel auf der Venus?

Die Historiker und Archäologen haben sich für die Bilder von Nazca kaum interessiert. Nur der New Yorker Professor Paul Kosok hat sich gemeinsam mit Maria Reiche, einer Spezialistin für Astronomie und Mathematik aus Lima, mit dem Problem auseinandergesetzt.

Ihre Studien führten sie zu folgenden Schlüssen:
1. Manche Zeichnungen erinnern an das Dekor der alten Töpfereien von Nazca.
2. Die überwiegende Mehrzahl der Linien weist ein System auf. Viele strahlen von Zentren auf kleinen Hügeln aus, wo man noch die Überreste von kleinen steinernen Bauten sieht.
3. Manche Linien bilden einen echten astronomischen Kalender mit Angabe der Tierkreiszeichen. Sie geben die Zeiten für die Aussaat, den Auf- und Untergang von Sternen und Konstellationen an und folgen sogar dem Lauf bestimmter Gestirne. »Es ist das größte Astronomiebuch der Welt«, schreibt Professor Kosok.
4. Die Zeichnungen sind Totemfiguren der verschiedenen Stämme.

Leider sind diese Erklärungen keineswegs befriedigend. Es kann wohl nicht bestritten werden, daß die Linien ein »System« aufweisen, in dem Sinne, daß sie nicht zufällig angelegt worden sein dürften. Sie sind zwar streng geometrisch, aber man kann zwischen ihnen keinen Zusammenhang, keine Verbindung erkennen. Nur in Ausnahmefällen gehen die *pistas* von einem geometrischen Zentrum aus, wo ich persönlich keinerlei Spuren von zerstörten Bauten entdecken konnte.

Genauso ist es illusorisch, den Linien eine astronomische Bedeutung zu geben, denn bei Tausenden, die in alle denkbaren Richtungen führen, kann man leicht sagen, diese und jene führe dort und dort hin.
Man kann in den Zeichen auch keine Totemsymbole sehen, weil diese Figuren nur eine nicht zu berücksichtigende Minderzahl darstellen.
Die *pistas* und die Flächen dürften nach der großen Sintflut (vor 12 000 Jahren) entstanden sein, wären sie doch sonst bestimmt ausgelöscht worden.
Vielleicht könnte man sie in das Jahr 3000 v. Chr. datieren, das heißt in die Zeit, als die großen Instruktoren mit Namen Orejona und Viracocha zu den Vorfahren der Inkas »vom Himmel kamen«. Diese Instruktoren, die später von ihren Völkern zu Göttern erhoben wurden, kamen nach übereinstimmenden Berichten der Überlieferungen vom Planeten Venus. Befindet sich der Schlüssel zu den Geheimnissen von Nazca und dem Candelabro auf der Venus, bevor sie ein glühender Komet und dann wieder ein von unserem Sonnensystem stabilisierter Planet wurde? Diese Hypothese scheint mir sehr verlockend.
Es fällt schwer zu glauben, daß die weit verstreute, arme und wenig entwickelte Bevölkerung im südlichen Peru das Schriftblatt oder die astronomische Tafel von Nazca entworfen haben soll. Das Konzept, die Anlage der Linien scheinen nicht einer irdischen Phantasie entsprungen zu sein. Vielleicht haben die Erdenbewohner für die technische Durchführung der Arbeit gesorgt, aber die Konzeption scheint mir von einer höheren, erdenfremden Intelligenz zu stammen.
Mein Korrespondent und Freund Robert Carras meint, die Bilder von Nazca erwecken den Gedanken, daß die Erde wie mit einem Brandeisen markiert wurde, und zwar für oder von Reisenden aus dem All. Könnte es die Signatur der Orejona sein? fügt er hinzu . . .

2. Das Geheimnis des 35. Breitengrades

Die geheimnisvoll-okkulte Welt in und um uns scheint sich einen Spaß daraus zu machen, uns an bestimmten Orten besonders herauszufordern. Wer weiß nicht, daß es Erdströme gibt, die die Beschaffenheit des Bodens und der Umwelt beeinflussen, Orte, an denen Größe und Geist greifbar sind, aber auch Zonen, die sonderbaren und oft bösartigen Einflüssen unterliegen.

Alle diese Phänomene gehen auf elektromagnetische, physische Ursachen und oft unheilvolle Strahlungen zurück. Aber was soll man von den riesigen Gebieten des Erdballs sagen, in denen Unheil entsteht und sich entfesselt, als ständen sie in direkter Verbindung mit den mythologischen Mächten der Finsternis!

Schiffe verschwinden

Zwei Punkte unseres Planeten sind diesen furchtbaren Kräften besonders unterworfen: die Azoren und das Gebiet der Bahamas, das in die okkulte Geschichte unter der Bezeichnung »Magischer Rhombus« eingegangen ist.

Die Azoren, 1500 Kilometer westlich von Portugal, waren den Überlieferungen zufolge die Elysischen Gefilde der Welt vor der Sintflut. Hier schlug das Herz des glücklichen Kontinents Atlantis, hier stand Poseidonis, seine Hauptstadt aus gleißendem Oreichalkos. Doch es kam die Sintflut und zerstörte alles, und seither war das Gebiet Schauplatz von sonderbaren, manchmal sogar dramatischen Geschehnissen.

Rekapitulieren wir kurz die Ereignisse, denn sie liefern uns Anhaltspunkte zum näheren Studium des Geheimnisses der Azoren:

- In diesem Gebiet taucht periodisch die geisterhafte Sankt-Brandans-Insel auf.
- Hier entstehen die Antizyklone (Hochdruckgebiete), die das Wetter in ganz Europa bestimmen.
- Hier ist Atlantis vor 12 000 Jahren von den Fluten verschlungen worden.

– 500 Meilen vor der Küste dieser Inseln kreisen die Seeschwalben – das sind Zugvögel, die den Ozean überqueren – bis an die Grenze ihrer Kräfte über dem Wasser.
– In São Miguel auf den Azoren kocht das Wasser in Kratern, die heute noch Lava speien.
– Eine Insel ist im Jahre 1954 dort aufgetaucht und hat sich mit der Insel Fayal verbunden.
– Hier schließlich ist der Ort, wo Schiffe ihre Besatzungen verlieren, als würden sie sich auf geheimnisvolle Weise in Nichts auflösen.

Seit 1969 sind dort bei schönem Wetter und ruhiger See fünf Jachten gefunden worden, die sich zwar in ausgezeichnetem Zustand befanden, auf denen aber jede Spur der Passagiere fehlte. Keine gültige Erklärung konnte dafür gefunden werden, und das Gebiet der Azoren genießt seither unter den Seeleuten einen Ruf, bei dem sich Magie und Übersinnliches den Rang ablaufen.

Das Geisterschiff »Marie-Céleste«

Im November 1872 verließ die Brigantine *Marie-Céleste* New York in Richtung Genua mit zwölf Mann Besatzung an Bord. Der kleine Zweimaster wurde am 2. Dezember vor den Küsten Europas gesichtet, und nichts ließ damals sein Verhalten ungewöhnlich erscheinen.

Am 4. Dezember fuhr die *Marie-Céleste* mit voll beigesetzten Segeln genau vor dem Wind, aber der Kapitän des englischen Schiffes *Dei Gracia* war erstaunt, daß die Brigg seinen Salut und seine Signale unbeantwortet ließ. Als sie näherkamen, konnten die Engländer weder am Steuer noch auf dem Deck irgendein menschliches Wesen entdecken, und einer von ihnen rief im Scherz: »Das ist doch ein Geisterschiff!«

Er wußte nicht, wie recht er haben sollte, denn als die Matrosen in einer Schaluppe zur *Marie-Céleste* übersetzten, fanden sie sie vollkommen leer. Doch außer dem Schweigen, das an Bord lastete, wies nichts auf eine Tragödie hin. Alles war in bester Ordnung, und das Frühstück stand bereit: die Teekanne neben den Toasts und dem Orangenjam. Das Deck war gescheuert und die Taue ordentlich zusammengelegt. Das Rettungsboot war unter den Kranbalken an seinem Platz, die Taljen festgemacht und die Seisinge griffbereit. Wäsche war auf einer Leine zum Trocknen aufgehängt, und in der Kombüse waren genügend Lebensmittelvorräte. Die englischen Matrosen durchsuchten die Kabinen, den unteren Schiffsraum, und mußten sich schließlich damit abfinden, daß sich außer ihnen keine menschliche Seele an Bord befand.

Seit Seemannsgedenken war dies das erste derartige Ereignis auf offener See, für das man keine Erklärung finden konnte. Gewiß, die See ist im November ziemlich rauh in der Gegend der Azoren, aber es hatte weder Sturm noch hochgehende See gegeben, und eine Brigantine mit zwei Masten und einem Dutzend Besatzungsmitgliedern kann schon allerhand aushalten.

Zu sagen, es gab keine lebende Seele, ist vielleicht ein wenig ungenau: Eine friedliche graue Katze war das einzige Lebewesen an Bord. Auch das war sonderbar: Wenn man ein Schiff aufgeben muß, wird sonst alles unternommen, um die Haustiere zu retten, denn sie sind, abgesehen von ihrer Nützlichkeit, die besonderen Freunde der Besatzung, sozusagen ihre Glücksbringer.

Für das Rätsel schien es keine mögliche Lösung zu geben. Wenn die Besatzung die Brigg hätte verlassen müssen, hätte sie das Rettungsboot benützt. Wenn eine Meuterei ausgebrochen wäre, hätte man Spuren eines Kampfes oder zumindest eine gewisse Unordnung vorfinden müssen. Wenn eine hohe See das Schiff in Schwierigkeiten gebracht hätte, hätte man Havarien bemerken müssen, und die Segel wären gerefft gewesen . . .

Einen kleinen Hinweis fanden die Engländer aber doch, der zwar keine Erklärung brachte, die Vermutungen aber auf das Gebiet des Ungewöhnlichen lenkte: Im Logbuch hatte der Kommandant der *Marie-Céleste* verschiedene unbedeutende Aufzeichnungen wie Angaben über das schöne Wetter vermerkt, aber der letzte Satz war unvollendet und schloß mit den rätselhaften Worten: es geschieht uns etwas Seltsames . . .

Seht, es ist Atlantis

Die Amerikaner sind eifrige Anhänger des Spiritismus und des Hellsehens. In San Diego (Kalifornien) wurde eine Seance veranstaltet, in deren Verlauf ein Medium folgende Mitteilung machte (Auszug aus *Point de Vue – Images du Monde* Nr. 1076 vom 21. Februar 1969):

»Ich bin Mrs. Briggs, die Frau des Kapitäns der *Marie-Céleste*. Jeden Tag an Bord spielte ich Klavier, um die Eintönigkeit der Reise zu bekämpfen. Als unsere Brigantine an den Azoren vorbeigesegelt war, begannen sich sonderbare Dinge zu ereignen; jedesmal, wenn ich spielte, schien eine Musik aus weiter Ferne mein Klavierspiel zu beantworten.

Es kam vom Meer, als gäbe es da ein Echo wie in den Bergen. Die gesamte Besatzung hörte es und begann die Fluten mit wachsendem Unbehagen zu durchforschen. Manche wurden von Panik ergriffen und baten mich,

nicht mehr zu spielen. Es gab sogar Ansätze zu einer Meuterei, die mein Mann nur mühsam unterdrücken konnte. Er hatte viel gelesen und dachte, daß wir uns über dem Gebiet des versunkenen Atlantis befanden. Eines Tages, als er wieder in die Tiefen blickte, sah er eine Art schwimmende Prärie, mit Pflanzen, die nicht wie Algen aussahen. Ein andermal führte er mich aufgeregt an Deck, um mir etwas zu zeigen, das wie Häuserruinen, wie geborstene Marmorsäulen aussah. Natürlich glaubte ich, das sei eine optische Täuschung.
In der darauffolgenden Nacht erschütterten ungewöhnliche Stöße den Schiffsrumpf. Als der Morgen graute, stieß die Wache auf dem Mast einen Schrei aus, und das Schiff kam zum Stillstand. Es war an einem unbekannten Ufer gestrandet.
Mein Gatte rief aus: ›Seht, Atlantis ist durch ein Wunder wieder aus dem Wasser aufgetaucht!‹ Im Überschwange der Begeisterung haben wir alle das Schiff verlassen. Die Vegetation war unglaublich schön. Wir zogen singend auf Entdeckung, und plötzlich, als wir in die Nähe von Tempelruinen kamen, entzog sich der Boden unseren Füßen, wohl durch die gegenläufige geologische Bewegung zu jener, die das Land aus dem Meer hatte auftauchen lassen.
Die wieder freigekommene *Marie-Céleste* setzte sogleich ihre Fahrt fort, alleine und leer. Wir sind alle bei der Katastrophe umgekommen.«
Für Leute, die an Offenbarungen aus dem Jenseits glauben, könnte diese Geschichte durchaus plausibel sein, wenn sich nicht einige widersprechende Details eingeschlichen hätten.
Der Beginn einer Meuterei paßt schlecht zur vollkommenen Ordnung, die an Bord der *Marie-Céleste* herrschte; ein Schiff mit dem Tiefgang einer Brigg strandet bereits in einiger Entfernung vom Land, und man kann sich nur schwer eine Besatzung vorstellen, die ihr Schiff verläßt, ohne vorher den Anker zu werfen. Und schließlich ist auch die Beschreibung von Atlantis durch das Medium kindisch und von geringer Überzeugungskraft.
Immerhin ist es nicht ausgeschlossen, daß ein derartiges Phänomen auftreten konnte, entweder durch eine kollektive Sinnestäuschung oder durch ansteckenden Wahnsinn hervorgerufen oder aber durch die Tatsache, daß wirklich Land aus dem Ozean aufgetaucht ist.
Gewiß, es konnte darauf keine Vegetation und keine Ruinen geben, außer wenn es sich um die Luftspiegelung der berühmten Sankt-Brandans-Insel gehandelt hätte. Es stimmt aber, daß im Gebiet der Azoren der Meeresgrund manchmal durch die Wirkung unterseeischer Vulkanausbrüche an die Oberfläche stößt. Die jüngste Entstehung der Insel, die sich mit Fayal verbunden hat, ist ein Beweis dafür.

Es wäre auch denkbar, daß dieses aufgetauchte Land einige Stunden später wieder versunken ist, aber es sei hier vermerkt, daß der Lavaboden im Fall von Fayal so heiß war, daß man einige Monate warten mußte, bis man den Fuß daraufsetzen konnte. Gegenwärtig sind zahlreiche Temperaturmeßgeräte auf dem neuen Land installiert, auf dem sich noch keine Vegetation gezeigt hat.
Nach all dem Gesagten wäre es den Passagieren der *Marie-Céleste* wohl vollkommen unmöglich gewesen, auf dem Festland Fuß zu fassen.

Das kann kein Zufall sein

Seit dem 19. Jahrhundert sind zahlreiche Schiffe ohne Mannschaft auf dem 35. Breitengrad gefunden worden, ohne daß sich die öffentliche Meinung darüber erregt hätte. Doch dann wurde plötzlich im Jahre 1969 die Angelegenheit durch fünf neue Fälle wieder aktuell, und niemand wollte mehr von Zufällen sprechen.
Am 30. Juni 1969 entdeckt die britische *Maple Bank* eine zwanzig Meter lange, nicht identifizierbare Jacht, die kieloben dahintreibt.
Das war nicht weiter aufregend, doch am 4. Juli signalisiert ein anderes englisches Schiff, die *Cotopaxi*, wieder eine unbekannte Jacht, die mit automatischem Steuer und ohne ein einziges Besatzungsmitglied die See durchpflügt.
Zwei Tage später findet ein liberisches Schiff, die *Golar Frost*, eine weitere Gespensterjacht, die *Vagabond* des einsamen Seefahrers William Wallin. Und wieder ist niemand an Bord.
Am 8. Juli trifft das englische Tankschiff *Helisoma* – wieder am 35. Breitengrad – zwischen den Azoren und Portugal auf eine zwölf Meter lange, führerlos dahintreibende Jacht.
Am 10. Juli widmet die endlich aufmerksam gewordene Presse lange Artikel der Entdeckung der *Teignmouth Electron*, dem Schiff eines anderen einsamen Seglers, des berühmten Donald C. Crowhurst.
Fünf Jachten ohne Besatzung, die innerhalb von elf Tagen im Gebiet der Azoren bei strahlendem Wetter mitten im Sommer gefunden werden, fünf Tragödien ohne plausible Erklärung, das ist selbst für optimistische Statistiker ein bißchen zu viel.
Zweifellos war William Wallin ein erfahrener Segler, aber Donald Crowhurst war ihm zumindest ebenbürtig. Dennoch kann sein Fall von den anderen getrennt betrachtet werden, da man sein Logbuch gefunden hat, das zumindest auf den ersten Blick eine Lösung des Rätsels bringt. Crowhurst, ein ausgezeichneter Seemann, beteiligte sich an der von der

englischen Zeitung *Sunday Time* veranstalteten Segelregatta rund um die Welt. Er war einer der Favoriten, aber er benötigte den Sieg so dringend, daß er nicht das Risiko des Scheiterns eingehen wollte. Dies dürfte ihn wohl auf den Gedanken gebracht haben, einen Streich auszuhecken, mit dem er die Presse lange Zeit zum besten hielt. Er segelte bis zu den Azoren und rührte sich dort – bei 35 Grad Breite – nicht von der Stelle. Gleichzeitig schickte er Funksprüche mit seinen angeblichen Standorten an die BBC: »Ich passierte Kap Horn . . . das Kap der Guten Hoffnung . . . Ich kehre nach England zurück . . .« Alle hielten ihn schon für den Sieger.
Am 24. Juni 1969 erhält Crowhurst eine Botschaft des *Sunday Time*: »Treffpunkt bei den Scillyinseln . . . BBC bereitet Interview vor . . . Exklusivbericht für die Zeitungen . . . Verlage interessiert . . . Triumphaler Empfang vorgesehen . . .«
Daraufhin gerät Crowhurst in Panik, und der »berühmte Weltumsegler« verschanzt sich hinter totaler Funkstille. Die Wahrheit vertraute er seinem Logbuch an. Er gesteht, daß sein Schiff den 35. Breitengrad nicht verlassen hat, aber er fügt Kommentare hinzu, die eindeutig von Geistesgestörtheit zeugen. Er spricht von Gott und dem »Weltensystem«, in dem er zum Spielball einer kosmischen Intelligenz geworden sei. Ist er freiwillig im Gebiet der Azoren geblieben? Sein Geständnis würde darauf hindeuten, daß ihn okkulte Kräfte dazu gezwungen haben.
Am 30. Juni schreibt er, daß er beschlossen hat zu sterben: »Meine Seele hat wieder ihren Frieden gefunden. Ich übergebe Euch mein Logbuch, einzig schön ist nur die Wahrheit, niemand soll und kann mehr anstreben als ihm möglich ist. Es ist das Ende, die Wahrheit ist aufgedeckt, ich gebe mein Spiel um 11.50 Uhr auf.«
Am 10. Juli entdeckte das Royal-Mail-Schiff *Picardy* das verschollen geglaubte Segelschiff und nahm es in Schlepp. Crowhurst war nicht mehr an Bord, aber seine Leiche wurde nicht gefunden.
Es gibt Leute, die behaupten, der britische Seefahrer sei am Leben und in England gesehen worden, das Geheimnis um sein Verschwinden aber bleibt bestehen.

Es geschehen seltsame Dinge

Das waren also die geheimnisvollen Ereignisse, die sich im Jahre 1969 am 35. Breitengrad begeben haben.
Was Crowhurst anbelangt, könnte man meinen, es wäre alles klar, wenn nicht einige Zeilen seines Logbuchs die Dinge wieder in Frage stellten: Was meinte er wirklich mit seinem Weltensystem, wo er zum Spielball

einer kosmischen Intelligenz geworden ist? Soll man den Satz einfach abtun und sagen, er sei einem verwirrten Geist entsprungen? Vielleicht, aber auch der Kommandant der *Marie-Céleste* scheint durch etwas Seltsames um seine Vernunft gebracht worden zu sein. Und wiederum ist es etwas Seltsames, das die Piloten im »Magischen Rhombus« der Bahamas verrückt werden läßt.
Da keine logische Erklärung ausreicht, das Geheimnis des 35. Breitengrades zu klären, muß man auf irrationale Ursachen zurückgreifen. Kein einziges Mal wurde die Leiche eines Verschwundenen gefunden, was zu der Annahme verleitet, daß sie gar nicht ins Meer gefallen sind, außer man hätte sie zuvor mit Blei beschwert, oder sie wären in der Nähe eines Rudels von Haien ins Wasser gefallen.
Wurden sie entführt? Das klingt unwahrscheinlich. Was jedoch bei der Untersuchung eindeutig herauskam, ist die Tatsache, daß das Verschwinden jeweils unter seltsamen Umständen erfolgte. Es ist offensichtlich etwas geschehen, das seinen Ursprung entweder im Himmel oder im Wasser hatte. Für den ersten Fall denkt man unwillkürlich an die Legenden über extraterrestrische Wesen, die von der irdischen Flora und Fauna »Musterproben« nehmen. Sicher, das sind nur Legenden, wie aber, wenn gerade das das Seltsame wäre, das der Kommandant Briggs erwähnt?
Wenn das Seltsame vom Meer kam, wie soll man es da nicht mit Atlantis in Verbindung bringen, mit dem plötzlichen Auftauchen von vulkanischen Inseln oder der Fata Morgana der Sankt-Brandans-Insel? Doch auch diese Erklärungen sind nicht vollkommen zufriedenstellend. Vielleicht sind sie noch zu wenig irrational?

Phantastische Wissenschaft

Sollte vielleicht ein Wunder geschehen sein? Oder ein Zauberkunststück? Auf diesem Gebiet sind unsere Spekulationen gleich viel erfolgversprechender, weil sie besser mit der Atmosphäre von Tragödie und Geheimnis übereinstimmen.
Aber die Magie des 20. Jahrhunderts hat sich von ihrem Flitterwerk und ihren Zauberbüchern befreit. Sie ist zur phantastischen Wissenschaft geworden, ebenso wie das Zauberland im Jenseits zur Parallelwelt geworden ist. Die Menschen unserer Zeit würden sich schämen, an Zauberer, Geister oder Gespenster zu glauben, aber sie sind durchaus bereit, eine andere Welt zu akzeptieren, die von unbekannten Dimensionen beherrscht wird.
Wenn man den Dingen auf den Grund ginge, würde man sehr rasch ent-

decken, daß nur ein schmales Band den Aberglauben vom Glauben, die Welt des Grals von der vier- oder fünfdimensionalen Welt und die inspirierten Romanciers von den avantgardistischen Physikern trennt.
Wenn bei den Azoren Magie im Spiel war, muß man neue wissenschaftliche Begriffe für ein Problem einführen, das die herkömmliche Mathematik nicht lösen kann.
Ist es vernünftig anzunehmen, daß manche Zonen des Erdballs der Schauplatz derartiger Phänomene sind? Gibt es – um den Ausdruck von Crowhurst aufzugreifen – eine »kosmische Intelligenz«, die mit dem Menschen spielt? Was bisher Gegenstand der Religionen war, wird Gegenstand der Wissenschaft, aber auf einer höheren oder zumindest höher scheinenden Ebene.
Tatsächlich klärt sich das Geheimnis der Azoren auf, wenn man annimmt, daß die Schiffsbesatzungen von unserer greifbaren Welt verschwunden und in eine Parallelwelt eingegangen sind, in der für uns unvorstellbare Dimensionen gelten.

3. Der magische Rhombus

Das Geheimnis des 35. Breitengrades findet sein Gegenstück in den unerklärlichen Vorkommnissen, die ein wenig weiter westlich, auf dem 30. Breitengrad, beobachtet wurden.
Der von Florida, den Bermudas, Porto Rico und Jamaika gebildete Rhombus wird von den Amerikanern »sky-trap« (Himmelsfalle) und in Europa *Magischer Rhombus* oder *Todesdreieck* genannt. In dieser Zone verschwinden nicht nur Besatzungen, sondern auch ganze Schiffe, und zwar ohne die geringste Spur zu hinterlassen. Natürlich kommt es auf allen Weltmeeren vor, daß Schiffe mit Mann und Maus untergehen, ohne daß irgendwelche Überreste gefunden werden, weil eben das Unglück in weit entfernten, einsamen Gewässern geschehen ist. Dagegen befindet sich der *Magische Rhombus* in stark befahrenen Gewässern, und außer den Schiffen verschwinden auch Flugzeuge, ohne daß je ein Wrack gefunden wird.

Fünf Bomber in Not

Die sowjetische Zeitschrift *Technik und Jugend* und der Schriftsteller George Langelaan in *Les Faits Maudits* (Die verwünschten Tatsachen, Planète-Verlag, Paris) berichten über die seltsamen Vorfälle, die sich seit 1945 ereigneten. Die Presse gab darüber folgende Darstellung:
Am 5. Dezember 1945 um 14.08 Uhr steigen fünf *Avenger*-Torpedobomber von ihrem Stützpunkt in Fort Lauderdale (Florida) zu einem Routineflug auf, wie ihn die Piloten allwöchentlich durchführen. Die atmosphärischen Bedingungen sind günstig: das Meer ist ruhig, der Himmel klar.
Um 15.45 Uhr befinden sich die Maschinen bereits auf dem Rückflug, doch die Techniker der Basis bemerken, daß sie nicht die üblichen Anflugmanöver einhalten. Da erhält auch der Kontrollturm eine verwirrende Nachricht: »Wir sehen die Erde nicht, wir wissen nicht, wo wir sind!« Es folgt ein Gespräch mit dem Kontrollturm, aber die Leute von den Avengers reden unzusammenhängend. In Lauderdale ist das Er-

staunen groß, man denkt, daß die Besatzungen verrückt geworden sind.
Doch merkwürdigerweise scheinen die Piloten über ihre Situation keineswegs beunruhigt – ich persönlich kann mir das allerdings schwer vorstellen –, ja sie beginnen sich untereinander auf seltsame Art zu unterhalten, sie stellen sich absurde Fragen, die über ihren Geisteszustand keinen Zweifel mehr lassen.
Man weiß, daß sich die Bomber vor der Küste Floridas zwischen den Bahamas und den Bermudas befinden, also im *Magischen Rhombus*, der damals noch nicht als solcher bekannt war.
16.25: Eine Nachricht trifft ein, es ist die letzte, und sie ist zum Glück verhältnismäßig verständlich: »Wir wissen nicht, wo wir sind, das Meer ist eigenartig, eigenartig . . .* Wir glauben, uns 225 Meilen nordöstlich von unserem Stützpunkt zu befinden . . .« Diese Position entspricht der Zone zwischen Miami und den Bermudas.
Die Funkverbindungen brechen plötzlich ab, die Katastrophe muß eingetreten sein. Von keinem Flugzeug trifft eine Nachricht ein.
Sofort schickt man zu ihrer Rettung in nordöstliche Richtung dreizehn Suchspezialisten an Bord eines großen *Martin*-Wasserflugzeuges aus, das in Verbindung mit dem Festland bleibt. Zehn Minuten später ist der Funkkontakt unterbrochen: Das Wasserflugzeug ist auch verschwunden! Dies löst einen allgemeinen Alarm auf allen Stützpunkten in Virginia aus: Von einem in diesen Gewässern kreuzenden Flugzeugträger steigen mehrere Maschinen auf, um die Suche nach dem Geschwader und dem Wasserflugzeug aufzunehmen. Dutzende von Flugzeugen beginnen den *Magischen Rhombus* zwischen Miami, den Bahamas und den Bermudas gemeinsam mit mehr als zweihundert Fischerbooten, Vergnügungsdampfern und Kriegsschiffen zu durchpflügen. Das Meer wird durchgekämmt, quadratmeterweise abgesucht. Doch keines der sechs verschwundenen Flugzeuge wird gefunden. Und das, obwohl noch immer ein Prachtwetter ohne den leisesten Windhauch herrscht!
Man stellt sich eine Reihe Fragen: Wie konnten erfahrene Piloten, die diesen Routineflug schon ein gutes Dutzend Mal absolviert hatten, verschwinden? Warum haben sie kein SOS gefunkt? Warum schienen sie vollkommen hilflos und so sehr ihrer Vernunft beraubt, daß sie nicht in der Lage waren, die bei Unfällen vorgeschriebenen Manöver durchzuführen? All diese Fragen müssen unbeantwortet bleiben.
Sind die Maschinen so schnell ins Meer gestürzt, daß die Piloten nicht

* Auch auf der *Marie-Céleste*, die ohne Besatzung bei den Azoren gefunden wurde, stand im Logbuch ein ähnlicher Satz: »Wir erleben etwas Seltsames . . .«

mehr mit dem Fallschirm abspringen konnten? Der Bericht der amerikanischen Admiralität ist lakonisch, aber ehrlich: Wir haben nicht die geringste Ahnung, was am 5. Dezember 1945 passiert ist.

Ein Loch im Meer

Ab dem Jahr 1948 häufen sich die Fälle, bei denen Schiffe und Flugzeuge im *Magischen Rhombus* verschwinden. Hier eine Liste davon:
- 29. Jänner: der *Star Tiger*, von London kommend, mit 40 Passagieren an Bord.
- 20. Dezember: eine *Douglas IV* der Linie San Juan de Porto Rico–Miami. Ihre letzte Botschaft war eine Positionsangabe, derzufolge sie sich nicht weit von Florida entfernt befand. Sie hat kein SOS gefunkt.
- 17. Jänner 1949: das viermotorige Transportflugzeug *Ariel* der BSAA, das auf dem Weg von den Bermudas nach Jamaika war, verschwindet mit 17 Männern an Bord.
- 28. August 1969: zwei Lufttanker.
- Februar 1963: das amerikanische Tankschiff *Marin Soulfour Queen*.
- Juli 1963: der Fischdampfer *Snow Boy*.

Die Flugzeuge und die beiden Schiffe sind mit Mann und Maus untergegangen. Wrackteile fand man nur von den Tankflugzeugen, die im August 1969 verunglückt waren, aber weit entfernt von ihrer üblichen Flugroute und 1000 km voneinander getrennt. Warum haben sie die Orientierung verloren? Es bleibt ein Geheimnis.
Die Statistiken der Londoner Versicherungsgesellschaft Lloyd zeigen, daß zwischen 1929 und 1954 (mit Ausnahme der Kriegsjahre) 222 Schiffe auf allen Weltmeeren, insbesondere auf dem riesigen Pazifik, verschwunden sind, ohne die geringste Spur zu hinterlassen. Auf dem Nordatlantik sind die Fälle im Vergleich weniger zahlreich; nun liegt aber der *Magische Rhombus* erstens im Nordatlantik und zweitens in dessen meistfrequentierter Zone, nämlich zwischen den Vereinigten Staaten einerseits (Miami) und Kuba, Haiti, der Dominikanischen Republik und den Karibischen Inseln andererseits, Linien, auf denen täglich Dutzende von Flugzeugen und Hunderte von Schiffen verkehren.
Wie kann man unter diesen Umständen erklären, daß sich zwei Schiffe in Luft auflösen? Es gibt nur einige Anhaltspunkte: Zunächst ist es eine Tatsache, daß Schiffe und Flugzeuge in dem einen Gebiet verschwinden, im anderen aber nicht. So findet man um den 35. Breitengrad bei den Azoren zwar die Fahrzeuge, aber nicht die Besatzung; auf dem 30. Brei-

tengrad dagegen, im *Magischen Rhombus*, verschwinden die gesamten Schiffe und Flugzeuge spurlos.
Eine weitere Feststellung: Bei keiner der Katastrophen überlebten Augenzeugen, die eine Erklärung hätten geben können. Für die Azoren könnte man daraus ableiten, daß zwar materielle Gegenstände bestehen bleiben, nicht aber die Menschen, als wollte man die Zeugen der Angelegenheit beseitigen. Es entsteht der Eindruck, daß ein Wille vorhanden ist, der jede mündliche Erklärung der Ereignisse verhindert.
Die eben geschilderten Umstände erlauben die Annahme, daß zu bestimmten Gelegenheiten manchmal im *Magischen Rhombus*, manchmal in den Gewässern rund um die Azoren Dinge besonderer Art vor sich gehen, die die Menschen des Planeten Erde nicht kennen sollen. Soll man glauben, daß unserer Zivilisation fremde Wesen in diesen Gebieten leben und geheime Stützpunkte unterhalten, die sich in großer Meerestiefe befinden? Diese Hypothese ist phantastisch, aber die Ereignisse, die sie zu erklären versucht, sind es nicht minder.
Es wurden auch andere – ebenso unglaubliche – Erklärungen angeboten: moderne Piratenkommandos oder, noch besser – und warum schließlich auch nicht –, Übergang von der 3. in die 4. Dimension wie beim *Philadelphia Experiment* und dem Möbiusschen Band*.
Gab es eine Zeitverschiebung? Sind die Piloten und Matrosen durch ein unbekanntes Phänomen aus der Verbindung mit ihrer Zeit herausgerissen worden und in die Zukunft oder in die Vergangenheit gelangt? Oder sind sie in einem Loch im Himmel oder im Meer verschwunden, das heißt in eine Parallelwelt übergegangen?

Ein Loch im Universum

Eine These des Ingenieurs Jean Eichler würde diese phantastische Annahme stützen*. Sehen wir sie uns in ihrer ganzen Tollkühnheit an:
»Der Raum in einer Galaxis ist das erzeugende Medium der dreidimensionalen Welten. Er wird in großer Dichte von praktisch unkörperlichen Elementarteilchen bevölkert, die das bilden, was die Physiker de Broglie, Bohr und Vigier das *sub-quantische Niveau* nennen.
Die sub-quantische Welt organisiert sich und läßt die Atomteilchen entstehen; weitgreifende Bewegungen führen zum Entstehen von Sternen

* Nachzulesen in *Unbekannt – Geheimnisvoll – Phantastisch*, R. Charroux (Econ und Knaur-Taschenbuch), Kap. II, Atemberaubende Experimente – Das Philadelphia-Experiment – Das Möbiussche Band, etc.

und Planeten. Noch bedeutendere Bewegungen führen schließlich zur Bildung von Sternennebeln und Galaxien.
Ein materieller Körper ist nie mit dem absoluten Vakuum in Berührung, sondern ruht im Gravitonengas, wie ein Staubkorn in der Luft ruht. Wenn man die Luft wegnimmt, fällt das Staubkorn. Ebenso würde die Materie, wenn der sub-quantische Füllbereich entfernt wird, in die Leere ›fallen‹. *Dies ist natürlich nur ein bildlicher Vergleich.)
Dies geschieht bei einem Gravitationszusammenbruch, während dessen die gesamte konstitutive Materie eines Sterns in sich zusammenbricht, um effektiv und vollständig aus der dreidimensionalen Welt zu verschwinden (Unsichtbarkeit).
Wohin fällt die Materie? Vielleicht in einen Bereich, in dem es weder Entfernung noch Zeit gibt, das heißt, in ein anderes Universum. Nach dieser Hypothese darf man annehmen, daß die Materie an einem anderen Punkt des dreidimensionalen Raums wieder auftauchen kann, und zwar nach einer Abwesenheit, die in Zeit gemessen gleich Null ist, und nachdem sie eine Distanz durchschritten hat, die ebenfalls gleich Null ist (Materialisierung).«
Jean Eichler denkt, daß unter außergewöhnlichen Umständen oder Turbulenzen, deren Natur unbekannt ist, der sub-quantische Bereich örtlich »zerreißen« kann, selbst in unserem Universum, so daß die von dem Wirbel ergriffene Materie plötzlich verschwindet oder ebenso aus dem Nichts oder Sub-Raum auftaucht. Demnach könnte man glauben, daß der sub-quantische Bereich einen Wirbel in Form eines Möbiusschen Bandes gebildet hat!

Das Land, in dem die Zeit stillsteht

Auch Professor Todericiu hat einige Hypothesen über den *Magischen Rhombus* aufgestellt. Ihm zufolge reicht das Geheimnis bis weit ins Altertum zurück. Aelianus hat darüber in »*Varia Historia*« berichtet, einer Sammlung von allerhand seltsamen Fabeln, die voll kurioser Details sind, aber auch authentische Fakten enthalten.
Aelianus erzählt im 3. Buch, Kapitel XVIII, folgendes: In einem Gespräch mit Silenos machte der Phrygier Midas eine Anspielung auf Amerika (ein

* Jean Eichler hat seine Untersuchungen in zwei schmalen Bänden niedergelegt, die vom »Physikkreis Alexandre-Dufour« in Paris unter den Titeln *Espace et Gravitation* (Raum und Gravitation) und *Le Plénum Energétique* (Die Energiefülle) veröffentlicht wurden.

Land jenseits des großen Ozeans). Er sagte, daß es bei der Stadt Anoston zwei Flüsse gibt, den der Fröhlichkeit und den der Traurigkeit. Zwischen diesen Flüssen vergißt der Mensch alles, was er getan hat, und geht in eine neue zeitliche Dimension über.
Ist es nicht überaus erstaunlich, daß Aelianus von Amerika spricht und einen Ort erwähnt, an dem der Mensch seine Vergangenheit vollkommen vergißt? Er fügt noch hinzu, daß er auch sein gesamtes Wissen vergißt und verjüngt wird. Ganz als würde er die Etappen überspringen, verschwindet der Mensch, indem er nach einem umgekehrten Zeitmaß lebt. Hier haben wir eine der ersten Anspielungen auf eine vierte Dimension, die noch dazu ungefähr im *Magischen Rhombus* liegt. In den Gralserzählungen gab es im Königreich von Bran, das im äußersten Westen des Keltenreichs, jenseits des dunklen, nebelverschleierten Ozeans lag, die Königin Rianon. Wenn sie sprach, bildete sich eine magische Atmosphäre, die bewirkte, daß an ihrem Hofe die Zeit stillstand.
Schon zur Zeit des Aelianus (2. Jahrhundert n. Chr.) und der Gralslegende (Mittelalter) glaubte man also an jenes präkolumbische Amerika und an das Land der vielen Hügel, das heißt, an einen riesigen Kontinent jenseits der Meere. Und man wußte auch, daß es einen Ort und ein Reich gibt, in dem die Menschen unbewußt in eine Parallelwelt übergehen. Diese Überlieferungen verdienen, näher untersucht zu werden, da sich die phantastische Wahrheit nur in einer ähnlich außergewöhnlichen Erklärung verbergen kann.

Eine magische Zone

Bei den Azoren folgt der 35. Längengrad der atlantischen Schwelle, jener gigantischen Bruchlinie in der Erdkruste, die von Island bis zur Antarktis reicht. Hier ist die Erde ständig in Aktivität: Die Meerestiefen speien am 35. Breitengrad Atlantis aus.
Vor der Küste der Bahamas liegt das Sargassomeer, ein wahrer Schiffsfriedhof. Als sonderbare Übereinstimmung sei vermerkt, daß nach den Überlieferungen Atlantis zwischen den Azoren und den Bahamas gelegen haben soll. Auch der Himmel reiht sich hier in das Merkwürdige ein: Die Zyklone entstehen fast immer im *Magischen Rhombus*, und die Azorenhochs bestimmen das Klima in ganz Europa.
Es ist sehr wahrscheinlich, daß das irdische Magnetfeld in diesem Gebiet von außergewöhnlicher Intensität ist. Es müssen zwischen Himmel und Erde elektrische Wechselwirkungen bestehen, die sehr selten auftreten und daher noch unbekannt sind, die aber möglicherweise phantastische

Phänomene auslösen und somit eine Erklärung für das uns beschäftigende Geheimnis bringen könnten.
Wissenschaftler des Max-Planck-Institutes für Chemie in Mainz haben in der Nähe von Island und den Färöer-Inseln einen abnormalen Gehalt an Stickstoffmonoxyd (Lachgas) festgestellt. Sie vertreten die Meinung, daß die Ozeane eine Art Stoffwechsel besitzen, dessen auflösende Phase, der Katabolismus, chemische Reaktionen in Verbindung mit organischer Zersetzung auslösen könnte. Dieser chemische Prozeß soll in Wirbelzonen, wo sich die Abfälle der Ozeane sammeln und lagern, besonders intensiv sein. Dies ist genau der Fall bei jenem Bauch des Atlantischen Ozeans, dem 35. Breitengrad mit dem Sargassomeer.
Zeitweise scheinen unbekannte chemische Zusammensetzungen zu entstehen, die die Wirkung von Giftgasen haben, wie sie im Krieg eingesetzt wurden. Sie machen jeglichen Willen und Orientierungssinn zunichte oder erzeugen durch gegenteilige Wirkung Visionen und Phantasmagorien, die die Matrosen und sogar die Piloten täuschen können.
Dieser chemische Vorgang erklärt einen Teil des Geheimnisses: Piloten und Matrosen werden verrückt, stürzen sich ins Meer, vielleicht weil sie von geheimnisvollen okkulten Kräften gerufen wurden . . .
Es wäre eine zufriedenstellende Lösung des Problems, wenn sie gleichzeitig den Verbleib der Schiffe erklären könnte, die sich im Bereich des *Magischen Rhombus* in Nichts auflösen. Doch leider ist dies nicht der Fall. So bleibt das Rätsel ungelöst und fordert weiterhin die Wissenschaft der Rationalisten und die Weisheit der Anhänger des Geheimnisvoll-Unbekannten heraus.

4. Unsere Ahnen waren keine Affen

In der Geschichte der Wissenschaften gibt es kaum ein widersprüchlicheres, unsinnigeres Kapitel als jenes der sogenannten Urgeschichte mit seinem Gerede über das Höhlenzeitalter, die Bronze- und Eisenzeit, den geschliffenen Stein und andere haarsträubende Ideen dieser Größenordnung.
Es liegt mir fern, um jeden Preis eine wunderbare Vorgeschichte zusammenbasteln zu wollen. Mein Anliegen ist es lediglich, Thesen aufzustellen, die den Gesetzen der Vernunft und der wissenschaftlichen Forschung entsprechen, alle verfügbaren Indizien und Dokumente verwerten und den Wahrscheinlichkeitsgrad des erworbenen Wissens und des überlieferten Erbes berücksichtigen.
Wenn man beim Studium der vorgeschichtlichen Zeiten diese Vorgangsweise beachtet, gelangt man absolut nicht zu dem Schluß, daß unsere Ahnen Affen waren, sondern, ganz im Gegenteil, uns geistig überlegene, höherstehende Wesen.

Es gibt nichts Neues unter der Sonne

Was die Menschheit über sich selbst weiß, ist nicht viel mehr als das Abc des Volksschülers. Wir wissen nur ungefähr ein Zehntel dessen, was unsere Kinder im Jahre 2000 wissen werden. Heißt das, daß unsere Art bei Null angefangen hat? Keineswegs: Unsere Ahnen, die außergewöhnliche Kenntnisse in Astronomie hatten (die Ägypter), denen die Atomtheorie (Leukippos), die Kosmogenese (Moses), das Schmelzen der Metalle und viele andere Dinge bekannt waren, hatten ihre Kenntnisse von jemandem ererbt, der mehr wußte als sie.
Der englische Professor Frederick Soddy, Nobelpreisträger für Chemie im Jahre 1921, sagte einmal: »Wir finden in den Überlieferungen die Rechtfertigung des Glaubens an heute verschwundene Menschenrassen, die nicht nur das Niveau unseres Wissens erreicht hatten, sondern über Kräfte verfügten, die selbst wir heute noch nicht besitzen.«
Diese Meinung vertritt auch der sowjetische Professor J. B. Fedorow, für

den alle Kulturen der Erde aus einer unbekannten, in den Meeren oder im Kosmos verschwundenen Mutter-Zivilisation entsprungen sind.
Doch schon das Altertum hatte die Gewißheit, daß uns höherentwickelte Ahnen auf der Erde vorangegangen waren. »Die Chinesen sprechen von einer Welt vor der unseren, deren Dauer sie mit mehreren Zeitaltern zu je 100 000 Jahren annehmen.« (Das Zitat stammt aus dem Jahre 1735, von de Longueville Harcouet.) Ihre Überlieferungen und jene der Hindus berichten über ein Reich, das vom Meer verschlungen wurde – der Kontinent Mu –, und im Abendland hat man Beweise für die frühere Existenz von Atlantis gefunden.
Und die Tatsache, daß die Ärzte den Hermesstab, um den sich zwei Schlangen winden, als Symbol haben, soll nur auf einem Zufall beruhen? Der Arzt hat die Aufgabe, das Leben zu erhalten, und sein Stab erinnert unweigerlich an das Bild des DNS-Moleküls als Überbringer der Lebensbotschaft, das als Doppelhelix um eine Achse gerollt dargestellt wird. Auch das Spermatozoon hat die Form einer Spirale und ist Lebensspender. Und unser Sonnensystem legt einen spiralförmigen Weg zurück, der es vom ursprünglichen Sternennebel zum Sternbild des Herkules führt, mit dem es eines Tages verschmelzen wird.
Und die »Schlange mit dem Propeller« des Sanchuniathon, die das Licht und das Leben symbolisiert, fällt sie einem nicht auch ein, wenn man den Hermesstab sieht?
Man findet dieses Symbol zum erstenmal bei den Ägyptern, die es – wie sie sagten – von den göttlichen Initiatoren hatten, die alles Leben auf der Erde geschaffen haben.

Im Buch *Ecclesiastes* (250 v. Chr.) heißt es im ersten Kapitel:

9. »Was jetzt ist, ist schon gewesen,
Was geschehen ist, kommt wieder:
Denn unter der Sonne gibt es nichts Neues.

10. Sollte es einmal etwas geben,
Daß man sagt: ›Sieh! Etwas Neues!‹
War's doch schon in früheren Zeiten,
Die vor uns gewesen sind.

11. Kein Gedenken gibt's der Früheren,
Keins der Späteren, die erst kommen,
Und an sie gibt's kein Gedenken
Dann bei denen, die noch kommen!«

Rückschritt statt Fortschritt?

Es wäre unlogisch, die klassischen Thesen der Prähistoriker und gewisser Archäologen zu akzeptieren, und zwar aus zwei Gründen:

1. Die Geschichte der Welt und der Kulturen ist grundsätzlich von den weltweiten Katastrophen bestimmt, die periodisch die Erde erschüttern*.
2. Es steht keineswegs fest – ganz im Gegenteil –, daß die Kulturen einen ständigen Fortschritt erleben. Wenn man in Betracht zieht, daß der Schädelinhalt des Neandertalers 1600 cm^3 betrug, wenn man sich an die Geschichte der Delphine und Affen erinnert und auch an jene der menschlichen Vorfahren, wie sie von den Überlieferungen berichtet wird, drängt sich der Schluß auf, daß sich unsere menschliche Spezies zurückentwickelt.

Wenn man der Übersetzung von bestimmten Schiefertafeln Glauben schenken darf, hatten die Priester Babylons ihr Wissen von riesigen Initiatoren vermittelt erhalten, die nach der Sintflut auf die Erde gekommen waren.

Auf der anderen Seite muß man bei archäologischen und prähistorischen Studien unbedingt zwei äußerst wichtige Faktoren berücksichtigen:

- Die abseits gelegenen Kulturen: Parallel zur Kultur der Raumrakete gibt es in entlegenen Gebieten noch immer echte Steinzeitkulturen. So entdeckte man am 20. Juli 1969, fast zur selben Stunde, als der erste Erdenmensch seinen Fuß auf den Mond setzte, im hintersten Winkel Kolumbiens einen unbekannten Volksstamm, der über die Altsteinzeit noch nicht hinausgekommen war!
- Die unerklärlichen Funde: Gegenstände, die aus verschiedensten Gründen an einen anderen als ihren ursprünglichen Ort gebracht und später dort gefunden werden, können Datierungen und Schlüsse verfälschen. Zum Beispiel fand man chinesische Spielmarken aus Elfenbein bei Grabungen in Irland, und eine sumerische Statue lag im Sand von Marokko vergraben.

Kennt man derartig wesentliche Elemente, fällt es nicht schwer, den falschen Theorien der klassischen Prähistoriker den Gnadenstoß zu versetzen.

* *L'Empire de l'Arc-en-Ciel* (Das Reich des Regenbogens) von Pater Pierre Perroud und Jacques Helle, Editions Rhodaniques, Schweiz 1963. Das Buch ist für die Kenntnis der Inka-Kultur von erstrangiger Bedeutung.

Sie bearbeiteten die Bronze . . . hatten sie aber nicht erfunden!

Als Paläolithikum oder Altsteinzeit wird ungefähr das zehnte Jahrtausend vor unserer Zeitrechnung bezeichnet. Der *Große Weltatlas von Reader's Digest*, der unter Mitwirkung sämtlicher großen Universitäten, Akademien, offiziellen Stellen und auch der UNESCO verfaßt wurde, verkündet auf Seite 148:
»Das frühere Paläolithikum dauert ungefähr von 35 000 bis 8000 vor unserer Zeitrechnung . . . Es folgt dann das Mesolithikum und das Neolithikum . . . die Äxte sind aus geschliffenem Stein . . . In Westeuropa reicht das Kupferzeitalter bis 2500, das Bronzezeitalter bis ungefähr 2000 v. Chr. zurück. Die Verwendung von Eisen dagegen ist um 1500 v. Chr. bei den Hethitern entstanden.«
Sie haben richtig gelesen: Dies bedeutet, daß die Verfasser der Wedas, die Sprachforscher und Schriftgelehrten des Sanskrit, die Erbauer der ägyptischen Tempel, die Bildhauer der Steinplatte von Palenque in Mexiko und der Puerta del Sol in Bolivien weder Eisen noch Bronze noch Kupfer kannten! Sie haben wohl die Pyramiden, die Riesenquader von Abydos, Karnak und Luxor, mit Hammer und Meißel aus Holz oder Stein bearbeitet!
Die wohlgekleideten Menschen, wie sie auf Steinen von Lussac-les-Châteaux abgebildet sind (diese werden im *Musée de l'Homme* in Paris verborgen), sollen das Eisen nicht gekannt haben, und die Maler der Fresken von Montignac-Lascaux sollen ebenso unwissend gewesen sein!
Was noch sonderbarer ist: Die zahlreichen Volksstämme Asiens und Europas, in Lepenski-Vir und Tchatal-Hüyük und auch in Nordeuropa, in deren Gräbern man Gegenstände aus Bronze, Gold und Kupfer gefunden hat . . . diese Hersteller von Gegenständen aus Bronze vor 10 000 Jahren haben also nach Aussage der superklugen Prähistoriker die Bronze nicht gekannt!
Doch der Kern des Problems, soweit es die höherstehenden Ahnen betrifft, ist der so umstrittene Ursprung des Menschen. »Wir stammen vom Affen oder von einem verwandten Tier ab.« Dies lehrt uns die offizielle Urgeschichte.

Wir stammen nicht vom Affen ab

Wer gerne glauben möchte, daß er vom Affen abstammt, bitte, ich kann ihn nicht daran hindern. Aber Einstein, Pierre Curie, Rodin, Pasteur, Descartes, Rabelais oder Plato, Pythagoras, Leukippos, Buddha oder auch die Kelten und unsere Ahnen, die Hyperboreer, die weisen Verfasser der Wedas und des Awesta, Menschen, die wußten, daß die Erde rund und das Universum aus Atomen zusammengesetzt ist, daß manche Planeten bewohnt sind, die Interplanetarflugkörper kannten, ebenso die Bahnen der Venus, das Geheimnis der Atombombe vielleicht und sicher jenes, wie man Steine schmilzt und Tausende Tonnen schwere behauene Blöcke transportiert, sie alle müssen davon ausgenommen werden. Jene Ahnen, die wahrscheinlich eine universale Sprache benutzten und uns gravierte Zeichen, Symbole und monumentale Bauwerke als Erbe hinterlassen haben, die über ihr hohes Wissen Zeugnis ablegen*.

Die Atlanter sollen Jungsteinzeitmenschen gewesen sein? Und die Erbauer von Thule, Cuicuilco (Mexiko) und Abydos – die sumerischen Schafhirten konnten zu dieser Zeit noch nicht einmal einen Teller formen – sollen auf Bäumen oder in Höhlen gehaust haben?

Kein vernünftig denkender Mensch kann solchen Ungereimtheiten auch nur den geringsten Glauben schenken. Leider ist es noch immer so, daß die sogenannten Prähistoriker an den Universitäten lehren. Sie setzen im Musée de l'Homme, am Institut de France und in der Académie Française kategorisch ihre falschen Thesen durch, aber die Tore zur Zukunft sind ihnen unwiderruflich verschlossen. Endlich ist die Zeit angebrochen, in der sich die Menschen von den veralteten Dogmen lösen und der Wahrheit helfen, die Schranken des Unwissens und des politisch-religiösen Sektierertums zu durchbrechen.

Der Mensch ist außerirdischer Herkunft

Die Entstehung des Menschen ist gewiß noch ein Geheimnis, aber logisch gesehen müßte sie Milliarden und Abermilliarden von Jahren zurückliegen.

Da das Universum entweder seit Ewigkeit oder seit einer Quasi-Unendlichkeit von Milliarden Jahren besteht, wäre es unsinnig zu glauben, daß der Evolutionsprozeß ungeheure Zeitspannen hat verstreichen lassen, ohne den Menschen hervorzubringen, nur um dieses Privileg unserer letzten kleinen Million von Jahren (eine Sekunde nach dem Maßstab der Zeit) vorzubehalten. Eine solche Annahme wäre willkürlich und würde

* Wer hat bis jetzt daran gedacht, den Beweis unserer heutigen Kultur in ein beständiges Material (am besten Feuerstein) zu gravieren? Im Falle einer Katastrophe würden von unserer Zivilisation nur die Steinsammlungen der Museen erhalten bleiben.

unserer Art eine Bedeutung beimessen, die man ihr bei aller Eitelkeit nicht zubilligen kann.
Man muß sehr wohl erkennen, daß wir nur kleine Rädchen in der universalen Maschinerie sind und keineswegs deren wichtigstes Element oder gar Endzweck. Und doch predigen die klassischen Prähistoriker diese unannehmbare These. Ja nicht nur das: Sie wollen den Menschen um jeden Preis zu einem ausschließlich irdischen Wesen machen. Als ob nicht seit Anbeginn Tausende, Millionen von Planeten auch die Menschheit hervorbringen konnten!
Nach den Gesetzen der Logik muß also unsere Schöpfung unermeßlich lang zurückliegen und der erste Mensch mit allergrößter Wahrscheinlichkeit ein Extraterrestrier gewesen sein, daß heißt auf einem anderen Planeten als der Erde (die es damals noch gar nicht gab) seinen Ursprung haben. Daß auch unsere Erde seit den fünf bis zehn Milliarden Jahren ihres Bestehens einen Ureinwohner hervorgebracht hat, ist als wahrscheinlich anzunehmen. Aber dies schließt weder eine erste extraplanetarische Genesis noch eine Vermischung der Erdenbewohner mit Völkern aus dem Weltall aus: Es waren jene Engel, von denen die Bibel spricht, jene Initiatoren, die in allen Mythologien verewigt wurden.

So könnte die Wahrheit ausgesehen haben

Es ist ein unverzeihliches Vergehen – und leider wird es von den Prähistorikern ständig begangen –, einseitig zu lehren, daß der Mensch vom Affen abstammt. Gewiß, auch diese Genesis gehört in den Bereich des Möglichen, obwohl man keine Bindeglieder zwischen uns und den Affen finden kann.
Der Mensch stammt vom Affen ab? Angenommen, es stimmt: Was bringt uns das? Nur, daß unsere Geschichte vor einer wenig angenehmen Feststellung hält, deren einziger Vorzug darin besteht, der Darwinschen Evolutionstheorie Glauben zu verschaffen.
Die andere Hypothese hingegen hat die größere Wahrscheinlichkeit für sich und ist auch wesentlich lehrreicher und erregender: Wenn der Erdenmensch höherstehende Vorfahren gehabt hat, wird das Abenteuer der Menschheit zum mitreißenden, begeisternden Unternehmen. Wenn es vorsintflutliche, vor-urgeschichtliche Menschen gegeben hat, bleibt in unserer Geschichte noch ein faszinierendes Neuland zu betreten.
Wie lebten sie? Wo befanden sich ihre Städte? Haben sie wie wir die Sünde des Hochmuts begangen? Man ist fast geneigt, es zu glauben! Atlantis und Mu sind keine Wachträume, sondern Realitäten einer ge-

heimnisvollen Epoche, nach der wir durch unsere Gedächtnischromosomen Sehnsucht haben und von der wir auch überzeugende Spuren finden. In diesem Sinne wären die Atlanter und Hyperboreer unsere direkten Vorfahren, die Zauberer einer Kultur, in der es die elektrische Energie, gelenkte Strahlen, das Atom und die Kernenergie gab.
Solche gefährlichen Entdeckungen brächten die Erklärung für die Strafe der Sintflut, die »Vertreibung aus dem Paradies«, und die Kette der zwar verfälschten, aber immer noch lebendigen Überlieferungen. So würden die Einweihung in Geheimnisse, die Überreste unbekannter Zivilisationen, die uns staunen lassen, sowie die Erfindungen und wissenschaftlichen Kenntnisse unserer ägyptischen, griechischen, indischen, inkaischen und mexikanischen Vorfahren ihre Erklärung finden.
Wir haben kein Recht, diese These bei der Suche nach unserer Genesis beiseite zu lassen, denn sie allein führt in die phantastische Vergangenheit und damit wahrscheinlich zur Wahrheit.

Herztransplantationen vor 100 000 Jahren

Phantastisch ist die Vergangenheit, die Geschichte unserer höherentwickelten Ahnen, gewiß.
Bereits vor 100 000 Jahren wurden Herzverpflanzungen vorgenommen, wie sie Professor Barnard heute macht oder eher besser als Barnard, da diese Transplantationen erfolgreich waren.
»Unmöglich!« höre ich schon die Pseudo-Prähistoriker brummen. Vor 100 000 Jahren, das war – Moment mal – die Epoche des Pithekanthropus (100 000 bis 500 000) oder der Beginn des Neandertalers! Können Sie sich einen Halbaffen vorstellen, der zwar kaum in der Lage ist, einen Feuerstein zu behauen, aber durchaus fähig, eine der schwierigsten chirurgischen Operationen am menschlichen Körper vorzunehmen? Natürlich lasse ich mich von solchen Meinungen nicht beeindrucken. Ich werde ganz einfach die Fakten darlegen, wie sie mir aus der UdSSR über Bukarest bekannt wurden, und dabei leicht zu prüfende Referenzen angeben.

Hunderttausendjährige Skelette

Im Jahre 1969 entdeckte der sowjetische Professor Leonidow Marmadschaidschan in Zentralasien als Führer einer Forschungsexpedition, der Gelehrte der Universitäten von Leningrad und Aschchabad angehörten, in einer Höhle einen Bestattungsort.

Aus einem Massengrab förderten die Wissenschaftler dreißig vollkommen erhaltene Skelette zutage, die sofort nach der Rückkehr an die Universität Aschchabad mittels der Radio-Karbon-Methode datiert wurden. Das Karbon 14 gab als Alter mehr als 20 000 Jahre an*. Präzisere Gutachten kamen durch verbesserte wissenschaftliche Methoden zu dem Schluß, daß die Skelette ungefähr 100 000 Jahre alt sind.
Das Interessante an den Skeletten war aber nicht nur ihr Alter, sondern die Tatsache, daß sie am Brustkorb merkwürdige Operationsspuren aufwiesen. Angesichts der Bedeutung und des Alters der Funde nahmen die sowjetischen Gelehrten eine sehr genaue Knochenuntersuchung vor. Das Ergebnis wurde unter folgendem Titel veröffentlicht:

»Bericht der wissenschaftlichen Marmadschaidschan-Expedition 1969 nach Sowjetisch-Zentralasien, im Auftrag der Gesellschaft für Anthropologie von Turkmenistan.«

Der Bericht wurde mit Billigung der genannten Gesellschaft Ende November desselben Jahres der Sowjetischen Akademie der Wissenschaften übergeben. Es stand darin zu lesen, daß acht der gefundenen Skelette Spuren von starken Knochenverletzungen aufwiesen, die entstanden sein mußten, während der Betreffende noch am Leben war. Diese Verletzungen schienen von Kämpfen mit Tieren (sibirische Bären, Panther, Tiger?) herzurühren, da auf der Oberfläche mancher Knochen deutliche Spuren von Krallen verblieben waren. Andere Knochen wieder trugen Spuren von tiefen, gewaltigen Bissen.

Operation Chris Barnard

An einem der Skelette hat man »das Ausschneiden des Zentrums des Ortes, der durch eine Knochendurchbohrung angeschnitten war« (es ist unmöglich, ohne den Text zu verfälschen, eine andere Übersetzung zu geben), festgestellt. Das Eigenartigste aber war, daß man Spuren eines chirurgischen Eingriffes an den Knochen am Rand des Brustkorbes gefunden hat.
Auf der linken Körperseite waren die Rippen entweder mit einem scharfen Feuerstein oder einem anderen Instrument durchschnitten worden. Die genaue Untersuchung der Operationsfläche hat zu der Feststellung

* Ich habe bereits mehrmals darauf hingewiesen, daß die C-14-Datierungen illusorisch sind, wenn der Gegenstand älter als 10 000 Jahre ist.

geführt, daß nach Resektion der Rippen ein Einschnitt vorgenommen worden war, der später erweitert wurde, um die eigentliche Operation zu ermöglichen.
Da diese Einschnittöffnung mit Knochenhaut überzogen war (jener faserigen Membran, die das Zusammenheilen der Knochen ermöglicht), schlossen die Wissenschaftler aus Leningrad und Aschchabad daraus folgendes: »Nach dem Gelingen dieser schweren Operation ist der Patient genesen und hat mindestens drei bis fünf Jahre gelebt, wie es die Dicke der Knochenhaut bezeugt.«
Noch eine Feststellung wurde gemacht: Die Schnittfläche an den Rippen entspricht genau dem Herzfenster, wie es heutzutage von den Nacheiferern Doktor Barnards gemacht wird.
Schon früher hatte man derartige Eingriffe an Knochen des Brustkorbes von Skeletten entdeckt, die man im Nahen Osten (Palästina, Assyrien, Iran) gefunden hat und die mehr als 50 000 Jahre alt waren.
Ähnliche Beobachtungen waren am Skelett einer jungen Frau aus der älteren Steinzeit in Les Eyzies (Frankreich) gemacht worden, aber da nur Knochenfragmente gefunden werden konnten, war man stark auf Vermutungen angewiesen.
Die Entdeckung der sowjetischen Gelehrten ermöglicht es endlich, die skeptischen Schüler des Abbé Breuil zu beschämen, für die die Menschen der Vorgeschichte nur ungeschlachte Lümmel oder halbe Tiere waren.
Wer will noch daran zweifeln, daß die Neandertaler, die vor 100 000 Jahren Herzverpflanzungen durchführten, ein sehr hoch entwickeltes wissenschaftliches Wissen hatten? Es ist möglich, daß die Operationen nicht von ihnen selbst durchgeführt wurden – vielleicht von Initiatoren oder Chirurgen einer höherentwickelten Volksgruppe –, aber eine Tatsache bleibt unbestreitbar bestehen: Unsere Ahnen besaßen eine wissenschaftliche Elite.

Herztransplantationen auch zur Zeit der Pharaonen

In der Bibliothek von Alexandria (Ägypten) soll sich ein Papyrus befinden, der in koptischer Sprache einen Bericht aus einem noch älteren Text über die Heilung eines durch einen Lanzenstich ins Herz verletzten Soldaten wiedergibt.
Der Mann diente in der Leibwache des Königs, als ihm die unter normalen Umständen tödliche Verletzung zugefügt wurde. Er war aber ein Günstling des Pharaos, und dieser beschwor die Ärzte, ihn doch zu retten. Der Papyrus beschreibt die Operation und berichtet, daß der Chirurg auf die

Idee kam, das Herz des Soldaten durch jenes eines jungen Apis-Stiers zu ersetzen. Der Text endet mit der Versicherung, daß der Eingriff erfolgreich verlaufen sei*.
Diese Herzverpflanzung zur Zeit der Pharaonen war sicher ebenso wie bei den Neandertalern in Zentralasien ein Ausnahmefall und ist vielleicht von erdfremden Wesen durchgeführt worden. Wenn sie unter König Djoser (III. Dynastie), zu Lebzeiten des weisen und göttlichen Imhotep, stattgefunden hat, so war das zu der Zeit, als vor nunmehr 5000 Jahren »Venusgötter« im assyrisch-babylonischen Reich, in Phönizien, bei den Mayas und bei den Inkas ähnliche Wunder vollbrachten. In diesem Sinne wären die für die Herzverpflanzungen verantwortlichen höherstehenden Vorfahren keine ursprünglichen Erdenbewohner gewesen.

Außerirdische Initiatoren

Obwohl die Wahrheit nur von einer kleinen Zahl unkonventionell, aber logisch denkender Menschen entfernt geahnt wird, beweisen die historischen und prähistorischen Fakten, daß sehr hoch entwickelte Menschen in der Vergangenheit auf die Erde kamen, um unsere Vorfahren zu unterweisen. Die heiligen Bücher aller Länder sprechen von der Ankunft dieser *Fremdlinge,* und die Überlieferungen bezeichnen sie übereinstimmend als Venusier.
Vor ungefähr 5000 Jahren haben solche Initiatoren die Kultur der Mayas in Mexiko zu einer ungeahnten Blüte geführt. Dasselbe geschah auch bei den Inkas in Peru, bei den Assyrern und Babyloniern, bei den Phöniziern und bei den Persern**.

* Meine Information stammt von Professor Doru Todericiu. Trotz intensiver Nachforschungen ist es mir nicht gelungen, präzise Referenzen über das Dokument zu erhalten. Vielleicht ist es der *Papyrus Ebers,* eine Abhandlung über das Herz. Die Ägypter hatten profunde medizinische Kenntnisse über die Erkrankung der Atemwege, des Verdauungstraktes, der Harnwege, etc. Sie verwendeten bereits Suppositorien, Klistiere und Abführmittel. Die Zahnärzte plombierten die Zähne, die Augenärzte behandelten mit Erfolg Augenleiden wie Trachom, Star und Nachtblindheit. Der *Papyrus Edwin Smith* beweist, daß die Chirurgen der Pharaonen auf dem Gebiet der Knochenchirurgie ernstzunehmende wissenschaftliche Arbeit leisteten. Hippokrates und Galenos machten kein Hehl daraus, daß sie einen Teil ihres Wissens Werken verdankten, die sie im Tempel des Imhotep in Memphis studiert hatten.
** Siehe dazu auch: *Die Meister der Welt,* R. Charroux (Econ und Knaur-Taschenbuch).

Ohne diesen Beitrag, ohne dieses Eingreifen ist es unmöglich, die plötzliche Entfaltung der Kulturen dieser Völker zu erklären. Sie standen alle unter dem Zeichen der Venus und glaubten an »Götter«, das heißt höhere Wesen, die von der Venus gekommen sein sollen und Quetzalcoatl, Orejona, Viracocha, Ischtar, Astarte und Anâhyta hießen.
Vor 10 000 Jahren ließ ein ähnliches Wunder die ägyptische Kultur erblühen, mit »göttlichen Königen, die vom Himmel kamen«. Nach Ablauf bestimmter Zyklen wiederholt sich alles.
Die Erdenmenschen sind im Begriff, ihrerseits Initiatoren und »Götter« eines entfernten Planeten zu werden. Und es würde der universellen Ordnung entsprechen, wenn in naher Zukunft wieder Extraplanetarier auf unsere Erde kämen und diesen Thesen eine phantastische und sicher beruhigende Bestätigung bringen würden.
Die klassischen, also von der Zeit überholten, Prähistoriker lehnen diese prophetischen Ansichten ab und bezeichnen sie als reine Phantasiegebilde. Aber für die Menschen der Zukunft ist die klassische Urgeschichte nichts als ein schlechter Roman, verfälscht und dumm, unglaubwürdig in seiner Verlogenheit.

5. Das Sonnentor und manches Ungewöhnliche

Das alte Peru übt eine an Faszination grenzende Anziehungskraft auf alle jene aus, die sich für Archäologie und versunkene Kulturen begeistern.
Dabei liegt die Herrschaft der Inkas nicht viel mehr als tausend Jahre zurück, und auch ihr Einfluß, ihre Macht und ihre Kultur werden vermutlich etwas überschätzt. Sie waren nicht die ersten Bewohner des Altiplano, jenes Hochplateaus, das sich von Peru bis Bolivien und von Ecuador bis Chile erstreckt. Vor ihrer Kultur bereits hatten sich hochentwickelte Zivilisationen in ganz Südamerika entfaltet, und die ebenso bedeutenden wie rätselhaften Funde in Brasilien, bei Ylo, in der Pampa von Nazca und in Tiahuanaco bezeugen, daß es in den Anden vor 10 000 Jahren zivilisierte Völker gegeben hat, die vielleicht die letzten Nachfahren der Atlanter waren.

K'emko in Peru

Die Hauptstadt der Inkas war Cuzco, mitten in den Anden. Aber ganz in der Nähe der Festung Sacsahuaman, die die Stadt verteidigte, auf dem felsigen Sporen von K'emko, kann man Höhlen sehen, einen Menhir und behauene Felsen, die nicht der Inka-Kultur angehören.
Man hat sie den Aymaras, Vorfahren der Inkas, zugeschrieben, aber die Überreste von K'emko sind wesentlich älter, wahrscheinlich um mehrere Jahrtausende, und scheinen mit der vorkeltischen Kultur von Carnac (Bretagne) und Stonehenge (England) in Verbindung zu stehen. Außerdem ähnelt K'emko stark einem Tumulus.
Die Inkas hatten ihr politisches und kulturelles Zentrum auf den Hochplateaus um Cuzco, und nicht weit von dieser Hauptstadt entfernt findet man auch die wichtigsten – und sehr gut erhaltenen – Überreste ihrer Städte und Festungen.
Von Cuzco nach Ollantaytambo führt ein schlechter, aber sehr malerischer Bergpfad (stellenweise bis in eine Höhe von 3800 m) durch Schluchten, wo mir eine erfahrene Führerin, Frau von Carthagène, die

wenigen Inkagräber gezeigt hat, die dort gefunden wurden. Sie sehen wie Schächte aus, die senkrecht in die Felswand führen und gerade lang genug sind, um einem Körper Platz zu bieten. Einmal verschlossen, verlieren sich diese Gräber nach wenigen Jahren vollkommen im allgemeinen Relief, weshalb die Archäologen sie nicht wiederfinden können.
Dagegen verstehen es die Hirten des Altiplano in Peru wie in Bolivien sehr wohl, die Stätten zu entdecken – manchmal wohl erst nach langer Suche –, und sie eignen sich die goldenen Grabbeigaben an, die den Verstorbenen ins Jenseits begleiten sollten.
Frau von Carthagène hat uns dazu eine bezeichnende Anekdote erzählt. In Cuzco oder La Paz lieben es die Einheimischen – echte Inkas, die aber weniger hoch entwickelt sind als ihre Ahnen –, goldene Schneidezähne zur Schau zu tragen. Sie haben zwar herrliche, feste Zähne, aber Goldzähne sind auf dem Altiplano eben modern! Also geht man zu einem Dentisten mit der Bitte, fünf oder sechs Schneidezähne zu ziehen und durch eine goldene Brücke zu ersetzen.
»Aber das ist sehr teuer«, sagt der Arzt. »Hast du Pesos?«
»Nein, Señor.«
»Hast du Gold?«
»Gold? O ja, Señor!«
Es wird kein Handel abgeschlossen, aber am nächsten Tag kommt der Inka wieder und zieht aus seiner Tasche eine Handvoll Bruchgold oder alten Schmuck und sagt einfach:
»Für die Zähne, Señor.«
Auf diese Weise gelangen die Zahnärzte auf dem Altiplano in wenigen Jahren zu unermeßlichem Reichtum.

Ollantaytambo

Durch das kleine Dorf Ollantaytambo fließt ein klarer Bach. Die Häuser entlang der einzigen Straße stammen alle aus der Zeit der Inkas; die Wohnhäuser sind aus Stein, die Ställe aus Lehm gebaut. Das Leben scheint dort seit einem Jahrtausend stillzustehen. So ist das Rad dort zwar bekannt (ich selbst bin im Auto hingefahren), seine Benützung aber streng verboten.

Abbildung 8 und 9: Riesige Steinblöcke bilden die äußere Mauer der Inka-Festung von Sacsahuaman bei Cuzco.
Allgemeine Ansicht von Machu Pichu, der geheimen Stadt der Inkas, die bis 1911 unerforscht in den Anden lag.

Alles Material, auch die Ernte, wird auf Menschenrücken befördert, wobei ein dicker Strick die Last auf den Schultern des Trägers festhält. Die Kirche ist über einem alten Inka-Tempel errichtet, dessen klobige Grundmauern noch deutlich zu erkennen sind. Hier kann man nicht von Vandalismus sprechen, das ist Religion: das Kreuz Christi verdrängt die goldene Sonne.
Über dem Dorf steigt die Festung in schmalen Terrassen auf, auf denen Lamas und weiße Alpakas äsen. Riesige Felsen, in Form von Bänken, Stufen oder Sitzen behauen, liegen wahllos herum. Man nennt sie die »müden Steine«, vielleicht weil sie nicht die Kraft hatten, alleine bis hinauf zur Festung zu gelangen!

Machu Pichu: Das Geheimnis der Steine

Von Cuzco fährt man frühmorgens mit einer kleinen Gebirgsbahn nach Machu Pichu. Die Fahrt ist sehr malerisch und führt durch das Tal des Salzflusses und des Urubamba. Der tropische Wald reicht mit seiner üppigen Vegetation bis zur Bahnlinie herab, aber die Gipfel sind unbewachsen, da sie Höhen um 5000 Meter erreichen.
Machu Pichu, die geheime Stadt der Inkas, wurde erst 1911 von Hiram Bingham entdeckt, und zwar unter ungeheuren Schwierigkeiten. Wenn man auch heute leicht hingelangt, war zur Zeit der Konquistadoren der Ort praktisch nicht zu erreichen. Man nimmt an, daß sich dort der Zufluchtsort der Sonnenjungfrauen befand; leider ist man aber ganz auf Vermutungen angewiesen, da die Inkas ihre Existenz niemals verraten haben.
Die Ruinenstadt bietet einen überwältigenden Anblick; sie wird vom Großen Pik (Machu Pichu) überragt, auf dem man noch deutlich die schon im 15. Jahrhundert bebauten Terrassen erkennen kann.
Es ist eine echte Stadt, großartig in ihrer Anlage, und alles an ihr scheint für kultische Zwecke bestimmt gewesen zu sein. Die Terrassen sehen genauso aus wie in Ollantaytambo, und friedliche Alpakas grasen dort in Freiheit.
Die Mauern sind wie in Sacsahuaman aus großen Blöcken zusammengefügt. Manche erinnern in erstaunlicher Weise an die Mauern von Winapu auf der Osterinsel. Viele behauene Blöcke sind bis zu fünf Meter lang, und das Problem ihres Transportes bleibt ein Rätsel.
Es ist mir ein ungefähr 1,50 m hoher und 1 m dicker Felsblock aufgefallen. An seiner Vorderfront schien er mit einem einzigen, geraden Schnitt durchgesägt, wies aber alle zwanzig Zentimeter Kerben auf, in die ver-

Abbildung 10: Dieses Monument, direkt aus dem Felsen gehauen, überragt Machu Pichu. Es ist, so sagt man, eine Sonnenuhr oder der Thron des Inka.

mutlich Holzkeile getrieben worden waren, um den Felsen abzusprengen. Der Felsen hatte sich auch in zwei Teile gespalten, nur war die eine Bruchstelle nicht so ebenmäßig wie die andere Seite. Wir standen erstaunt vor soviel Genauigkeit und solcher Kenntnis der Struktur eines unförmigen Felsens.

Jedenfalls beweist dies, daß die Inkas den Stein bearbeiteten, indem sie ihn nach der Struktur brachen, und dies ohne jede Zauberei oder übernatürliche Mittel.

Das Inkamärchen

Die meisten anderen archäologischen Fundstätten der Inkas scheinen – mit Ausnahme von K'emko – nicht sehr alt zu sein. Pachamac zum Beispiel ist relativ jung und nicht sehr interessant.

Die Überreste des Sonnentempels auf der Insel Titicaca sind praktisch nicht vorhanden, und was übriggeblieben ist, enttäuscht. Die Ruinen auf

Abbildung 11: Das Plateau von Tiahuanaco: karger Boden, eine lange Steinmauer, in die Menhire eingebaut wurden, und im Hintergrund die berühmte Puerta del Sol.

der Mondinsel sagen nichts von vergangener Größe, und was in Cuzco selbst verblieben ist, unter anderem der zweite Sonnentempel – der inzwischen in eine christliche Kirche umgewandelt wurde –, entspricht nicht im entferntesten den dithyrambischen Beschreibungen des guten Garcilaso de la Vega!
Das berühmte *Curicancha* (Umfriedung des Goldes) ist nur mehr ein kleiner, uninteressanter Flecken, der an einem schmutzigen Rinnsal liegt; dem sagenhaften Guatanay!
Es fällt mir bestimmt nicht leicht, mit einer Legende aufzuräumen, die meiner Phantasie und meinen Neigungen so sehr gefallen hat, und meine Enttäuschung war dementsprechend groß.
Es dürfte kein Zweifel mehr daran bestehen, daß der Inka genau wie der »mächtige« Pharao in Ägypten nur ein Schattenkönig ohne militärische Macht, nur der Anführer eines kleinen, über weite Gebiete verstreuten Volkes war, und daß die Inkakultur, so glänzend sie auch war, nicht über die Grenzen des Reiches ausstrahlen konnte.

Nicht aus Zufall, oder weil man sie für Götter hielt, konnten die 102 Fußsoldaten des Pizarro und seine 62 Reiter mit Leichtigkeit ein Gebiet erobern, das sechsmal so groß wie Frankreich ist.

Tiahuanaco

Tiahuanaco in Bolivien liegt 4000 Meter hoch und 80 Kilometer von La Paz entfernt auf einem weitläufigen Plateau, das von sanft geschwungenen Gipfeln eingeschlossen wird.
Bevor man über eine steinige Straße zur Ortschaft selbst gelangt, fährt man an der Stelle vorbei, an der sich einsam, klein, aber doch reich an Legenden und geschichtlichem Ruhm die *Puerta del Sol* erhebt.
Das Bauwerk ist leider mit einem häßlichen Gitter eingezäunt. Das raubt ihm einen Teil seines Charmes. Stellt das Sonnentor einen Venuskalender dar? Vielleicht. Auf jeden Fall sind die Figuren auf dem Fries wirklich so, wie sie beschrieben wurden, unwahrscheinlich gut erhalten und klar aus dem Stein geschnitten, rätselhafte Wesen mit vier Fingern.
Weniger bekannt sein dürfte, daß man ungefähr einen Kilometer davon entfernt noch zehn andere Tore auf einem eingefriedeten Platz liegend findet, von denen manche noch größer sind als das Sonnentor. Sie sehen aus, als wären sie von jemand dortgelassen worden, der einst eine Stadt oder ein Heiligtum errichten wollte. Uns ist darüber nichts bekannt.
Dennoch dürfte einst an diesem Ort ein bedeutendes Zentrum existiert haben, da man überall auf dem Plateau, rund um einen riesigen Erdhügel, auf dem ein Menhir steht, einmal eine wunderbare Statue in reinem Inkastil, dann wieder Menhire oder einen zerbrochenen Phallus und Überreste von Bauwerken findet. Das Ganze macht einen zugleich ergreifenden und verwirrenden Eindruck.
Eine lange Mauer, neben der die Straße verläuft, wird alle dreißig Meter von Menhiren flankiert, wie man sie in der Bretagne findet.
Tatsächlich ist das echte Tiahuanaco eine Menhirstadt. Man sieht sie überall, zu Hunderten, wobei die meisten in jüngere Bauten eingefügt wurden.
Ein halb in der Erde versunkener Tempel, der *templete*, zeugt für das – ich würde sagen keltische – Alter des ursprünglichen Tiahuanaco.
Ein kleines Museum mit Töpfereien und Skulpturen ist zwischen der *Puerta del Sol* und dem *templete* errichtet worden. Ich habe dort einen merkwürdigen schwarzen Steinblock gesehen, ein Rad, ähnlich den Mühlrädern in Mexiko und im Museum von Carnac, und mehrere menschliche Schädel, einige wohl von mehr als drei Meter großen Riesen

stammend, da der größte Schädel ungefähr 35 Zentimeter hoch und ebenso breit war. Welcher Rasse gehörten diese Menschen an, mit welcher Kultur waren die Menhire, Phallen und Hügel verbunden?

Die Bretonen von San Agustin

Weder in Mexiko noch in Peru oder Bolivien findet man ein einziges »Schlitzauge« in der antiken Bildhauerkunst. Also spricht nichts für eine auch nur entfernte Verwandtschaft mit mongolischen Vorfahren. Einmal mehr haben sich die Prähistoriker einen schlechten Scherz erlaubt!
Die Augen der Statuen sind rund, meist sogar vier- oder rechteckig, wie in San Agustin (Kolumbien), wo man den gleichen reinen bretonischen Typ findet, wie man ihn aus Frankreich und Großbritannien kennt.
San Agustin ist wie Tiahuanaco, wie Carnac, ein Land der Hügel, Tumuli, Phallen, Menhire und Dolmen. Wenn man das sieht, drängt sich dem Geist sofort eine logische These auf.
Unsere Ahnen, die Vor-Kelten, wanderten nach Nordamerika aus; von Kanada kamen sie in die heutigen Vereinigten Staaten, dann nach Mexiko. Dieser Weg wird im *Popol-Vuh* der Mayas bestätigt.
Was ist aus den Mayas der Halbinsel Yucatán geworden? Sie sind verschwunden, ohne Spuren zu hinterlassen, versichern die klassischen Geschichtsbücher. Aber für den ehrlichen Archäologen, der die Menhire und megalithischen Umfriedungen von La Venta in San Agustin wiederfindet, ist die Verbindung klar. Diese Mayas sind die Erbauer von San Agustin. Jahrhunderte später haben sie ihre Wanderung nach Peru und später nach Bolivien fortgesetzt.
Zwischen den Riesen von Tula in Mexiko und jenen, die in den Granit von Bolivien gehauen wurden, besteht eine offenkundige Verwandtschaft: Der Stil ist gleich, die Verzierung identisch. Warum nicht eine Ähnlichkeit zugeben, die ins Auge springt und sich sogar auf die Form der Tumuli und Pyramidenbauten erstreckt, die wie jene von Monte Alban und Plouézoch (Finistère) aussehen?
Es sieht so aus, als würde sich das Abendland schämen, die Urheimat der Völker der Erde zu sein. Oder aber es gibt gewaltige religiöse oder ideolo-

Abbildung 12 und 13: Die Puerta del Sol. Die Erbauung des Monuments reicht in den Nebel der Urzeit zurück.
Detailansicht des Sonnentors. Die zentrale Figur, der Gott Inti, hat nur vier Finger an jeder Hand. Im Kopf der kleinen Figuren unterscheidet man rätselhafte Zeichnungen, die wie Raumanzüge oder Raketen aussehen.

Abbildung 14: Dolmen und Menhire wie in Carnac (Frankreich).

gische Kräfte, die mit allen Mitteln versuchen, jenen Funken zu ersticken, der vor nunmehr fast 10 000 Jahren im Land der Kelten, der Druiden und der Wahrheit aufgeblitzt ist.

Medzamor: Ein Stahlwerk vor 5000 Jahren

Immer mehr Entdeckungen und Funde bestätigen, daß Europa die Heimat der ersten zivilisierten Menschen war.
Wenn man mutig genug ist, Berichten über Funde von unbekannten oder geheimnisvollen Gegenständen und Materialien Glauben zu schenken, muß man zu der Überzeugung kommen, daß es im europäischen Abendland schon Jahrtausende vor den Sumerern Metallkulturen gab, lange vor der angeblichen Bronzezeit, die den Schülern von hoffnungslos verknöcherten Lehrern noch immer eingetrichtert wird.

Abbildung 15: Der »Bretone« von San Agustin. Seine weit geöffneten Augen beweisen seine nicht-asiatische Herkunft.

In Medzamor (Armenien) hat Doktor Koriun Megertschian die älteste Metallfabrik der Welt freigelegt. Nach mehreren offiziellen Gutachten wurde sie vor 5000 Jahren, also zwei- bis dreitausend Jahre vor der Bronze und dem Kupfer der Prähistoriker, erbaut.
Man hat in Medzamor Vasen und zahlreiche Gegenstände aus allen gebräuchlichen Metallen gefunden: Messer, Spieße, Pfeile, Fibeln, Ringe, Armreifen und anderes. Die Gießerei bestand aus mehreren in den Felsen gehauenen Wannen, in denen das zerkleinerte, zerriebene, gewaschene Erz gereinigt und veredelt wurde, bis man das reine Metall erhielt. 25 solcher Öfen wurden freigelegt, mehr als 200 sollen noch verschüttet sein.
Medzamor war ein echtes Industriezentrum zu einer Zeit, die von den Prähistorikern partout Neolithikum, also Jungsteinzeit, genannt wird! Man importierte Erz, verarbeitete es und verteilte es anschließend an alle Völker des Nahen Ostens.
Es wurde Kupfer, Bronze, Blei, Zink, Eisen, Gold, Zinn, Antimon, Mangan und sogar Stahl bearbeitet! Man hat an der Fundstätte fein gearbeitete und noch glänzende Pinzetten entdeckt, die ähnlich wie die heute gebräuchlichen Kosmetikpinzetten aussehen. Allerdings stammen sie aus etwas jüngerer Zeit – sie sind »nur« 3000 Jahre alt.
Vierzehn verschiedene Bronzesorten wurden in der Fabrik geschmolzen und waren für verschiedene Industrien bestimmt.
Alle diese Entdeckungen wurden von den wissenschaftlichen Instituten der UdSSR überprüft und bestätigt, von amerikanischen, englischen und deutschen Fachgremien kontrolliert, und dennoch haben sie den Blickwinkel der Prähistoriker in keiner Weise geändert: Eisen- und Bronzezeit bleiben wie sie waren, auch wenn schon zwei Jahrtausende vorher Gegenstände aus Stahl geschmiedet wurden! Wer etwas anderes behauptet, wird verdammt.
Und man wird noch lange vom Zeitalter des geschliffenen Steins vor 5000 Jahren sprechen, als ob jemals irgendein Mensch auf der Erde schon ein Feld von Äxten aus geschliffenem Stein gesehen hätte!
Die Kenntnisse der Metallarbeiter von Medzamor lassen nicht nur unsere allwissenden Professoren lächerlich erscheinen. Noch mehr: Sie verfügten sogar über ein dreistöckiges astronomisches Observatorium mit dreieckigem Grundriß, dessen Spitze nach Süden weist, dorthin, wo die meisten Sterne zu sehen sind.
Trotz all dieser wissenschaftlich höchst interessanten Funde, die ein besseres Los verdient hätten, ist die Kultur von Medzamor noch immer so gut wie unbekannt.

Unbekannte Wissenschaft

Die Beschäftigung mit Medzamor führt unweigerlich zum Thema der ungewöhnlichen Funde, von denen einige – dies sei gleich eingangs betont – nur durch ziemlich vage Berichte, andere durch gleichfalls unkontrollierbare Überlieferungen bekannt sind.
Im Jahre 1960 fanden die sowjetischen Professoren T. G. Gritsai und I. J. Jatsko in einer Höhle bei Odessa Tierknochen, die so glatte Schnittflächen aufwiesen, daß nur ein Schneidinstrument aus Metall für die Durchtrennung in Frage gekommen sein kann.
In der Nähe von Dorchester (Massachusetts, USA) hat man bei der Sprengung eines Felsens eine Metallvase mit Blumenintarsien aus Silber gefunden. Das Metall der Vase konnte nicht bestimmt werden.
In einer Silbermine fanden die Spanier im 16. Jahrhundert einen Zylinder aus Metall mit einer Länge von 18 cm. Eine wissenschaftliche Begutachtung der unmittelbaren Umgebung des Gegenstandes ergab eine Datierung von einigen Dutzenden von Jahrtausenden.
Nach B. Laufer (*Prehistory of Aviation*, zitiert von Andrew Thomas in *Les secrets de l'Atlantide*) besaß Kaiser Tsin Schi einen »Zauberspiegel«, der es gleich einem Röntgenapparat ermöglichte, die Knochen des Körpers durch die Haut hindurch zu sehen.
In der Nähe von St. Louis im Staate Missouri (USA) wurden an einer archäologischen Fundstätte Schädel von Indianern ausgegraben, die 1200 v. Chr. gelebt hatten. Mit Erstaunen stellte man fest, daß manche Zähne mit einer Art Zement »plombiert« worden waren.
Die Ärztin Lucile Homy und der Dentist Richard Koritzer vom Smithsonian Institute in Washington stellten bei einer Untersuchung der Häufigkeit der Karies bei den alten Ägyptern fest, daß 90% der Fälle von Karies ab der XVIII. Dynastie auftraten, gegen nur 3% von der VI. bis zur XII. Dynastie. Man könnte daraus schließen, daß die ältesten Ägypter medizinische Kenntnisse hatten, über die wir im 20. Jahrhundert nicht verfügen.

Menhire auf dem Mond

Die Zeitschrift *Interavia* behauptet, daß manche von *Lunar Orbiter* aus einer Entfernung von 37 km aufgenommene Fotos zeigen, daß intelligente Wesen einst Menhire auf dem Mond errichtet haben. Die Fotos zeigen die Schatten von acht solchen Megalithen, die 12 bis 23 Meter hoch sind und einen Durchmesser von ca. 15 Metern haben.

Andere Aufnahmen – sie stammen von der sowjetischen Sonde Luna 9 – zeigen ähnliche Megalithe, mit einer Höhe von 46 Metern.
Auf dem ganzen Erdball beweisen archäologische Funde, daß lange vor dem so beliebten Paläolithikum der Prähistoriker, sogar lange vor der Kultur der Atlanter, unsere Vorfahren technische Kenntnisse hatten, die den Behauptungen der klassischen Lehre spotten.
Offizielle Gutachten bescheinigen, daß menschliche Wesen vor 25 000 Jahren die Hematiteisenminen von Ngwenya im westlichen Swaziland (Südafrika) abgebaut haben.
Auf der Insel Malta hat man angeblich Überreste einer uralten Eisenbahnlinie mit Traversen und Schienen gefunden.
Dem Schriftsteller Maurice Guignard zufolge hatten die Ordenspriesterinnen und Großmeister im Hochmittelalter »ihre Produktionsmittel miniaturisiert. Sie fingen die kosmische Energie in einem Smaragdzylinder ein und transportierten sie in einem kleinen Akkumulator, der *Völu-völt* genannt wurde.«
Der amerikanische Hellseher Edgar Cayce hatte im Jahre 1940 dasselbe von den Atlantern behauptet.

Der älteste Stiefel der Welt

Eine russisch-chinesische Expedition unter Leitung von Professor Dr. Tschu-Myn Tschen hat in der Wüste Gobi im Jahre 1959 einen merkwürdigen Fund gemacht: einen vollkommen erhaltenen, eindeutig von einer Stiefelsohle stammenden Abdruck, Schuhgröße 43, und das in einem zwei Millionen Jahre alten Felsen! Man nimmt an, daß dieser Abdruck in weichem Sand gemacht wurde und daß sich Sedimente darauf abgelagert haben.
Der englische Naturforscher Charles Brewster soll ungefähr zur gleichen Zeit im Inneren eines Kalkfelsens aus der Kreidezeit (75 bis 90 Millionen Jahre) die Überreste von elf Nägeln aus Stahl gefunden haben.
Man weiß auch, daß die alten Inkas einige Jahrhunderte vor unseren Wissenschaftlern Silber und Platin amalgamieren konnten. Dabei schmilzt Platin erst bei 1775 Grad!
Ebenfalls in Peru, und zwar an einem Ort namens Chan-Chan, hat man vergoldete und versilberte Gegenstände gefunden, was annehmen läßt, daß man schon damals die Elektrolyse kannte.
Auch Jahrtausende alte ägyptische Vasen scheinen mit Hilfe eines elektrolytischen Verfahrens mit einer dünnen Goldschicht überzogen worden zu sein.

Wer, wenn nicht höherstehende Ahnen, hätte diesen weit voneinander entfernten Völkern das Geheimnis so außerordentlicher Kenntnisse vermitteln können?

Ein Phallus aus unbekanntem Metall

Einem meiner Korrespondenten und Freunde, Marcel Giraud aus Lyon, verdanke ich den erstaunlichen Bericht eines Unteroffiziers der Kolonialartillerie, der während des letzten Krieges am Feldzug in Birma teilgenommen hat.

»Die Gruppe, zu der dieser Unteroffizier gehörte, war schon ziemlich weit in den Urwald eingedrungen«, schreibt Giraud. »Da fanden die Männer einen eigenartigen Monolithen, der wie ein Phallus aussah, an die zehn Meter hoch war und einen Durchmesser von ungefähr zwei Metern hatte.

Bei näherer Betrachtung stellte man fest, daß er aus einem unbekannten, rostfreien Metall hergestellt war, denn er glänzte, als wäre er eben frisch geputzt worden. Hammer und Meißel konnten ihm nichts anhaben, und wenn man auf ihn schlug, klang er wie ein voller und nicht wie ein hohler Körper.

Dieser Phallus war mit Reliefs bedeckt, mit unbekannten Schriftzeichen (unbekannt zumindest für die Soldaten, die ja keine Spezialisten waren) und Ideogrammen ähnlich denen, die man auf den ägyptischen Bauwerken findet.

Die Ingenieuroffiziere, die das Kommando über die Truppe innehatten, waren der Meinung, daß ein bedeutender Teil des Monumentes in der Erde versunken war, und sie errechneten, daß sie, um es nach Zerteilung in handlichere Stücke in ihren schweren Fahrzeugen zu transportieren, einen Zug von etwa fünfzig großen Wagen benötigt hätten.

Weiter geschah nichts, da die Gruppe dieses Operationsgebiet verlassen mußte.«

Schwebende Steine

Desmond Leslie und Georges Adamski berichten (*Les Soucoupes volantes ont atterri* – Die fliegenden Untertassen sind gelandet) von einem riesigen, nahezu 300 Tonnen schweren Felsblock, der in Ty Ninu (Annam) ohne jeglichen Halt in der Luft zu schweben scheint.

Die Eingeborenen glauben, daß der Monolith von Schallwellen gestützt

wird und daß jemand Tag und Nacht ein *Mantra* (Zaubergebet) murmeln muß, um zu verhindern, daß er zu Boden fällt.
Dieser Bericht erscheint mir wenig glaubwürdig, doch jener von Andrew Thomas (*Les Secrets de l'Atlantide* – Die Geheimnisse von Atlantis, erschienen bei Robert Laffont) ist authentisch und gibt ein Phänomen wieder, das der Wissenschaft der versunkenen alten Zeit angehört.
Im Dorf Shivapur, bei Poona in Indien, gibt es eine Moschee, die zu Ehren eines heiligen Mannes namens Quamar Ali Derwisch, eines Angehörigen der mohammedanischen Sekte der Sufis*, errichtet wurde. In der Nähe des Bauwerks liegen zwei runde Granitblöcke, die 41 beziehungsweise 55 Kilogramm schwer sind.
Jeden Tag rufen Pilger bei diesen Steinen lange Zeit Quamar Ali an, sie machen Handauflegungen und heben plötzlich zu elft den 55 Kilo schweren Felsen bis zu einer Höhe von 1,50 bis 1,70 m, und zwar nur mit der Spitze ihrer Zeigefinger.
Dasselbe können neun Personen mit dem 41 Kilogramm schweren Stein zustande bringen. Es ist mit jenem Phänomen verwandt, wenn nicht sogar identisch, das ich in *Unbekannt-Geheimnisvoll-Phantastisch* mit vier Personen beschrieben habe.
In *Magie chaldéenne* (Chaldäische Magie) schreibt Charles Lenormant: »Es ist sicher, daß in sehr alten Zeiten die Priester von On . . . durch Zaubersprüche Stürme auslösen und Steine zur Errichtung ihrer Tempel in die Lüfte heben konnten, die sonst keine tausend Männer hätten vom Platz schaffen können.«
Ich möchte die Leichtgläubigkeit nicht so weit treiben, zu sagen, daß dieses Wunder mit Sicherheit geschehen ist, aber man kann immerhin glauben, daß diese verfälschte Überlieferung aus einer heutzutage unbekannten Wissenschaft entstand.
Annie Besant versucht in *La Généalogie humaine* (Die menschliche Genealogie) eine Erklärung: »Diese Steine wurden nicht durch Konzentration der Muskelkräfte gehoben, auch nicht durch komplizierte Apparate, deren Kraft die Wirkung unserer modernen Mittel überstiegen hätte; sie wurden von jenen aufgehoben, die den Erdmagnetismus verstanden und steuerten; sie verloren ihre Schwerkraft und schwebten in der Luft, so daß der Druck eines Fingers genügte, um sie zu bewegen und genau an den ihnen bestimmten Ort zu setzen.«
Man muß gewiß zwischen dem Möglichen und dem Erfundenen unterscheiden, aber es sind auf allen Gebieten so viele Entdeckungen gemacht

* Die Sufis lehren, daß der Mensch, wenn er sich durch Meditation, Ekstase und strenge Einhaltung von Regeln reinigt, göttlich werden kann.

worden, so viele unglaubliche Überlieferungen haben sich Generationen hindurch erhalten, daß es scheint, als wollte ein Körnchen Wahrheit unsere Aufmerksamkeit auf die phantastischen Grenzen einer Vergangenheit lenken, die noch immer nicht erloschen ist.
Es ist für uns Menschen des 20. Jahrhunderts eine Pflicht, nicht unüberlegt die Nabelschnur zu zertrennen, die uns noch immer mit unseren großen Ahnen verbindet.

6. Keltische Mythologie
Die große Pyramide von Plouézoch (Finistère)

Die drei Invasionen

Die Kelten, unsere Ahnen, bildeten die Elite und den Hauptzweig der weißen Völker. Ihre Geschichte ist in groben Zügen durch alte irische und gallische Manuskripte bekannt, von denen folgende die wichtigsten sind:

Irische Manuskripte

Die Gedichte des Amergin
Das Buch der Eroberungen
Das Buch der dunklen Kuh
Das Buch von Leinster
Das Buch von Ballymote
Das Gelbe Buch von Leccan

Gallische Manuskripte

Die vier Zweige des Mabinogi
Das Schwarze Buch von Carmathen
Das Buch von Aneurin und Taliesin
Das Weiße Buch von Rhydderch
Das Rote Buch von Hergest

Das Buch der Eroberungen erzählt, daß die Zauberkönigin der Grünen Insel in der großen Sintflut mit ihrem ganzen Volk untergegangen ist. An einem 1. Mai kamen Prinz Partholon und 24 Paare aus Griechenland. Dreihundert Jahre nach dieser Landung, auf den Tag genau wieder an einem 1. Mai, vernichtete eine Epidemie die Nachkommenschaft der Griechen.
Dann folgten aufeinander die Invasionen der *Söhne von Nemred*, die aus Skythien stammten, und der *Firbolgs*, einem gotischen Volksstamm. Wieder an einem 1. Mai kam »von jenseits des Flusses Ozean« aus Mag Meld (Ebene der Glückseligkeit) der Stamm der *Tuatha Dé Danann*, die bestimmt Amerikaner, genauer gesagt Quiché-Mayas, waren.

Sobald sie in Irland gelandet waren, begannen die Tuatha Dé Danann gegen den Klan der Formoré zu kämpfen und besiegten ihn in Moytura (gälisch: Mag Tuireadh = die Ebene der Pfeiler, das heißt der aufrechten Steine oder Menhire), in der Nähe von Cong, in der jetzigen Grafschaft Mayo*.

Alle diese Ereignisse haben nach F. Guiraud und G. Roth ungefähr zur Zeit des Trojanischen Krieges stattgefunden. Dies würde die Ankunft eines griechischen Prinzen erklären und bedeuten, daß sich diese Ereignisse um das Jahr 1300 vor unserer Zeitrechnung zugetragen haben. Ich bin allerdings der Meinung, daß es viel früher war.

Vor mehr als 3000 Jahren also standen bereits Menhire in den irischen Ebenen, und es scheint, daß die Kelten ihre Bestimmung nicht kannten, da sie sie »Pfeiler« nannten.

Die Tuatha Dé Danann brachten magische Gegenstände mit, wie das Schwert von Nuada, die Lanze von Lug, den Kessel von Dagde und den Stein Fal oder Schicksalsstein, der schrie, wenn sich der legitime König auf ihn setzte.

Eigentlich verlief die Invasion dieser fremden Zauberer recht friedlich, denn trotz der (in den Berichten stark übertriebenen) Schlachten dürften die Tuatha Dé Danann von der Mehrzahl der ursprünglichen Einwohner anerkannt worden sein. Ihre Zwistigkeiten sahen eher wie Stammesrivalitäten aus, die zumeist mit Vermählungen glücklich abgeschlossen wurden.

Anscheinend verhielten sich diese fremden Zauberer aus Amerika wie echte Kelten, die in ihre Heimat zurückkehrten. Sie hatten keine sprachlichen Verständigungsschwierigkeiten mit den Iren, sie paktierten mit ihnen, wie es unter nahen Verwandten üblich ist, und vermittelten ihnen gewisse Kenntnisse.

Was noch viel erstaunlicher ist: Diese amerikanischen Tuatha Dé Danann, die Vorfahren der Déné-Hasenfell, der Déné-Hundeflanke, der Déné-Tchippewayans und der Déné-Castors aus Kanada werden heute als Vertreter des Archetypus der Kelten angesehen. Tatsächlich findet man in Irland das lebendige Zentrum des keltischen Gedankenguts und die am reinsten erhaltene Menschenrasse des alten Europa.

* *Mythologie Générale* von Félix Guiraud und Georges Roth, Larousse.

Die mexikanischen Mayas kehren nach Europa zurück

Beim Vergleich der verschiedenen Berichte gelangt man zu der Annahme, daß Nachfahren von Hyperboreern aus dem geheimnisvollen Thule in den Bergen Grönlands oder Arier vom Iranischen Hochland mehrmals zwischen den beiden Kontinenten hin- und hergefahren sind, die einst das Land der Atlanter begrenzten.

Auch zahlreiche Überlieferungen der amerikanischen Indianer bekräftigen diese Hypothese, die von den Historikern vollkommen ignoriert wird.

Wie kann man dieses doppelte Phänomen erklären?

1. Die Initiatoren der Inkas und Mayas, weiße und bärtige Götter, kehrten eines Tages in ihr Land zurück, nach Osten übers Meer.
2. Die Tuatha Dé Danann kamen an einem 1. Mai aus den Gebieten jenseits der westlichen Meere; sie kehrten in ihr Land zurück, und zwar wieder am besonderen Festtag des 1. Mai.

Die Tuatha Dé Danann, die »göttlicher Herkunft« waren, verließen nämlich das Land wieder, und zwar nachdem sie einen langen Krieg verloren hatten. Aber sie verlangten, daß zu ihrer Erinnerung ein Kult gefeiert werde, was für Besiegte doch einigermaßen sonderbar anmutet.

Alles wird verständlich, wenn man akzeptiert, daß die Tuatha Dé Danann oder amerikanischen Mayas Kelten aus dem europäischen Keltenreich waren*.

Diese Rückkehr in das Land der Urväter wird im heiligen Buch der alten Mexikaner, dem *Popol Vuh* der Quiché-Mayas, ausdrücklich bestätigt. Man kann darin lesen:

»Sie waren in Ha'kavitz, als die vier Anführer ihres Zuges auf geheimnisvolle Weise verschwanden. Obwohl sie schon recht alt waren und eine lange Wanderung hinter sich hatten, waren sie keineswegs krank, als sie sich von ihren Kindern mit den Worten verabschiedeten, ihre Mission sei beendet und sie würden in ihre Heimat zurückkehren . . .

Sie trugen ihren Nachfolgern auf, in das Land zurückzukehren, aus dem sie gekommen waren; zur Erinnerung hinterließen sie ihnen ein verschlossenes Paket, das dem *quimilli* der Völker des Nahua-Idioms entspricht.

Lange Zeit danach zogen drei ihrer Söhne nach Osten über den Ozean . . .

* Ich betone nochmals, daß ich unter »Kelten« die vom Iranischen Hochland ausgegangenen Arier verstehe, deren Name nicht bekannt ist, deren Hauptstamm aber den Zweig der Kelten hervorbrachte.

Abbildung 16 und 17: Die keltische »Pyramide« von Plouézoch (Finistère). Die Pseudo-Pyramiden von Monte-Alban in Mexiko. Wie man sieht, ist das architektonische System der Stufenterrassen bei beiden Bauwerken gleich.

Als die Quiché-Mayas Tulan verließen, sagten ihre Väter: ›Eure Heimstätte ist nicht hier; jenseits der Meere werdet ihr eure Berge und Täler finden. Belih (Bêl) und Toh (Thot, Thor) werden euch beistehen!‹«
Sie kehrten also zurück und versuchten, in Irland ansässig zu werden, in jenem Reich, das ihnen einst gehört hatte. Sie pilgerten auch in ihre alten Gebiete in Wales, Gallien, Iberien und Rußland, wo sie – so glaube ich – Initiationszellen bildeten, die am Beginn des Druidentums standen.

Die große keltische Pyramide in Plouézoch

Diese These wird den Protest der guten alten Historiker hervorrufen, sie werden sie als Hirngespinst abtun, obwohl sie die überzeugende Darstellung einer Vergangenheit bietet, die bisher im Schatten lag. Könnten

Abbildung 18: Detail der keltischen Pyramide. Bausteinplünderer haben eine der Dolmenkrypten freigelegt.

Spuren, welche die Mayas auf unserem europäischen Boden hinterlassen haben, die Historiker überzeugen? Nun, an ihnen herrscht kein Mangel! Außer dem Popol Vuh bezeugen meiner Meinung nach mehrere mexikanische Manuskripte und Kodizes diese Emigration in das Land der Väter.

Den Hauptbeweis liefern aber zweifellos die bedeutenden Maya-Monumente, die man in Frankreich sehen kann. »Das ist aber neu!« denken Sie wohl. Ja, alles ist neu für den, der nicht sehen kann oder will, aber wenn Sie eines Tages die Neugierde in die Bretagne treibt, in die Gegend von Morlaix, dann fahren Sie doch noch 10 km weiter nach Norden bis zu dem Dorf Plouézoch und noch ein Stückchen weiter. Sie kommen zum Meer, gehen nach links am Strand weiter, kommen an einigen Fischerhäusern vorbei, und oben auf dem Hügel werden Sie sehen . . .

Meine Frau begleitete mich im Frühling 1969, und sie rief gleichzeitig mit mir aus: »Eine Maya-Pyramide!« Vor uns lag ein Monument, das Linie für Linie, Stein für Stein die längliche Pyramidenform hatte, wie man sie in Monte-Alban und im übrigen Mexiko findet.

Es ist ein riesiges, vollkommen verkanntes, um nicht zu sagen unbekanntes Bauwerk. Seine Architektur ist – ein Vergleich der Bilder zeigt es deutlich – das genaue Gegenstück zu den Stufenbauten der Mayas und Inkas.
Die Pyramide von Plouézoch ist 77 Meter lang, 17 Meter breit und ungefähr zehn Meter hoch. Sie ist von Westen nach Osten ausgerichtet, mit einer leichten Verschiebung der Achse nach rechts. Der nördlichste Punkt der Pyramide weist genau in Richtung Stonehenge und Island, der »Insel der ersten Väter inmitten des wogenden Meeres«.
Die Pyramide weist vier Etagen auf. In ihrem Inneren befinden sich vier oder fünf große Hallen, deren Eingänge teilweise verschüttet sind. Einst beherbergte sie ein Dutzend Dolmen-Kammern; zwei davon sind an einer Frontseite sichtbar, da sie von Bausteinplünderern freigelegt wurden.
Die außerordentliche Bedeutung dieses imposanten, großartigen Bauwerks ist wahrscheinlich im ganzen Keltenreich einzigartig. Deshalb glaube ich, daß es sich hier um die *Große Pyramide der Kelten* handelt, die den Königen von Armorika (die heutige Bretagne gab es damals noch nicht)* oder den Anführern der Tuatha Dé Danann als Grabstätte, vielleicht auch als Unsterblichkeitskammer diente.
Die Pyramide war ursprünglich höher und an den Stellen, wo die Dolmen hervortreten, wesentlich breiter. Im Laufe der Jahrhunderte haben die Bewohner der umliegenden Siedlungen Bruchsteine für den Bau ihrer Häuser weggetragen.

Die Pyramide von Carnac

Eine ähnliche Pyramide gibt es in Carnac. Sie wird Sankt-Michaels-Tumulus genannt. Frevlerische Christen haben das Denkmal unserer Ahnen auslöschen wollen: Sie haben es teilweise mit Erde zugeschüttet, um einen nichtssagenden Hügel daraus zu machen, und auf dessen Spitze eine kleine, übrigens ziemlich häßliche Kirche erbaut, die dem heiligen Michael als Anführer der Himmelsstreitmacht und Besieger des bösen Drachens geweiht wurde.
Der Drache ist natürlich das Heidentum, das Keltentum, das Druiden-

* Die Bretonen sind erst im 4. Jahrhundert n. Chr. aus Großbritannien eingewandert. Die echten Ureinwohner der heutigen Bretagne sind die Armorikaner. »Armorika« ist ein keltischer Name und bedeutet »am Rand des Meeres«. Im alten Keltenreich dürfte Armorika wie zur Zeit der Römer die Bezeichnung für das Gebiet zwischen der Rhône und dem Ozean gewesen sein.

tum, St. Michael symbolisiert Religion, Kultur und Genie des Abendlandes.
Wenn man das Gestrüpp beiseiteschiebt, das auf den Abhängen wächst, sieht man deutlich die Steinstufen der ursprünglichen Pyramide. Das Innere war einmal in schöner Maurerarbeit ausgeführt; ein großer, kreisförmiger Gang führt entlang der Dolmenkrypten, die alle Gräber waren.
Es gibt also vier bekannte Pyramiden in Frankreich: in Falicon bei Nizza, in Couhard bei Autun, in Plouézoch und in Carnac. Sicher gibt es noch andere, die der großen Zerstörung, die einst von Karl dem Großen angeordnet wurde, entgehen konnten.
Diese Erkenntnisse schaffen vom Standpunkt der Archäologie eine völlig neue Situation. Man kann daher noch nicht mit Bestimmtheit sagen, ob die Mayas den Pyramidenbaustil aus dem Keltenreich sozusagen importiert hatten oder ob sie ihn umgekehrt nach Gallien und vielleicht auch nach Ägypten brachten, bevor sie ihn in der ganzen Welt verbreiteten. Die Pyramiden in der Bretagne scheinen aber wesentlich älter zu sein als jene in Mexiko und vielleicht sogar älter als die ägyptischen Pyramiden.
Repräsentieren die Pyramiden einen für die Atlanter typischen Baustil? Es ist sonderbar, festzustellen, daß graphische Versuche, die Bauten der Atlanter zu rekonstruieren, immer auf der Pyramidenform aufbauen, als würden uns unsere Gedächtnischromosomen diesen Stil in verschwommener Erinnerung an unsere Vergangenheit vor der Sintflut eingeben.

Sie kamen auf Fluggeräten an einem 1. Mai

Der Zauberkönig Bran ist in der keltischen Überlieferung der Reisende in »geheimnisvollen Regionen«, der auf einem Fahrzeug, das nie die Wasser berührt, nach Westen segelt bis ins Jenseits.
Sein Bruder Manannan, dessen Kult noch heute von der Hexenkönigin der Isle of Man zelebriert wird, ist ein mächtiger Zauberer, dessen Pferd durch die Lüfte fliegt. Manannan kann sich in einer Barke ohne Segel und Ruder über das Meer fortbewegen.
Eine keltische Göttin namens Belisama (die Flammengleiche) ist – ein Irrtum ist ausgeschlossen – mit dem Planeten Venus identisch, und auch mit der Gefährtin von Bêl-Baal, d. h. mit Astarte, der Königin des Himmels. Sie war das weibliche Äquivalent zum Gott Balan, Belin oder Belinus, dessen Kult in Wales entstanden ist. Der phönizische Baal ist ebenso der Herr des Nordens wie Bêl bei den Assyro-Babyloniern.
In dieser Genealogie sind die keltischen Götter eng mit den phönizischen

verwandt; der Planet Venus tritt auf, geheimnisvolle Flugkörper, Amerika und die Venusgötter der Inkas und Mayas: Viracocha und Quetzalcoatl, »die in östlicher Richtung nach der anderen Seite des Ozeans« (also nach Europa oder Afrika) aufbrachen.
Diese Übereinstimmung in den Mythen der Urbewohner Amerikas, der Kelten, Phönizier und Assyro-Babylonier weist deutlich auf den gemeinsamen Ursprung und die Identität ihrer Helden hin.
In der Mythologie der Hindus und Perser ist Aryaman der Urahne des weißen Menschen, der Gwyon der Kelten; er kam von der Milchstraße, also mit einem Interplanetarfahrzeug.
Bei den Phöniziern und Assyrern kommen Baal-Bêl und Astarte-Ischtar vom Planeten Venus. Ihre persischen Pendants sind Ahura-Mazda, der fliegende Gott, und Anâhyta, die Venusgöttin.
Bei den Ägyptern kamen die ersten göttlichen Menschen mit Flugmaschinen vom Himmel des Horus. Bei den Inkas und Mayas sind Raumfahrzeuge in Tiahuanaco, Palenque, Monte-Alban und auf zahlreichen Maya-Manuskripten deutlich dargestellt.
Bei den Kelten schließlich gibt es den Wagen des Bran, der die Wasser nicht berührt, und das Flugzeug von Manannan. Alles Indizien, die sich neben andernorts gefundenen Beweisen einreihen.
Wie sind die Tuatha Dé Danann aus Amerika gekommen? Es ist interessant, in diesem Zusammenhang zu erwähnen, daß diese Einwanderer »sich hinter dem Mantel der Unsichtbarkeit zu schützen verstehen«. Sie können erscheinen, verschwinden . . . fast wäre man versucht zu sagen: wie die geheimnisvollen UFOs, die unseren Himmel verunsichern.
Hat man alle diese Steinchen zusammengetragen, wird die Geschichte der alten Welt deutlich und läßt sich so zusammenfassen: Vor 5000 Jahren, als der Komet Venus in unser Sonnensystem einbrach, bewirkte dies eine Sintflut (die zweite), und Initiatoren tauchten auf der ganzen Welt auf. Sie verfügten über Flugmaschinen, lehrten die Menschen die Schrift, die Künste, die Technik der Verwendung von Metallen.
In Phönizien hießen sie Baal, Astarte; in Assyro-Babylonien Bêl, Ischtar; in Peru: Viracocha, Orejona; in Mexiko: Quetzalcoatl, Kukulkan; im Keltenreich: Belin, Belisama, Gwydion, Bran, Manannan. Es dürfte sogar möglich sein, zwar nicht das Jahr, in dem diese Ereignisse stattfanden, genau festzulegen, dafür aber den Monat. Denn es war an einem 1. Mai, daß die Tuatha Dé Danann in Irland landeten, an einem 1. Mai dreihundert Jahre später, daß sie wieder nach »jenseits des Flusses Ozean« fuhren, und wieder an einem 1. Mai kamen Prinz Partholon und die Söhne des Nemred, um sich auf der Grünen Insel niederzulassen.
Außerdem ist der 1. Mai das heilige Datum der keltisch-heidnischen Re-

ligion: Mai-Eva oder Beltene. Und Beltene oder Beltaine ähnelt stark dem Fest des Venusgottes Bêl-Baal.
Die Etymologen sind sich über die Bedeutung des Monats Mai nicht einig: Einmal machen sie daraus den Monat des Apollo, dann wieder jenen der Göttin Maya, der Königin der Erde.
Schon in frühester Zeit war der 1. Mai – und er ist es noch immer – ein besonderer Feiertag, vielleicht weil gerade an einem 1. Mai die außerirdischen Initiatoren gelandet sind oder sich der Komet Venus auf seine Sonnenumlaufbahn begab.
Das Maifest ist im keltischen Hexenkult der Großen Göttin gewidmet, nach einem geheimen Ritus, den M. M. Wilson, die *witch queen* (Hexenkönigin) der Insel Man, nicht preisgeben möchte.
Aus denselben unbekannten Gründen findet das große heidnische Fest der Walpurgisnacht in der Nacht zum 1. Mai statt. Um dem tödlichen Zorn der Kirche zu entgehen, wurde sie als Fest zu Ehren der heiligen Walpurga getarnt, deren Gewänder im Kloster Eichstätt in Bayern aufbewahrt werden.
Vor 2000 Jahren versammelten sich am 1. Mai in den Wäldern und Bergen riesige Menschenmengen, um erst in religiöser Sammlung und dann in einem gemeinsamen Freudentaumel der Großen Göttin und dem Frühling zu huldigen.
Auf den »Maifeldern« fanden die großen Jahresversammlungen der Franken und das Getreide- und Blumenfest der Römer zu Ehren der Göttin Maya statt.
Da die Kirche diese Begeisterung für ihren Gott und ihre Heiligen gefährlich fand, begann sie eine arglistige Propaganda, die schließlich ihre Früchte trug.

Geschichte des 1. Mai

Die guten heidnischen Götter wurden als dämonisch verrufen und die Walpurgisnacht als eine Versammlung von Böcken und Hexen, die auf ihren Besen angeritten kamen, hingestellt. Man verbreitete das Schauermärchen, daß dem Satan Opfer dargebracht würden und ähnlichen Unsinn mehr.
Die höchste Erhebung des Harzes in Deutschland – der Brocken oder Blocksberg – wurde zum verwunschenen Ort erklärt, und sein schlechter Ruf wirkte sich auf alle Veranstaltungen in der Nacht vom 30. April auf den 1. Mai aus.
Doch trotz aller Verleumdung und Verteufelung war der 1. Mai von jeher

ein so geheiligtes Datum, daß er sich schließlich auf der ganzen Erde als Festtag durchsetzte.
Der angelsächsische Monarch Alfred der Große (871 bis 900) hat als erster an einem 1. Mai die Vierzigstundenwoche eingeführt. Seine Untertanen sollten pro Tag acht Stunden Arbeit, acht Stunden Freizeit und acht Stunden Schlaf haben.
Am 1. Mai 1886 forderten 340 000 amerikanische Streikende vehement den Achtstundentag. Die Demonstration artete in einen Aufstand aus, bei dem es zahlreiche Tote gab. Am 1. Mai 1908 gewann die Forderung trotz Aussperrung durch die Bauunternehmer Gesetzeskraft.
Während der deutschen Besetzung, von 1941 bis 1944, wurde der 1. Mai in Frankreich offiziell zum Fest der Arbeit erklärt. An dem Tag wird gleichzeitig der heilige Philipp gefeiert, der Namenspatron von Marschall Pétain.
Nach der Befreiung verfügte die Regierung als Reaktion, daß alle Verwaltungsbehörden am 1. Mai 1945 zu arbeiten hätten, und die kommunistische Gewerkschaft unterstützte diesen Beschluß.
Das Jahr 1946 brachte bei allen Nationen eine Wiederbelebung des Festes der Arbeit, insbesondere durch die Bemühungen von General de Gaulle in Frankreich, Stalin in Rußland und Evita Perón in Argentinien.
Seither hat sich das keltische Fest des 1. Mai auf der ganzen Welt durchgesetzt, kraft des universalen Gesetzes, das alles wiederkehren läßt.

Baalskult unter Eichen

Infolge der geographischen Nähe zum versunkenen Kontinent haben die Völker Mexikos und der europäischen Atlantikküste, insbesondere die Kelten, mehr als die anderen die Kultur der Atlanter bewahrt.
Die Druiden, schrieb Julius Cäsar in seinen *Kommentaren*, brachten ihren Göttern auf den Dolmen Menschenopfer dar. Man hat auch wirklich auf manchen Megalithen Aushöhlungen in Menschenform gefunden (z. B. in Peru) und auch Rinnen für das Abfließen einer Flüssigkeit (Mexiko). Tiberius (14 bis 37 n. Chr.) hat die Menschenopfer bei den Galliern verboten.
Die Tatsache als solche ist also belegt, aber sie hat mit dem wahren Druidentum nichts gemein. Diese »mordenden Druiden« waren nichts anderes als Hexenmeister, die sich einer blutigen Zauberei hingaben, weit entfernt von der Lehre der großen Eingeweihten. Sie wirkten in den abgelegenen Gebieten Europas, ohne Kontaktmöglichkeiten und abseits der großen Zivilisationsströme.

Die echten Druiden oder »Männer der Eiche« waren die Priester, die in Gottes freier Natur zelebrierten, in den Wäldern, genauer gesagt unter der Königin der Bäume unserer Wälder: der Eiche. Ihre Religion war wirklich universal, sie wurde von Gallien bis Indien ausgeübt.

Die Pelasger, die Phönizier, die Kanaaniter, die Philister und selbst die Hebräer hatten ihre Druiden. In der Bibel kann man beim Propheten Hosea lesen (Kap. 4, Vers 6–12–13):

6. Mein Volk ist dahin, darum daß es nicht lernen will. Denn du verwirfst Gottes Wort; darum will ich dich auch verwerfen, daß du nicht mein Priester sein sollst. Du vergissest das Gesetz deines Gottes; darum will ich auch deine Kinder vergessen.

12. Mein Volk fragt sein Holz, und sein Stab soll ihm predigen; denn der Hurerei-Geist verführt sie, daß sie wider ihren Gott Hurerei treiben.

13. Oben auf den Bergen opfern sie, und auf den Hügeln räuchern sie, unter den *Eichen*, Linden und Buchen, denn die haben feinen Schatten. Darum werden eure Töchter auch zu Huren und eure Bräute zu Ehebrecherinnen werden.

Außer diesem Zeugnis ist es historisch erwiesen, daß die Priester im ganzen Nahen Osten, und vor allem in Phönizien, wo der Kult der Steine in hohen Ehren stand, ihren Kult unter Eichen (oder anderen Bäumen, wenn es keine Eichen gab) abhielten.

Diese weltweite Verbreitung des sogenannten heidnischen Ritus der Kelten führt uns einmal mehr zu dem Schluß: Diese gleichen Priester, diese gemeinsamen Religionen, diese Götter mit den ähnlichen Namen bedeuten nicht weniger als eine Völkerverwandtschaft: Die Pelasger, Griechen, Phönizier und Hebräer waren alle weißhäutige, blonde, blauäugige Arier. Der gelockte Apollo der Griechen und Jesus waren nach der Überlieferung blond, und auch Noah war es, das Buch Henoch und die Schriftrollen vom Toten Meer beweisen es.

Die Hebräer verehrten Baal

Ihre Väter, sagt Hosea, huldigten einem Gott unter den Eichen. Welchem Gott? Das Rätsel ist leicht zu lösen, wenn man weiß, daß die Hebräer Arier sind. Außerdem drückt sich Hosea noch genauer aus (Kap. 2, Vers 15, 18):

15. Also will ich heimsuchen über sie die Tage der Baalim, denen sie Räucheropfer tut . . .

18. Alsdann spricht der Herr wirst du mich heißen »mein Mann« und mich nicht mehr »mein Baal« heißen.

Es ist also Baal, das heißt der Gott Belinus oder Belin der Kelten im Westen, der Bêl der Assyrer; alle verehren denselben Gott.
Bei all diesen Völkern kann man auch dieselbe Verfälschung der ursprünglichen Lehre beobachten: Die Kelten in Gallien brachten Menschenopfer dar, die Phönizier opferten Baal-Moloch, die Hebräer erwürgten ihre Kinder, um das Blut Jehova zu weihen.
Doch diese Verbrechen waren nur das Werk von falschen Druiden, falschen Priestern, und beeinträchtigten niemals die echte Lehre der Druiden, die nach Pythagoras die weiseste der Welt war.

Das echte Druidentum

Die Druiden sagten von sich ebenso wie die Priester der Inkas und Mayas, daß sie vom Meeresgott abstammten, der sie all ihr Wissen gelehrt hatte.
Cäsar berichtet, daß diese Druiden angaben, die Gallier stammten von *Dis pater* (Gott Vater) ab. Wer war Dis pater? Es war der unkennbare, unnennbare Gott. Aber die nicht eingeweihten Kelten haben ihm natürlich Namen gegeben: Cernunos, Esus, Taran, Teutates, Belinus, Beli.
Dis pater hatte eine Gefährtin: die Göttin-Mutter, die esoterisch gesehen genauso abstrakt war wie ihr Gemahl, die aber von den gewöhnlichen Sterblichen *dé-meter* (die Mutter-Erde), Morrigain, Morgane, Koridwen, Dana oder Ana genannt wurde.
Die gallischen Druiden lehrten Geschichte, Philosophie, Wissenschaft, Astronomie. Sie glaubten an ein Jenseits, *orbis alius*, und an eine besondere Seelenwanderung für die Helden.
Die Druiden sprachen die Sprache der Götter, sagt Diodorus Siculus, vielleicht weil sie die Macht der Wellen kannten und sie im Wort anwandten.

Keltische Götter und Helden

»Die Mutter des keltischen Pantheons«, liest man in der bereits zitierten *Mythologie Générale*, »ist die Göttin namens *Danu* oder *Donu* in Irland. *Dôn* in Großbritannien und Rußland.« Sie ist die Gefährtin vom *Dis pater* der Gallier und die Mutter aller Götter.
Das keltische Wort *dan* ist Bestandteil der wichtigsten arischen, skandinavischen und slawischen Namen: Däne, Dänemark, Don, Dan (dänische Könige und schottische Adelige), Dazier in Rumänien, Dan oder Wotan (Odin), Gott der Skandinavier, Germanen und Skythen.

Der alte Stamm der *Dan* im Königreich Israel, dessen Held Samson war, ist einer der überzeugendsten Beweise dafür, daß die Hebräer der arischen Rasse angehören. Der Stamm der Dan opferte dem *Goldenen Kalb* (Kult des keltischen Gottes Bêl, Belin, Baal) und zog nach Norden, nach dem Land der Väter, bevor er sich mit dem Stamm Juda verschmolz, dem edelsten, rein arischen unter den Stämmen.

Die Juden und Christen nennen die Mutter der Jungfrau Maria Anna (Ana, Dana), wohl in unbewußter Verehrung von Dana, der Mutter der keltischen Götter.

Die keltisch-hebräische Verwandtschaft wird auch noch durch die Dreifaltigkeit der keltischen Götter bewiesen (Teutates, Taran, Esus), die Moses als Vorbild diente, und durch die Dualität Abraham-Sarah, in der man Brahma und seine Gemahlin Sarasvati erkennen kann.

Es steht fest, daß die hebräische Religion eine modifizierte arische Religion ist, in der man die Dreifaltigkeit und manche andere keltische Dogmen übernommen und das abgelehnt hat, was bei den pelasgischen Völkern vielleicht Aberglaube und Zauberei war: der Stern (Venus), das Goldene Kalb, Bêl, Baal etc.

Der höchste Gott der Kelten, immer ungenannt und unnennbar – der *Dis pater* der Gallier –, ist eine dreifaltige Gottheit, die mit drei Köpfen dargestellt wird. Seine Gefährtin ist die Große Göttin, Dé-meter oder Kybele bei den Griechen.

Der Stamm der Tuatha Dé Danann verehrte zwei Schutzgottheiten: Bile oder Bel und Dana, seine Gefährtin. Von ihnen stammt Ogmios oder Gwydion ab, der kulturbringende Held, dessen Schloß die Milchstraße war (Caer, Gwydion).

Unter ihren Nachkommen waren auch *Lug*, der sich auf alle Künste verstand, *Llyr* oder der Ozean, *Brân, Manannan* und die Königin *Morgane.*

Der größte aller keltischen Helden, Lug, »das Wunderkind, der Meister in allen Künsten«, war ein Angehöriger des Tuatha Dé Danann-Stammes. Er war nicht nur der Held von Irland, sondern des ganzen Keltenreiches.

Lug war der Schutzherr von Lugdunum (Lyon), Lugdunum clavatum (Laon), Lusignan, Loudun, Montluçon in Frankreich; von Lugano und Locarno in der Schweiz; von Luga, Luganskaja in Rußland; von Leiden in Holland; von Luggude in Schweden; von Lugoj in Rumänien; von Lugo in Italien und Spanien, etc. Noch in unseren Tagen tragen zahlreiche Ortschaften den Namen des Helden und verewigen ihn bei allen weißen Völkern, vom Ural bis zu den Säulen des Herkules.

Lug, der Inbegriff des Kelten, der manchmal auch mit Ogmius und Gwyon dem Eingeweihten identisch ist, entspricht für das Abendland den

Göttern Ptah, Prometheus und Apollo in Ägypten und Griechenland. Wahrscheinlich waren das alles nur verschiedene Namen für ein und dieselbe Person.

Das Abendland wurde verleugnet

Die Herrschaft über die Welt hatten von jeher die großen Seefahrervölker inne, egal ob sie den Atlantik, den Pazifik oder den universalen Ozean des Weltraums durchpflügten.
Vor nicht allzu langer Zeit teilten sich Portugal, Spanien, Frankreich und England die Herrschaft über die damals bekannte Welt. Früher spielten die Genueser, Venezianer, Phönizier und Kreter diese Rolle. Noch früher war die Herrschaft über Länder und Meere das Vorrecht der Pelasger, Shardanas oder Wikinger, die von den Nordmeeren gekommen waren und Megalithbauten errichtet hatten.
Unsere Chroniken in Gallien, Germanien, Spanien oder Rußland berichteten sicherlich von den Großtaten dieser ruhmreichen Vorfahren, die die Glanzlichter der europäischen Geschichte gesetzt hatten. Doch mit Ausnahme der wie durch ein Wunder erhaltenen Manuskripte aus Irland und Wales ist uns nichts von unserer nationalen europäischen Geschichte überliefert worden, weil die Christen alles vernichtet haben.
In fünfzehnhundertjähriger geduldiger und erbarmungsloser Arbeit wurden alle beweiskräftigen Steindenkmäler systematisch abgerissen, alle geschriebenen Dokumente geheimgehalten oder verbrannt: im Vorderen Orient, in Nordafrika, in Europa, Mexiko und Peru.
Seiner Eigenständigkeit, seiner Götter und Helden, mit einem Wort: seines Marks beraubt, wurde das keltische Abendland schließlich kolonisiert und den Gesetzen des Alten und Neuen Testaments unterworfen.
Ebenso wie man noch im Jahre 1939 die kleinen Senegalesen und polynesischen Maoris lehrte, daß ihre Ahnen Gallier (also Franzosen) waren, ebenso lernt man heute noch in den christlichen Schulen, daß unser Urvater Adam, unsere Urmutter Eva geheißen haben, und daß wir in gerader Linie von einem gewissen Japhet, Sohn Noahs und hebräischer Patriarch, abstammen!
Für alle christlichen Völker ist Adam der erste Mensch, und die Wiege unserer Kultur steht für sie in Sumer; wir leben im 20. Jahrhundert, wobei das Jahr 1 mit der Geburt eines gewissen Jesus beginnt, von dem wir wenig genug wissen.
Kein Wissenschaftler, kein Historiker oder Prähistoriker, kein Mensch ganz allgemein, kann eine These vorbringen oder eine Diskussion eröff-

nen, ohne sich stillschweigend Dogmen zu beugen, die ebenso unklar wie unbegründet sind. So wurde die Geschichte der Welt geschrieben.
Wer sich aber auf die Spuren unserer echten Vorfahren begibt und versucht, die wahre Vergangenheit zu erforschen, wird von vornherein als Individuum abgestempelt, das keinen Gott, keinen Glauben und keine Skrupel kennt.

Die Kelten haben die Welt kolonisiert

Dabei hat es eine Geschichte der Kelten gegeben, eine großartige Geschichte: Sind es doch diese Ahnen, die Skandinavier, Wikinger, Pelasger, alles Nachkommen der Atlanter, die als unerschrockene Seefahrer die Welt eroberten, vom Iranischen Hochland bis Irland und auf die Iberische Halbinsel ausschwärmten und rund um das ganze Mittelmeer zogen. Auf ihren Schiffen haben sie den Atlantik überquert, den amerikanischen Völkern ihr Wissen gebracht, die Mayas und Inkas zivilisiert, um schließlich den ganzen südlichen Pazifik zu durchpflügen und die Tausende Inseln von Mikronesien und Polynesien zu bevölkern, dort, wo es einst das riesige Reich von Mu gab.
Gewiß, diese Geschichte der Menschheit entspricht nicht den Lehrsätzen der Apostel der »klassischen und offiziellen Wahrheit«. Wie? Die Kulturen der Erde sollen von jenen nordischen Völkern ausgegangen sein, die man seit zwei Jahrtausenden in Vergessen tauchen wollte, für die man nur Verachtung kennt?
Und doch wird sich diese unterdrückte Wahrheit bald durchsetzen und uns die tatsächliche Vergangenheit erkennen lassen. Eine Tatsache wird den Archäologen endlich in die Augen springen: Die Menhire, Phallen und Megalithe von Filitosa und Carnac in Frankreich, von Großbritannien, Germanien und Rußland waren das Werk eines Volkes, das auch die Riesen von Tula in Mexiko, Tiahuanaco in Bolivien und auf der Osterinsel aus dem Stein meißelte; das Megalithe auf den Marianeninseln, auf den Kanarischen Inseln errichtete, bis nach Diam Diam, Lampour und Koumpentoun in Senegal und Gambia . . .

7. Geheimnisvolle Kulturen

Es fällt oft schwer zu sagen, ob ein Felsen, der menschliche oder tierische Formen aufweist, einer unbekannten Kultur angehört, oder ob er – wie man immer sagt – einer »Laune der Natur« entsprungen ist.
Mein Freund, der Forscher Daniel Ruzo, hat in Peru auf dem Plateau von Marcahuassi eine ungeheure Fülle von Felsblöcken gefunden, die wie Bären, Robben, Schlangen, Löwen etc. aussahen. Er schloß daraus, daß das Gestein von Menschenhand behauen worden war, und gab den Darstellungen die Bezeichnung *Masma-Kultur.*
Im Wald von Fontainebleau hat Daniel Ruzo dank der wertvollen Unterstützung einer sehr talentierten Fotografin, Frau Edith Gérin, bemerkenswerte anthropomorphe Felsen entdeckt, unter anderem die seither berühmte *Mater**.
Professor Doru Todericiu belebt wieder die Diskussion um dieses Phänomen am Beispiel einer außergewöhnlichen Robbe, die das Bild auf S. 84 zeigt.

Die Robbe von Fontainebleau

Es ist schwer vorstellbar, sagt Professor Todericiu, daß sich die Natur den Spaß gemacht hätte, diese Robbe mit einer Genauigkeit und Naturtreue, die sie weder das Auge noch die Vorderflosse vergessen ließ, »aus dem Stein zu meißeln«.
Es stimmt, das Bild ist fast vollkommen; doch die Schuppen oder Hammerspuren auf dem Rücken und der Flosse – man sieht sie übrigens auf allen tier- oder menschenähnlichen Gestalten im Wald – dürften nicht von Menschenhand stammen. Diese Schuppen scheinen vielmehr auf Blasenbildung der Materie zurückzuführen zu sein, als sie geschmolzen war; dasselbe Phänomen läßt sich auf vielen Felsbänken in allen Ländern der Erde beobachten.

* Eine Abbildung von ihr findet sich in meinem Buch *Unbekannt – Geheimnisvoll – Phantastisch*, R. Charroux (Econ), Seite 208.

Abbildung 19: Die Robbe im Wald von Fontainebleau.

Dann wäre also die Robbe doch nur eine Laune der Natur? Man könnte dies ohne weiteres zugeben, gäbe es nicht in nächster Nähe auch noch Elefanten, Ochsen, Eidechsen und die *Mater.* Eine Wahrscheinlichkeitsrechnung auf der Grundlage von vier oder fünf Eigenheiten pro Tierform und von vier oder fünf Tieren am selben Ort schließt jeden Zweifel aus: Es kann kein Zufall gewesen sein; es hat einen bewußten schöpferischen Willen gegeben.
Mit anderen Worten, es gibt in Fontainebleau ebenso wie auf dem Plateau von Marcahuassi zu viele als Tier oder Mensch erkennbare Steinformen, als daß sie durch Zufall entstanden sein könnten: Die Robbe ist also von Menschenhand geschaffen worden. Zusammenfassend liegen die Dinge so: Wenn man vom Gesteinsmaterial ausgeht, glaubt man, alles ist von der Natur gemacht; wenn man von der Häufigkeit ausgeht, glaubt man, alles ist von Menschen gewollt.
An diesem Punkt taucht eine zwar sehr unwahrscheinliche, aber vernünftige und logische Erklärung auf: Es sieht so aus, als wären diese Figuren von einer intelligenten Natur entworfen und hervorgebracht worden, die so ihre Schöpferkraft auszudrücken suchte.

Diese Hypothese ist gewiß phantastisch, vielleicht aber doch weniger phantastisch als jene, die dem Feuer im Erdinneren die Fähigkeit zuspricht, Personen- und Tiergestalten zu schaffen, die so realistisch und genial sind wie die Werke eines Rodin oder Bourdelle.
Hat nicht die Erde die denkende Menschheit geboren? Könnte man nicht eine Verbindung herstellen zwischen ihren Gedächtnischromosomen und den unseren, oder könnten nicht unsere Chromosomen, unser Erfindungsgeist sozusagen zur Intelligenz der Materie werden, wenn sie noch ganz heiß aus dem Leib der Erde dringt und sich an der Luft kristallisiert?
Diese Hypothese ist gar nicht so absurd, wie sie vielleicht auf den ersten Blick scheinen mag. Esoteriker und Physiker wissen heute gleichermaßen, daß die rohe Materie Granit, Holz, Jade, Bernstein, Edelsteine etc. in ihren magnetischen Ferriten die Kraft hat, Stimme und Gefühle der Menschen zu registrieren. Ein kleiner Schritt weiter genügt, um der Materie eine Seele und eine Intelligenz zuzubilligen . . .

Unlogische Urgeschichte

Wie weit sind doch die Prähistoriker von solchen Spekulationen entfernt! Sie müssen sich sogar überwinden, um den Malern und Graveuren von Lascaux eine Seele zuzubilligen.
Vielleicht waren Sie selbst einmal in Montignac-Lascaux, in der Dordogne? Wenn nicht, dann haben Sie sich die einmalige Chance entgehen lassen, eines der größten Weltwunder der Vergangenheit und der Gegenwart (wahrscheinlich auch der Zukunft) zu sehen, da die Höhlen zum Schutz der Kunstwerke für den öffentlichen Besuch gesperrt wurden.
Bekanntlich besteht die Fundstätte aus einer Reihe von untereinander verbundenen Sälen, deren Wände mit Fresken aus der Zeit des Magdalénien (vor 15 000 bis 20 000 Jahren) bemalt sind.
Die gebildetsten Männer der Welt sind gekommen, um diese in Ocker, Schwarz und Rot ausgeführten Malereien zu bewundern, die ihresgleichen nicht haben, so daß man Lascaux den »Louvre der Urgeschichte« genannt hat.
Es gibt aber an den Felswänden – und das ist weniger bekannt – auch ganz außergewöhnliche Gravuren. Die Menschen des Magdalénien haben diese Höhlen nicht bewohnt, aber es scheint, als hätten sie aus ihnen eine Art Tempel oder Gemäldegalerie gemacht, um den kommenden Generationen ein Zeugnis ihres Genies zu hinterlassen.
Ich habe den Führer befragt, in dessen Erklärungen die klassische Ansicht der Prähistoriker zum Ausdruck kam:

»Die Maler von Lascaux mußten doch Behausungen gehabt haben? Konnten sie Mauern, Häuser erbauen?«
»Nein, Monsieur, sie konnten keine Mauern errichten.«
»Aber wie konnten sie dann in Höhen von drei oder vier Metern malen?«
»Sie benützten Gerüste. Sehen Sie hier im Felsen die Löcher, wo sie die Querbalken einführten, die wahrscheinlich die Planken hielten.«
Ich habe dazu Doru Todericiu, Professor für Wissenschaft und Technik an der Universität Bukarest, befragt, der sich in meiner Begleitung befand.
»Das widerspricht vollkommen der Logik«, sagte er. »In der Geschichte der Technik heißt es, daß die Verwendung des Gerüsts nicht der Kenntnis der Maurerarbeit vorangegangen sein kann. Im Gegenteil, sie ist ein Ergebnis davon.
Wenn also die Männer von Lascaux Gerüste aufstellten, dann konnten sie auch Mauern errichten. Das Gegenteil behaupten, hieße versichern, daß die Menschen Kerzen benützten, ehe sie Feuer machen konnten.«
»Sie folgern also daraus, daß die Menschen des Magdalénien eine Behausung mit gemauerten Wänden bauen konnten?«
»Darüber kann kein Zweifel bestehen.«

Sie stellten Eisenperoxydstäbe her

Sich die Menschen von Lascaux als ungehobelte Lümmel vorzustellen, ist eine echte Beleidigung. Wissen Sie, womit sie gemalt haben? Die Antwort der Prähistoriker lautet (diesmal richtig): mit gelbem Ocker, Mangan- und Eisenperoxydstäben. Diese Stäbe waren von ähnlicher Beschaffenheit wie die heutigen Lippenstifte, nur wesentlich größer.
Im 20. Jahrhundert können wir zwar zum Mond fliegen, aber sagen Sie doch einmal vierhundert in einer Straße von Paris oder Berlin zufällig ausgesuchten Personen, daß sie Eisenperoxyd- oder Manganstäbe herstellen sollen! Keine einzige wird es können. Die Menschen von Lascaux müssen über eine sehr fortgeschrittene Herstellungstechnik verfügt haben: Gewinnung des Eisenperoxyds oder des (sehr seltenen) Mangans aus Erde oder Gestein, Zerkleinerung, Reinigung, Trennung des Metalls vom Gangstein, Zermahlung zu Pulver und schließlich Vermischung des Pulvers mit einem Fettstoff, damit es die gewünschte Beschaffenheit erhält.
Wie soll man glauben, daß Techniker zwar einen derart komplizierten Vorgang beherrschen, nicht aber in der Lage sind, Stein auf Stein zu legen, um eine Mauer aufzustellen? Wie kann man es wagen, eine so unwahrscheinliche Behauptung zu vertreten? Das ist aber noch nicht alles:

Jedes Tierfresko wurde unter Verwendung zweier grundverschiedener Techniken angefertigt: der Strich für die Linien des Körpers, und für die Schnauzen und Mähnen eine Farbzerstäubung. Dies setzt zweifellos eine fortgeschrittene technische Entwicklung voraus.
Ein weiteres Detail sei unbedingt hervorgehoben: Die im Profil gezeigten Tiere haben ihre im Vordergrund (auf der Seite des Betrachters) befindlichen Beine normal gezeichnet. Die anderen Beine weisen eine kleine Lücke auf, das heißt eine zwei bis drei Finger breite Auslassung von Linie und Farbe, die anzeigt, daß sie im Hintergrund stehen. Das Ergebnis ist eine optische Täuschung oder ein perspektivischer Effekt. Dabei wird die Perspektive erst seit dem 15. Jahrhundert unserer Zeitrechnung verwendet!
Die Zeichnungen zeigen Licht und Schatten, sie haben eine Gliederung, eine künstlerische Komposition, bei gleichzeitiger Ausnützung der Bukkel und Vertiefungen des Felsens. Alles in allem ist jedes Fresko ein neuerlicher Beweis dafür, daß die Maler von Lascaux wesentlich gebildeter waren als die heutige Durchschnittsbevölkerung.
Die Behauptung, daß diese Menschen in Höhlen hausten und als einzige Werkzeuge die Keule und den Faustkeil aus Feuerstein kannten, daß sie dem Affenmenschen auf der Bildsäule in Les Eyzies ähnelten, steht in krassem Widerspruch zur logischen Geschichte der Technik und der Wissenschaft.

Das wunderbare Pferd

Als Künstler mit sicherem Geschmack, fähig, kritische Entscheidungen zu treffen, sind die Maler von Lascaux zweifellos verkannte Genies.
Schuld daran sind die Prähistoriker, die zwar fähig sind, eine Fundstätte freizulegen, ihren Gehalt und ihren Aufbau zu erahnen, Töpfereien auszugraben und winzige Gegenstände zu finden, die aber absolut überfordert sind, wenn es darum geht, ein qualitatives, intellektuell und psychisch relevantes Gutachten zu liefern.
Wenn sie eine »Caravelle« der Air France fänden, die in einem Feld mit Feuersteingegenständen abgestürzt wäre, würden sie daraus schließen, daß es sich um eine Maschine aus dem Solutréen oder dem späteren Paläolithikum handeln müsse.
Der Fehler besteht darin, daß man die Archäologen auch damit betraut, die Funde zu interpretieren, obwohl diese Aufgabe in den Bereich der Kunsthistoriker und Professoren für Wissenschaft und Technik fallen sollte.

Abbildung 20: Felsbild eines Pferdes in Montignac-Lascaux. Die schwarzen Linien der Füße im Hintergrund lassen einen Zwischenraum zum Körper frei, um die Perspektive anzuzeigen. Diese wurde in Europa erst im 15. Jahrhundert angewendet.

Außerdem ist es einfach ein Skandal, daß die archäologischen Entdekkungen z. B. in Frankreich vor der Öffentlichkeit so lange geheimgehalten werden, bis sich die ehrenwerten Professoren darüber geeinigt haben, wer von ihnen aus der Veröffentlichung der Berichte Nutzen ziehen soll. Dies gilt auch für Lascaux, wo die Gravuren dem künstlerischen Wert der Fresken in nichts nachstehen. Aber es ist verboten, sie zu fotografieren, fast könnte man sagen, sie zu sehen. So hat man an der linken Wand des

Abbildung 21: Das wunderbare Pferd von Montignac-Lascaux. Bedeutende Kunsthistoriker haben diesen Pferdekopf analysiert. Die Klarheit und Schönheit der Linienführung, der genau studierte Ausdruck und die Details, bei denen der Künstler das Spiel von Licht und Schatten beachtete, die phantasievolle Eigenpersönlichkeit der Zeichnung machen dieses Pferd zu einem Kunstwerk hohen Ranges. Der Künstler kann nicht der ungeschlachte, primitive Mensch gewesen sein, den die Statue von Les Eyzies zeigt. Er war ein empfindungsreiches Wesen mit hohem geistigem Niveau.

»Hauptschiffes« noch nie einen kleinen Pferdekopf beleuchtet oder besonders hervorgehoben, der ungefähr 20 Zentimeter lang ist und an Cranach und die besten Graveure der Renaissance erinnert.
Es gibt Hunderte von Zeichnungen in Lascaux, doch nichts ist über sie veröffentlicht worden, man zeigt sie nicht einmal; sie werden praktisch in Gängen versteckt, von denen manche dem informierten Publikum schon immer unzugänglich waren.
Genauso wurden die gravierten Steine von Lussac-les-Châteaux von 1937 bis 1969 versteckt gehalten: Es gibt Kräfte, die allmächtig über das historische Erbe entscheiden. Was sich dennoch ihrer Gewalt entzieht, wird einfach als Fälschung abgestempelt. Als Beweis sei einmal mehr Glozel zitiert: Dort gibt es die schönsten gravierten Knochen der Welt, außerdem mehrere Höhlen mit Malereien, Fresken und Zeichnungen, die ebenso schön sind wie jene von Rouffignac und Lascaux.

Der ägyptische Plasmagenerator

Ein ägyptisches Fresko stellt die Anrufung von Rê dar – die Sonne in ihrer sichtbaren Realität –, und zwar in einer merkwürdigen Stilisierung: Der Anbetende wird durch einen *Djed-Pfahl* als Kraftakkumulator dargestellt, und der Kopf ist ein *Tau* (griech. Buchstabe), das Symbol der Wiedergeburt; zwei menschliche Arme, die sich harmonisch zum Kreis der Sonne erheben, schließen das Ganze ab (siehe Foto S. 91).
Gebogene Wellenlinien um die Hauptperson ähneln Konkretisierungen von elektrischen Strömen. Zwei kleinere Anbeter befinden sich im unteren Teil der Zeichnung, und auf der dritten elektrischen Welle sieht man Affen – Thot-Paviane – ihre Arme zu Rê hinstrecken, von dessen Himmelsreise sie Zeugen sind.
Ein Techniker wurde – zu Recht oder zu Unrecht – durch die äußerst seltene Stilisierung dieses Freskos aufmerksam und machte daraus mit ein paar Strichen das Bild eines Plasmagenerators.
Dieser Apparat funktioniert folgendermaßen: Ein durch thermische Mittel (Feuer) erzeugter Plasmastrahl wird in ein Rohr geleitet. Im Inneren dieses Rohrs befinden sich zwei Elektroden, die an einen inneren Stromkreis angeschlossen sind, und diese Vorrichtung wird zwischen die Pole eines starken Elektromagnets gestellt.
Es wäre gewiß abenteuerlich zu behaupten, die alten Ägypter hätten den Vorgang der Erzeugung von Plasma darstellen wollen, aber die Ähnlichkeit des Schemas verlangt doch nach einer Erklärung.
Es ist nicht ausgeschlossen, daß es zwischen der imaginären Schöpfung

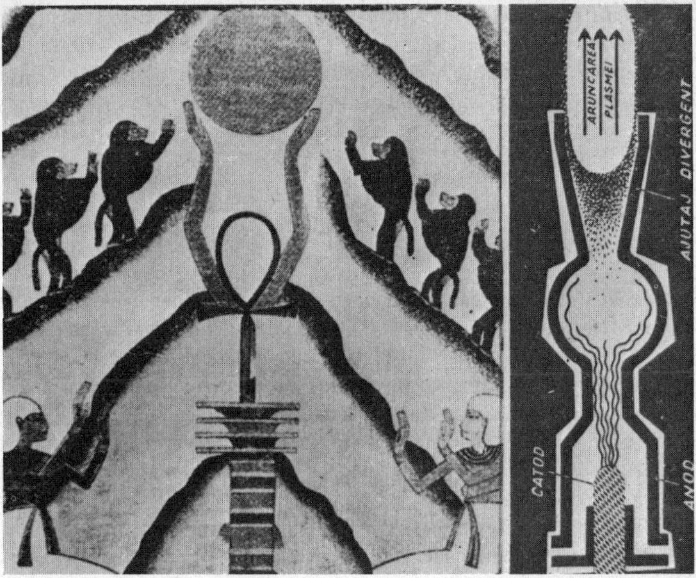

Abbildung 22: Links: Ägyptisches Fresko, das die Anbetung des Sonnengottes zeigt. Rechts: Plasmagenerator.

von gestern (hier die Anbetung) und den Verwirklichungen von heute und morgen (der Generator) eine wesensmäßige, prämonitorische Verwandtschaft gibt.

In diesem Sinne hätten Malerei oder Graphik und auch die Poesie, dort wo sie höheren Ausdrucks sind, die kommenden wissenschaftlichen Verwirklichungen vorweggenommen. Sie wären sozusagen Visionen unserer Zukunft oder ein Wiedererinnern an die vergangene Zukunft; im letzten Fall gäbe es durch das Spiel der Gedächtnischromosomen eine künstlerische Neuformung der sehr alten wissenschaftlichen Geheimnisse unserer höherentwickelten Ahnen.

So wären zum Beispiel der Zauber des Wortes, das bis ans andere Ende der Welt getragen wird, die Bilokation, der Zauberspiegel, der fliegende Teppich etc. Vorankündigungen der drahtlosen Telegraphie, des Kinos, des Fernsehens und des agravitationellen Flugwesens gewesen.

Diese Hypothese würde bedeuten, daß alles im Universum gelenkt wird und unser Schicksal von Ewigkeit her bestimmt ist. Manche werden darin den Willen Gottes erkennen, andere die Organisationsfelder Professor

Todericius: Wellen, die allen Strukturbildungen vorangehen und sie begleiten, jene der Atome, Moleküle, Kristalle, die über Modifizierungen entscheiden, die chemischen und physischen Eigenschaften der Organismen beherrschen. G. Stromberg nennt sie *die Seele des Universums*. Sie gehören dem ursprünglichen Plan an, der unbekannten Ursache des universalen Lebens.

Die Steine von Guatemala

Ich habe einmal eine Information weitergegeben* über geheimnisvolle runde Steine, die im Dschungel von Guatemala gefunden wurden und so angeordnet waren, daß sie eine Himmelskarte darstellen. Welche Kultur mochte diese sonderbare Kosmographie zusammengestellt haben?
Eine nähere Untersuchung hat nun gezeigt, daß diese Steine in Wahrheit nur einer Laune der Natur entsprungen sind. Die National Geographic Society und die Smithsonian Institution haben Gutachten über die viel zahlreicheren und größeren Steinkugeln erstellt, die im Gebirge nordwestlich von Mexico City, in Richtung Guadalajara, liegen.
Eine von ihnen hat einen Durchmesser von elf Fuß (3,30 m) und ein Gewicht von zwölf Tonnen; man nennt sie *piedra bola* oder Steinball.
Das Aussehen der unteren Halbkugel der Steine läßt darauf schließen, daß sie in einer Art Matrix gelegen haben müssen; ihre Oberfläche ist weniger glatt und gelblicher als jene der oberen Hälfte. Nach Ansicht der Geologen sind diese Kugeln im Tertiär entstanden, und zwar durch Kristallisation bei hoher Temperatur in einer Matrix von heißem Tuff (1000 bis 1400° Fahrenheit).
Es besteht kein Zweifel darüber, daß die Kugeln in Mexiko und Guatemala diesen natürlichen Ursprung haben. Sie liegen planlos herum, sind nicht vom Himmel gefallen, wie auch behauptet wurde, und stellen kein Zeugnis einer menschlichen Kultur dar.
Die Legende war zu schön, um wahr zu sein!

Die Geisterstadt Petra

Im Horeb-Gebirge zwischen dem Toten und dem Roten Meer, an der Westgrenze Jordaniens, führt eine enge, gewundene Schlucht mit der

* *Unbekannt – Geheimnisvoll – Phantastisch*, R. Charroux (Econ), Kap. III, Steinkugeln in Guatemala

Abbildung 23: Die runden Steine in Guatemala und Mexiko: vulkanische Kugeln aus Tuff.

Abbildung 24: Der Palast von Petra (siehe auch Abb. 25).

Abbildung 25: Der Palast von Petra. Hinter diesen kunstvoll bearbeiteten Fassaden ist nichts als ein leerer Gang. Über den Zweck dieser Bauten kann man nur Vermutungen anstellen.

Bezeichnung El-Sik zu einer Art natürlichem Amphitheater, das von hohen Felswänden umgeben ist.
Hier stand einst die alte Stadt Petra, auch Wadi-Mouça (Tal des Moses) genannt, die Hauptstadt des 3. Palästina unter römischer Herrschaft. Nach Moses waren die ersten Bewohner von Petra die Horisten, die in Höhlen wohnten.
Zwischen den steil aufragenden Felsen kann der Betrachter einen Tempel, ein Theater und Paläste bewundern, die direkt in den Felsen hineingebaut sind; sie sind von den Römern erbaut worden, als diese das Gebiet besetzt hatten, sagen die Archäologen. In der Stadt wurden auch mehrere wesentlich ältere Gräber gefunden.
Aber wie bei so vielen archäologischen Funden überbietet die Realität an Phantastik bei weitem alles, was man erfinden könnte: Diese Fassaden von Tempeln, Palästen und Theatern sind nichts als Potemkinsche Dörfer ohne Inneres. Hinter den in den Felsen gehauenen Mauern ist nichts, außer vielleicht einem winzigen Saal, in dem eventuell einige aus dem

Gestein gehauene Bänke zu finden sind. Die großartigen Torbögen, die Fenster führen nirgendwohin.
Der Palast aus rosa Sandstein mit seinen Säulen, Giebeln, Blattwerken, Flachreliefs ist mit dem Berg verwachsen und war niemals bewohnt. Das Ganze schließt mit einer Urne ab. Die arabischen Nomaden sagen, daß sie einen Schatz, den *Khazne*, enthält.
Es ist sehr unwahrscheinlich, daß diese seltsamen, sinn- und zwecklosen Bauten von den Römern ausgeführt wurden. Denn diese waren zwar große Baumeister, es fiel ihnen aber niemals ein, unnütze Arbeit, noch dazu in einem solchen Ausmaß, zu leisten. Außerdem findet man in den alten Schriften keinen Hinweis, der diese Hypothese untermauert. Einst, um das 7. Jahrhundert vor unserer Zeitrechnung, hatten die Nabatäer Petra gegründet, aber man hat ihre Stadt unten im Tal gefunden. Wer hat also die Paläste und Tempel gebaut? Wann und warum?
Man glaubt, daß die ersten Bauten aus dem 18. Jahrhundert v. Chr. stammen, und daß die Arbeit unter der Herrschaft der Nabatäer fortgesetzt wurde. Für manche Archäologen ist Petra das Zeugnis einer versunkenen Kultur, vielleicht flüchteten die Gründer nach einer großen Katastrophe in diese Wüstenei.
Andere wieder meinen, daß die Paläste, der Tempel und das Theater Gräber beherbergten oder ein geheimes Heiligtum, in dem Auserwählte in die hohe Magie eingeweiht wurden.
Es ist möglich, daß diese Bauwerke für eine Art Parallelwelt geschaffen wurden, oder für Götter, deren Namen und Kult man nicht preisgeben wollte. Hier denkt man an die Idumäer, die Vorfahren der Nabatäer, die einen Statthalter mit dem sehr herätischen Namen *Antipater* hatten.
Esau, der Stammvater der Idumäer, wurde auch Edom genannt, was »der Rothaarige« bedeutet. Vielleicht war er auch der Ahne jener geheimnisvollen Sheidim, die die Hebräer (nach M. Duncker) in Angst und Schrecken versetzten, und denen sie den Durchgang durch ihr Land während des Exodus verwehrten.
Die Geschichte von Esau-Edom und Jakob symbolisiert – so sagen die Exegeten – den Kampf eines alten Volkes (die Edomiter) gegen ein jüngeres (die Hebräer), das letztlich siegt. Jakob, der Esau ausstach, hatte den Beinamen *der Verdränger*.
In diesem Zusammenhang sei daran erinnert, daß die Nabatäer zwar Heiden waren, daß sie aber zu Beginn der christlichen Ära als Volk erwähnt wurden, das wegen seiner Kenntnisse in der Astronomie und in allen Wissenschaften berühmt war. Sie sollen die Kultur der Aramäer und vielleicht der geheimnisvollen Ammonäer, deren Ursprung, Schrift und Kultur uns unbekannt sind, fortgesetzt haben.

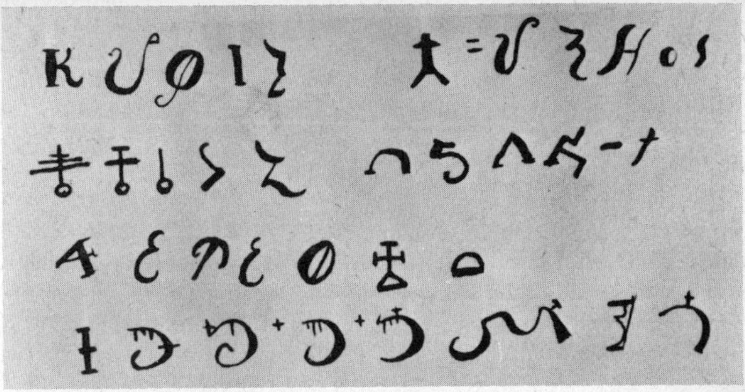

Abbildung 26: Inschrift aus dem brasilianischen Sertão. Die Zeichen sind die gleichen wie auf dem Felsen von Ylo in Peru. Vielleicht handelt es sich um die unbekannte Schrift der Inkas oder die Schrift eines noch älteren Volkes.

Demnach wäre Petra das heidnische Heiligtum eines sehr hoch entwikkelten, vielleicht des ältesten Volkes des Nahen Ostens gewesen. Die Hebräer machten dieses Volk zu ihrem Erbfeind.
Man könnte sich vorstellen, daß die Bauwerke von Petra dem Herrn des Universums geweiht waren, der vielleicht der Gott der Atlanter war.

Ein Tempel im brasilianischen Sertão

Im Herbst des Jahres 1939 erhielt der Archäologe Harold T. Wilkins durch Vermittlung von W. G. Burdett, Generalkonsul der Vereinigten Staaten in Rio de Janeiro, die Kopie eines Dokumentes mit dem Titel:
»*Relaçao historica de huma occulta e grande provoaçao antiguissima sun moradores que se descubrio anno de 1753.*«
(Historischer Bericht über eine wohlversteckte und alte städtische Siedlung und ihre Bewohner, die 1753 entdeckt wurde.)
Als die *bandeivistos* den bis heute nur schwer zugänglichen Sertão in der Provinz Bahia erforschten – und plünderten –, entdeckten sie eine Tempelruine, alte Mauern und einstmals bewohnte Höhlen. Auf diesen von der tropischen Vegetation halb überwucherten Resten sahen sie Inschriften in einer unbekannten Sprache, und einer der *desperados* war so klug, sie aufzuzeichnen (siehe oben). Diese Schrift ist mit keiner anderen bekannten vergleichbar, obwohl manche Zeichen wie jene aussehen, dic in Glozel gefunden wurden.

Über die geheimnisvollen Bewohner des brasilianischen Sertão ist man auf Vermutungen angewiesen, sie haben aber zweifellos eine ziemlich hochstehende und eigenständige Kultur entwickelt. Das beweisen ihre Schrift und die Ruinen, die sie hinterlassen haben.

Elektrische Lampenstöcke

Zahlreiche Übereinstimmungen lassen den Schluß zu, daß es in Brasilien, ja sogar in ganz Südamerika, Peru mit eingeschlossen, eine unbekannte Zivilisation gegeben hat, die jener der Inkas und Aymaras vorangegangen ist. Sie war ebenso mächtig und wahrscheinlich höher entwickelt.
Der spanische Schriftsteller und Forschungsreisende Barco Centenera besuchte im Jahre 1601 die *El Gran Moxo* genannten Ruinen bei den Quellen des Rio Paraguay, in der Nähe der Sette Sgunas (Sieben Seen) inmitten des Mato Grosso, bei der heutigen Stadt Diamantino.
Er fand dort eine Art großen elektrischen Lampenstock, der tadellos funktionierte. Natürlich wurde er nicht durch Batterien oder Akkumulatoren gespeist, aber er leuchtete ohne Unterlaß. Die Lichtquelle dürfte wohl chemischer oder elektrischer Natur gewesen sein. Dies scheint zumindest aus seiner Beschreibung hervorzugehen: »Eine Säule mit einem Mond oder einer großen Kugel an der Spitze, die den Umkreis in strahlendes Licht tauchte.«
Es klingt überraschend, aber das Geheimnis dieses Lampenstocks war auch am anderen Ende der Welt bekannt: In Holländisch-Neuguinea, im Gebiet der Wilhelminenberge, wurde das Gegenstück gefunden, Kugeln mit einem Durchmesser von 3 bis 3,50 m, die – so nimmt man an – aus einer fluoreszierenden mineralischen Substanz bestehen. Sie sind auf Säulen montiert und spenden ein weißes Licht, ähnlich wie die Neon- und Quecksilberdampflampen.

Der leuchtende Felsen von Ylo

Ebenfalls in der unzugänglichen, unerforschten brasilianischen Selva soll es Labyrinthe, Katakomben und Höhlen geben. Mehrere Forschungsreisende bezeugen es in übereinstimmenden Berichten*.

* D. J. D. von Tschudi: *Reisen nach Chile*, Peru usw., erschienen in Wien 1862, Harold T. Wilkins: *Secret Cities of the South America*, Paul Grégor: *Journal d'un sorcier*, Paris 1967.

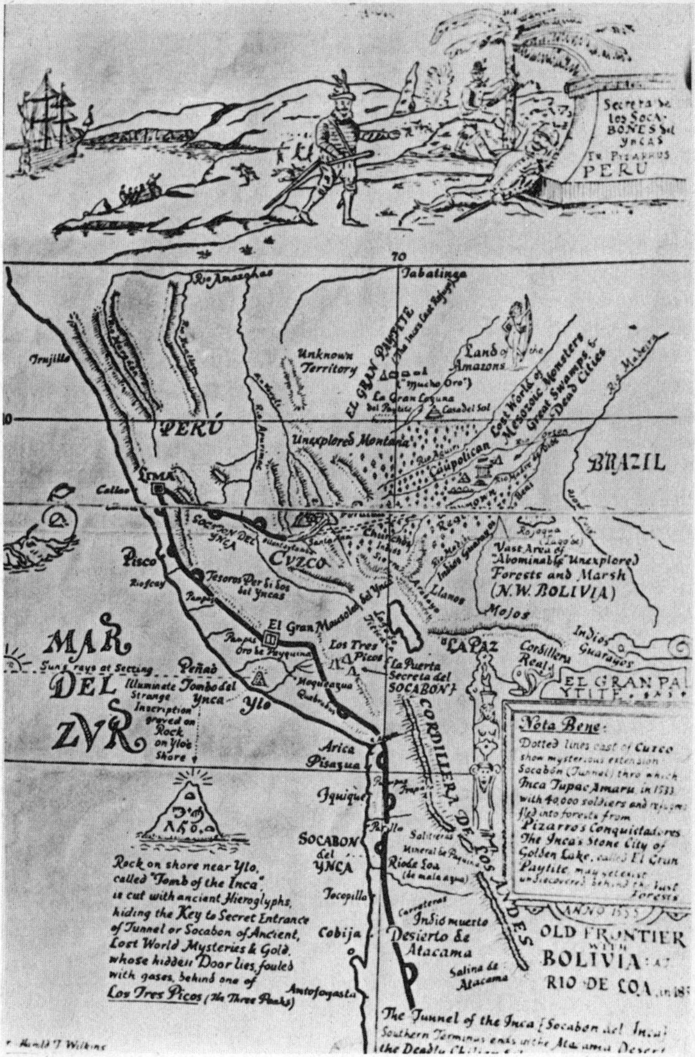

Abbildung 27: Alte Karte, in die der leuchtende Felsen von Ylo eingezeichnet ist.

Einer von ihnen schreibt:
»Allein in diesem praktisch undurchdringlichen Gebiet, in dem ich Edelhölzer suchte, entdeckte ich vier Ausgänge dieser höllischen Untergrundbahn.
Einige dieser Gänge führen zu Sälen und Säulengängen, voll von Überresten einer alten Zivilisation. In diesen merkwürdigen Krypten gibt es zahllose Steinidole, Vasen und Skulpturen . . .«
Der Archäologe Harold T. Wilkins* hat ein ganz außergewöhnliches Monument entdeckt, das interessanterweise auch mit den leuchtenden Kugeln in Verbindung steht. In Ylo, südlich von Arequipa bei Mollendo, liegt am Meeresufer *el Tombo del Ynca* (das Grab des Inka).
Es trägt eine alte Inschrift, die »den Schlüssel zum geheimen Eingang des *Tunnel* oder *Socabon*, der zu den Geheimnissen und zum Gold der versunkenen alten Welt führt, dessen Tor hinter einem der drei Gipfel verborgen ist und von tödlichen Ausstrahlungen bewacht wird«, enthalten soll.
Diese leider nicht entzifferbare Inschrift ist phosphoreszierend, und die Spitze des Felsens von Ylo selbst strahlt ein Licht aus wie die Lampenstöcke von El Gran Moxo.

Der Schatz von Tres Picos

Die Legende über den Schatz von *los tres Picos* ist den Schatzsuchern nur wenig bekannt. Vielleicht ist sie mit der Geschichte von den Schätzen des *Pez Grande* und des *Pez Chico* identisch, für die ich mich anläßlich einer Expedition nach Peru interessiert habe, die ich aber nicht lokalisieren konnte.
Mein Freund, der Forscher Florent Ramaugé, erzählt darüber folgendes:
»Ein alter Inka edlen Stammes, Erbe der Überlieferungen und Geheimnisse seiner Vorfahren, wollte vor seinem Tode jemandem sein Wissen über die von den Sonnenpriestern in den Anden versteckten Schätze anvertrauen. Er wählte dazu einen Spanier aus, den er seines Vertrauens für würdig erachtete.
›Der Schatz von *Pez Chico* liegt in den Anden von Carahaya, am Abhang des Tales, wo der Fluß fließt.

* Harold T. Wilkins: *Introduction to Mysteries of South America*, London 1950. In der alten Karte auf S. 113 habe ich Ylo südlich von Arequipa in Peru eingezeichnet. Doch Wilkins glaubt, daß »the tunnel of the Inca« an der Südgrenze der Wüste Atacama, also im nördlichen Chile, liegt.

Du wirst eine Höhle finden, die von der aufgehenden Sonne gerade mit ihrem ersten Strahl beleuchtet wird.
Große Steinblöcke verschließen den Hintergrund der Höhle, aber du wirst einen Spalt finden, der breit genug ist, um einen Mann durchzulassen. Er führt in ein unterirdisches Gewölbe, das im Inneren des Berges liegt. Du wirst nacheinander drei Tore öffnen müssen, um zum geheimen Heiligtum zu gelangen. Das erste Tor ist aus Kupfer und läßt sich mit einem goldenen Schlüssel öffnen; das zweite ist aus Silber und läßt sich mit einem kupfernen Schlüssel öffnen; das dritte ist aus Gold und läßt sich mit einem silbernen Schlüssel öffnen. Du wirst große Reichtümer finden, unter anderem eine Scheibe aus purem Gold, die du mir bringen sollst, denn ich möchte sie betrachten, bevor ich sterbe. Aber du darfst nichts von den Reichtümern in diesem Heiligtum nehmen, denn sie gehören dem Gott.‹
Der Spanier verlor über dem, was er sah, den Verstand und zwang den Inka, das Geheimnis des *Pez Grande* preiszugeben.
›Der Schatz liegt unter der Statue des Sonnengottes‹, flüsterte der Inka, ›aber du wirst ihn nicht finden.‹
In der Tat wurde der Schatzsucher in der Höhle begraben, als er versuchte, die Statue umzuwerfen.«
So ging das Geheimnis des *Pez Chico* und des *Pez Grande* verloren, obwohl man glaubt, daß sich auf dem Felsen von Ylo ein Hinweis befindet.

8. Atlantis steigt aus dem Meer

Es hat auf der Welt schon immer zwei politische Gegenpole gegeben, entsprechend den beiden magnetischen Polen, so wie es + und —, Schwarz und Weiß gibt.
Heute heißen die Gegenspieler USA und UdSSR; vor 2000 Jahren rivalisierten Atlantis und Mu. Mu, jener geheimnisvolle Kontinent inmitten des Pazifik, übt auf uns eine geringere Faszination aus als Atlantis, wohl wegen seiner größeren geographischen Entfernung. Seine frühere Existenz ist außerdem noch viel umstrittener als jene von Atlantis, obwohl ich der Überzeugung bin, daß die beiden Fragenkomplexe zusammenhängen: Wenn Atlantis kein Mythos ist, muß es das Land Mu auch gegeben haben.
Mitten in die Diskussion hinein platzt eine sensationelle Entdeckung bei den Bahamas: Sie macht das Thema Atlantis wieder aktuell und fügt zu allen bereits vorhandenen Beweisen, die die offizielle Wissenschaft nicht anerkennen will, einen neuen, besonders gewichtigen hinzu.

Die Eingeweihten wußten es

In Kreisen von Eingeweihten wußte man bereits 1968, daß sich um Atlantis »etwas tun würde«. Der Hellseher Edgar Cayce kündigte sogar bereits 1940 die Entdeckung der im Meer versunkenen Mauern von Bimini bei den Bahamas an. Gleichzeitig machte er verschiedene Mitteilungen über Atlantis, die ihm direkt aus dem Jenseits bekanntgeworden sein sollen.
Später veröffentlichte der *Meister von Villeneuve*, oberster Rosenkreuzer Frankreichs, dieselbe Prophezeiung in einer interessanten Broschüre mit dem Titel *L'Empire Invisible* (das unsichtbare Reich).
Dazu ereigneten sich am 35. Breitengrad und im *Magischen Rhombus* erstaunliche und unerklärliche Dinge . . .
Diese Berichte, Prophezeiungen und Ereignisse waren nur vom esoterischen Standpunkt aus relevant, und noch im Jahre 1968 hätte ihnen bestimmt kein Rationalist Glauben geschenkt. Dabei haben manche au-

ßergewöhnlich begabte Menschen am Rande der exakten Wissenschaft Wahrnehmungen, die von den kontrollierbaren Fakten fast immer bestätigt werden.
Die »Affäre Atlantis« erschien mir so wichtig, daß ich im Mai 1970 den unbezähmbaren Wunsch hatte, eine kleine Forschungsreise zu den Kanarischen Inseln, den Azoren und nach Madeira zu machen.
Um es vorwegzunehmen: Die Situation war normal und unverändert ruhig. Das Feuer aus dem Erdinneren schwelte in den Spalten der Insel Lanzarote, die Wasser von Furnas in San Miguel kochten brodelnd in den Schlammkratern, und die neuentstandene Insel Fayal kühlte ihre Lava und ihren Sand unter der Meeresoberfläche.
Vor der Küste von Florès und Corvo war das Meer ruhig, die Seeschwalben zogen gemächlich ihre Kreise, und auch im Bereich des *Magischen Rhombus* hatte sich nichts geändert.
Und doch hätte das Ereignis genau in diesem Gebiet stattfinden müssen!

Die Mauern von Bimini

Der französische Taucher Dimitri Rebikoff dürfte der erste gewesen sein, der nahe der Westküste der Insel Bimini imposante geometrische Massen auf dem Meeresgrund entdeckte. In Zusammenarbeit mit dem amerikanischen Professor Manson-Valentin unternahm er Expeditionen vom Flugzeug aus, die ihn überzeugten: Diese geometrischen Massen waren antike Mauern.
Seit mehr als dreißig Jahren waren Tausende von Unterwasserjägern nach Bimini, einer kleinen Insel des Bahama-Archipels, 50 Meilen vor Miami, gekommen, und hatten genau dort getaucht, wo sich diese Mauern befinden.
Aber nur dem französischen Ingenieur D. Rebikoff waren jene merkwürdigen Felsbänke aufgefallen, die sechs bis sieben Meter unter dem Meeresspiegel lagen und 70 bis 80 Meter lang waren. Mit Hilfe von Luftaufnahmen konnten die zyklopischen Blöcke aufgenommen werden, die fünf mal fünf Meter maßen und circa einen halben Meter aus dem sandigen Korallengrund ragten; wie tief sie in den Meeresboden hineinreichen, ist nicht bekannt.
Es gibt noch andere Mauern bei den Andros-Inseln und wahrscheinlich auch noch andernorts.
Eine vorsichtige Schätzung wurde von den Archäologen vorgebracht: Die Mauern von Bimini sollen bis in das Jahr 5000 vor Christus zurückreichen; und zwar, weil der Wasserspiegel des Atlantik zu dieser Zeit sechs

Meter unter dem heutigen lag. Wenn das stimmt, dann ist Bimini keine atlantische Ruine; aber es liegt auf der Hand, daß sich die Datierung nicht auf ernstzunehmende Gegebenheiten stützt. Man kann sich nämlich schwer Bauwerke vorstellen, deren Basis nur knapp über das Wasser herausragt, noch dazu in einem Gebiet, das periodisch von Zyklonen heimgesucht wird. Logisch wäre es anzunehmen, daß die Mauern von Bimini mindestens fünf bis sechs Meter über dem Meeresniveau lagen, was die Zeit ihrer Erbauung auf mindestens 12 000 Jahre vor unserer Zeit zurückverlegt. Das Datum müßte außerdem noch entsprechend der im Sand vergrabenen Mauerhöhe korrigiert werden.
Mit dem Mindestalter von 12 000 Jahren kommen wir zum Datum der Sintflut. Das würde bedeuten, daß die Mauern von Bimini zu einem vorsintflutlichen Kontinent gehört haben müssen, dessen Name seit Plato bekannt ist: Atlantis.

Geheimnisse ruhen in Bimini

Edgar Cayce hatte eine fast klassische Vision von Atlantis. Der Kontinent hat drei Zerstörungen erlitten, versichert er: Die beiden ersten um 15 600 v. Chr. teilten den Kontinent in Inseln; die dritte, vor 12 000 Jahren, brachte den Untergang dessen, was übriggeblieben war.
Der alte Kontinent reichte vom Sargassomeer bis zu den Azoren, seine Fläche entsprach jener von Europa und Kleinasien zusammen.
Vor der letzten Katastrophe wanderten Atlanter nach Peru, Ägypten, Mexiko, Neu-Mexiko und Colorado aus. Dort findet man noch heute ihre Nachkommen: die *Mount Dwellers* (Bergbewohner). Die Kultur von Atlantis war glänzend, bis das Volk in Geiz und Genußsucht verfiel (meiner Meinung nach sind diese beiden Eigenschaften unvereinbar: Genußsucht würde eher zur Verschwendung als zum Geiz verleiten), was schließlich zu einer Vernichtung ähnlich jener von Sodom und Gomorrha führte. »In verantwortungsloser Weise«, schreibt Cayce, »hat der Mensch zerstörerische Kräfte mobilisiert, die in der Nähe des heutigen Sargassomeers den ersten Vulkanausbruch bewirkten.«
Edgar Cayce prophezeit weiter, daß es möglich sein wird, Überreste von Atlantis an drei Orten zu finden: in Ägypten, Bimini und bei den Azoren. Er soll diese Vorhersagen im Jahre 1940 im Verlauf von nichtveröffentlichten Gesprächen gemacht haben.

Abbildung 28: Taucher haben die titanischen Mauern von Bimini im Meer entdeckt.

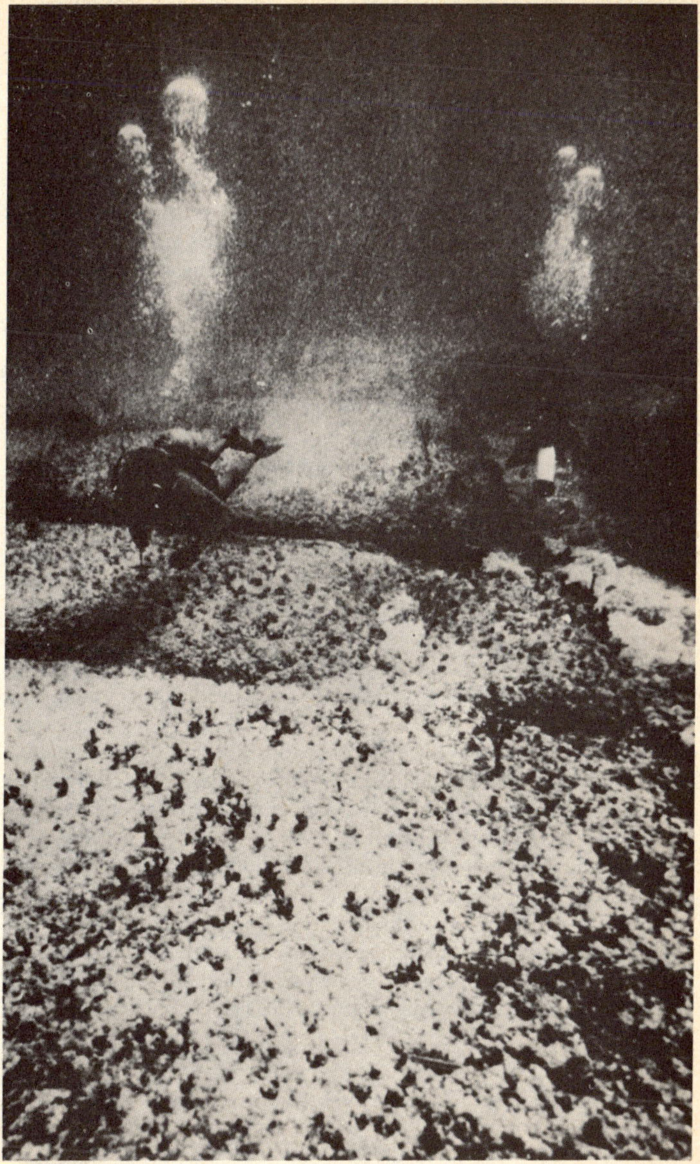

»Die Aufzeichnung der Systeme, nach denen die Atlanter Energie erzeugten«, soll er gesagt haben, »befindet sich im Meerschlamm vergraben, nahe bei Florida, an einem Ort namens Bimini, wo die Ruinen eines versunkenen Tempels liegen.«
Im Jahre 1970 brachte die Entdeckung der Mauern von Bimini eine erstaunliche Bestätigung dieser nicht minder erstaunlichen Prophezeiungen. Bleiben nur noch die atlantischen »Aufzeichnungen« zu entdecken, zwar nicht im Schlamm, aber vielleicht im Sand von Bimini.
Das Epizentrum des Bebens, das Atlantis vernichtete, lag nach Cayce bei den Bahamas; es blieben fünf Inseln übrig, von denen die drei größten folgende Namen hatten: Poseidia, Aryan und Og.
»Als sich die Pole verschoben und Lemuria (Mu) im Pazifik verschwand, stand Atlantis auf dem Gipfel seiner technisierten Zivilisation . . .
Die zweite Eruption bewirkte eine Auswanderungswelle, in deren Verlauf sich einige Völker in den Pyrenäen niederließen. Gleichzeitig kam es zu einer Vermischung der Atlanter mit den Schwarzen und Mestizen, aus der in Afrika die Ägypter und in Amerika die Inkas hervorgingen.«
Die Atlanter, fährt Cayce fort, hatten das Geheimnis entdeckt, wie man die Sonnenenergie einfangen konnte: Sie konzentrierten sie in einem Stein »mit magnetischen Eigenschaften«, der mehr Energie abgab als er erhielt. Diese Energie – wir würden sie heute Produkt des Atomzerfalls nennen – wurde an die verschiedenen Verbraucherzentren verteilt: Industrie, Transport, Haushalt.
Der große Atomstein stand in einem Kuppelbau mit Schiebetüren, der wie ein astronomisches Observatorium aussah. Seine Ausstrahlung ging in alle Richtungen.
»Die Strahlen pflanzten sich unsichtbar fort, aber sie wirkten auf Akkumulatorsteine, die für die Flugzeuge, die nahe der Erde verkehrenden Vergnügungsfahrzeuge und die auf oder unter dem Wasser fahrenden Schiffe die Antriebskraft lieferten.«
Der Sonnenenergiestein war ein großer zylinderförmiger Kristall mit Facetten; die Spitze war geschliffen, sie fing die Energie ein und konzentrierte sie in der Mitte des Zylinders.
»Wir könnten den Beweis für all das haben«, versichert Cayce, »wenn wir die Bedeutung der einzigartigen Steine verstünden, die 1933 in Yucatán gefunden wurden . . . Ein Fragment befindet sich im Museum des Staates Pennsylvania, ein anderes in Washington oder Chicago*.«

* Es ist mir nicht gelungen, nähere Informationen über diese Steine zu erhalten. Vielleicht sind es die runden Steine in Guatemala, die man für zauberkräftig oder doch nützlich hielt, die aber natürlichen Ursprungs sind.

Es ist möglich, daß die unbesonnene Handhabung der Atomenergie nichtvorhersehbare Zerfallserscheinungen in der Umwelt bewirkte. So spricht Cayce von einem Kampf gegen das Eindringen wilder Tiere, die das Land verwüsteten; sie wurden durch einen »superkosmischen Strahl, der von verschiedenen Energiezentralen ausgesandt wurde«, vernichtet. Schließlich wurden die Atomenergiestationen – vielleicht überbeansprucht oder schlecht gewartet – zur direkten Ursache der zweiten Zerstörung von Atlantis.
Die Visionen von Cayce erscheinen uns heute reichlich kindisch und veraltet, selbst wenn man in dem Wunderkristall eine Vorwegnahme des Lasers sehen will. Es ist schon lange her, daß die Science-Fiction-Autoren Besseres und vor allem wissenschaftlich Fundierteres als den »Sonnenenergiestein« erfunden haben, der in den Zauberdiamanten, die man in der Fassung umdrehen konnte, im Karfunkel der Vouivre, dem Stern auf der Stirn der Feen und Aladins Wunderlampe berühmte Vorgänger hatte! Man kann nur lächeln, wenn man hört, daß die »mächtige« Zivilisation der Atlanter gezwungen war, sich gegen böse Wölfe mit »kosmischen Strahlen« zu verteidigen . . .
Ja, alles wäre nur kindisch und lächerlich, hätte nicht Cayce zuvor bewiesen,daß er über echte Seherqualitäten verfügt, als er von Bimini sprach. Wenn Bimini wahr ist, warum sollte dann das andere nicht auch stimmen?

Die Stadt der Kondore

Ich weiß nicht, ob der nun folgende Bericht mit Bimini in Verbindung steht, aber er hängt auf alle Fälle mit einer unbekannten und vielleicht mit den Atlantern verwandten Kultur zusammen.
Im Jahre 1965 wurde eine riesige, 42 Quadratkilometer große Stadt an der Ostflanke der Anden, im Gebiet von Payatea, entdeckt (ich habe den Bericht dem *Bulletin mensuel de la Religion du Soleil Inca* entnommen). Man nennt sie die Stadt der Kondore, weil man zahlreiche Bilder dieser Raubvögel auf den Mauern gefunden hat. Es fanden sich auch Darstellungen von Wesen, deren Köpfe mit sechseckigen Glorienscheinen und großen Sonnenstrahlen umgeben sind.
Der architektonische Stil der »Stadt der Kondore« unterscheidet sich gänzlich von den anderen Baustilen, die sich in Peru finden. Ihre Datierung scheint sich im Nebel der Vorzeit zu verlieren, oder zumindest bis in die Periode des alten Tiahuanaco vor der Sintflut zurückzureichen.
Es gibt Leute, die glauben, daß diese geheimnisvolle Stadt, von der weder

König Pachacutec im Jahre 1450 noch die Chachepoyas in diesem peruanischen Amazonasgebiet etwas wußten, eine hochentwickelte Kolonie von Atlantis gewesen sein könnte.

Das unsichtbare Reich der Rosenkreuzer

Nach den geheimen Dokumenten aus der Bibliothek der AMORC-Rosenkreuzer war Plato der Hüter der atlantischen Tradition, und sein Bericht ist authentisch.
Ein Teil der Lehre von AMORC wurde den Mitgliedern der Vereinigung durch den Großmeister der Rosenkreuzer, Raymond Bernard (früher *Meister von Villeneuve* genannt, nun aber *Meister von Omonville*, da der Sitz der AMORC-Rosenkreuzer dorthin verlegt wurde), in dem Buch *L'Empire Invisible* mitgeteilt.
»Atlantis«, schreibt der Meister von Omonville, »jener hochzivilisierte Kontinent, war zu seiner Zeit das Herz der Welt.
Den ›kolonisierten‹ Völkern wurden von dort Kenntnisse vermittelt. Mit manchen besonders ›privilegierten‹ Ländern bestand eine direkte Verbindung durch das Kolleg der Weisen, das heißt durch die höchsten Eingeweihten dieser Zeit. Sie waren die Hüter der geheimen Weisheit. Die Verbindung war durch einen pyramidenförmigen Tempel gekennzeichnet, nach dem Vorbild jener ›höchsten‹ Pyramide, in dem sich in Atlantis das Kolleg versammelte und in dem das Wissen bewahrt wurde.
Eine einzige Pyramide auf der Welt ist – wenn sie auch ein anderes ›Maß‹ hat – das Abbild dieser höchsten Pyramide: Es ist die sogenannte Cheopspyramide. Sie verewigt vor den Augen der Welt die Gesamtheit der Weisheit der Atlanter, während die anderen Pyramiden nur einen Teil offenbaren.
In ziemlich naher Zukunft werden übrigens verschiedene ›Entdeckungen‹ zum Nutzen der Menschheit so mancher Polemik ein Ende bereiten*.
Die Atlanter kannten die Natur und die Gewalt kosmischer Kräfte, und sie

* Der Meister von Omonville prophezeite die Entdeckung der atlantischen Ruinen von Bimini eineinhalb Jahre vor ihrem Auffinden.

Abbildung 29: Der 7 Meter hohe Menhir von Cinturat ist der schönste in ganz Frankreich. Er ist, so sagt der Meister von Omonville, ein kosmischer Verstärker, eine Felsnadel zur Erdakupunktur. Wer ihn zu ersteigen versucht – sagt die Legende – findet den Tod.

wandten ihr Wissen geschickt an, um jene geologischen Katastrophen zu vermeiden, die mit Menschenmacht gebannt werden konnten.
Die Pyramiden dienten durch die genau berechnete Wahl ihres Standortes ebenfalls diesem Zweck. An anderen Stellen genügten Schutzpunkte, wie zum Beispiel die Dolmen und Menhire, die Brennpunkte der universellen Energie markierten. Dort konnten wirkungsvolle Zeremonien abgehalten werden.
Dasselbe gilt für die Megalithbauten, die man noch so zahlreich auf der ganzen Welt findet. Ihre Aufgabe bestand darin, die kosmische Energie zu verstärken und die Ernten zu begünstigen.
Alle diese sekundären Elemente waren vom Standpunkt der Energie aus mit der höchsten Pyramide der Atlanter verbunden. Die ganze Erde bildete so eine wirksame Auffangstation für die kosmischen Kräfte.
Nachdem die höchste Pyramide durch die Machenschaften unwissender Ehrgeizlinge beschädigt worden war, veränderte die weltweite Katastrophe, in der Atlantis unterging, das Antlitz der Erde und verewigte sich in der Phantasie der Völker unter der falschen Bezeichnung Sintflut.
Bei Ausbruch der Katastrophe flüchteten die höchsten Weisen nach Ägypten. Sie hatten die wissenschaftlichen und technischen Kenntnisse bewahrt, die Atlantis zu einem Kontinent gemacht hatten, dessen Zivilisationsniveau selbst heute noch nicht erreicht wurde . . .
Die Weisen bauten das Reich nicht wieder neu auf, weil dies dem universellen Plan nicht entsprochen hätte. Die ganze Welt ist berufen, das neue Atlantis zu werden . . . Wieder einmal wird die Menschheit vor eine letzte Entscheidung gestellt werden, aus der eine Epoche außerordentlich hoher Kultur oder aber der Untergang, diesmal nicht eines Kontinents, sondern der ganzen Welt, hervorgehen wird.
Die Zeit der Wahl ist nahe. Sie wird durch das Wiedererscheinen des versunkenen Atlantis vor den Augen der erstaunten Menschheit gekennzeichnet sein.
Die Weisen haben unsere Entwicklung gelenkt. Sie haben der Welt – in dem Maße, wie der Menschenverstand sie aufnehmen und gefahrlos anwenden konnte – die wissenschaftlichen und technischen Kenntnisse der Atlanter übergeben.
Das Wissen der Atlanter kam von einer anderen Galaxis und wurde von jenen gebraucht, die die ersten Führer von Atlantis wurden. Manche dieser außerirdischen Wesen fuhren wieder ab; andere blieben auf der Erde, um ihre Aufgabe zu Ende zu führen. Von ihnen stammt die ganze Kultur der Erde.«
Der Meister von Omonville ist davon überzeugt, daß die jetzigen Atlanter, die das alte Kolleg der Weisen ersetzen werden, in Übereinstimmung

mit dem Hohen Rat von A . . . (der geheime Name wird von den Rosenkreuzern nicht bekanntgegeben) handeln.
Die Atlanter werden vor der Welt auftreten, wenn Atlantis wieder auftaucht. Sie sind über alle Kontinente verstreut. Die Menschheit wird über das wiedergefundene Atlantis zu neuen Erkenntnissen gelangen, dadurch wird in künftigen Jahrhunderten eine Union der Welten und Galaxien erreicht werden. Zu diesem Zeitpunkt wird die Bewußtwerdung universell sein.

Die letzten Atlanter

Die Kanarischen Inseln, in früherer Zeit auch Elysische Gefilde, Hesperidengarten, Glückliche Inseln oder Atlantis genannt, waren im Altertum allgemein bekannt. Nach den Arabern, den Karthagern und Juba II., dem König der beiden Mauretanien, erwähnte sie Plinius in seiner *Naturalis historia*.
Ihre Eroberung durch die Spanier im Jahre 1478 brachte die Ausrottung aller ihrer Bewohner, der Guanchen. Diese zogen den Selbstmord der Unterwerfung unter die Eroberer vor.
Die Kanarischen Inseln liegen im Atlantik ein wenig oberhalb vom Wendekreis des Krebses und bilden nach der Überlieferung gemeinsam mit Madeira und den Azoren die noch bestehenden Überreste von Atlantis.
»Die Guanchen«, sagte der Einheimische Dom Inigo, »stammen von König Uranus, dem ersten Herrscher der Atlanter, ab.«
König Montezuma II. soll dem spanischen Konquistador Fernando Cortez gesagt haben: »Unsere Väter sind nicht hier geboren. Sie sind von einem fernen Land gekommen, das *Aztlan* hieß; dort stand ein hoher Berg mit einem Garten, in dem die Götter wohnten.«
Dieser hohe Berg könnte der Pik Teyde in Teneriffa sein, der sich heute 3718 m über den Meeresspiegel erhebt, was annehmen läßt, daß er vor dem Versinken von Atlantis eine Höhe von ungefähr 7000 Metern erreichte.
Vor ihrer Vernichtung im 15. Jahrhundert hielten sich die Guanchen gemäß ihren Überlieferungen für das letzte Volk der Welt, da sie meinten, alle anderen Menschen seien in den Fluten umgekommen (*Guide Bleu d'Espagne*).
In diesem Fall müßte man annehmen, daß ihre Schrift direkt von jener der Atlanter abgeleitet ist, doch durch ein unerklärliches Phänomen ist sie in Europa und sogar auf den Kanarischen Inseln praktisch unbekannt.
Es bedurfte zweier Tage intensiver Forschung, zunächst in Gran Canaria,

um unsere Führer zu überzeugen, daß es eine Schrift der Guanchen und auch Überreste davon gibt.
Nachdem wir die Hügel und *barrancos* der Insel auf über hundert Kilometern durchstreift hatten, entdeckte meine Frau als erste Felsinschriften. Und zwar nicht am *Lobo de los letreros,* wie wir gedacht hatten, sondern auf einer Art basaltischer Eruption, in einem abgelegenen *barranco* im Herzen von Gran Canaria.
Wir haben Zeichnungen gesehen und photographiert, die wie jene der Kelten in der Bretagne aussahen: Spiralen, Kreise, Schlangenlinien, stilisierte Figuren und einen bemerkenswerten »Zauberer«, der das genaue Gegenstück zu jenem in der Höhle von Villar (Dordogne) darstellt.
Unser wichtigster Fund aber war eine echte Schrift (siehe Abbildung auf S. 114), die ich dem Abbé Robert Hirigoyen und der Zeitschrift *Découvertes* zur Begutachtung vorlegte. Es sind auf jeden Fall Buchstaben, von denen einige wie V, N, S, T oder I aussehen.
Auf den Felsplatten haben Hirten und wandalische Entdecker ihre Namen und manchmal auch Daten eingraviert, so daß es schwierig geworden ist zu unterscheiden, was von den Guanchen und was aus späterer Zeit stammt.
Meines Wissens ist diese Schrift zwar einigen deutschen Archäologen bekannt, nicht aber den französischen und spanischen. Ihre Bedeutung ist ganz außergewöhnlich, denn sollten diese Zeichen durch andere, gleiche bestätigt werden, zum Beispiel auf den Mauern der Bauwerke von Bimini, dann hätten wir die Gewißheit, daß sie zur Schrift der Atlanter gehören.

Die Caldeiras auf den Azoren

Mitten im Atlantik, im Nordwesten der Kanarischen Inseln gelegen, machen die Azoren diesen das Privileg streitig, der letzte Überrest von Atlantis zu sein.
Die Azoren sind grüner, feuchter, weniger vulkanisch als etwa Lanzarote oder Fuerteventura und ähneln den Landschaften im Jura und im französischen Savoyen. Die Umwandlung der Lava hat sich dort wegen der nahezu täglichen Regenfälle oder wegen des hohen Gesteinsalters beschleunigt vollzogen. Zwar gibt es auf den Azoren keine tätigen Vulkane, doch ist die Erde an manchen Stellen brennend heiß. In der Gegend von

Abbildung 30: Auf den Kanarischen Inseln brennt das Feuer unmittelbar unter der Erdkruste. Es genügt, Wasser in dieses Blasloch zu gießen, und schon hat man einen Geysir.

Abbildung 33: Der See der Sieben Städte auf den Azoren. Die Überlieferung versichert, daß auf dem Grund dieser grünen und blauen Wasser sieben Städte von Atlantis liegen.

Furnas, auf der Insel São Miguel, kocht das Wasser brodelnd in den *caldeiras* (Dampfkesseln), die vom Feuer im Erdinneren geheizt werden. Wie auf den Kanarischen Inseln hat man ein Gefühl des Unbehagens und fast der Gefahr: Das Feuer der Gäa scheint unmittelbar unter der Erdoberfläche zu brennen, und es fällt nicht schwer zu glauben, daß diese

Abbildung 31 und 32: Alphabetähnliche Inschrift der Guanchen in La Caleta auf Ferro (Kanarische Inseln). Diese Schrift unserer keltischen Vorfahren ist in Europa unbekannt.
Auf der Insel São Miguel (Azoren) kocht das Wasser in den Caldeiras von Furnas. Hier lag das frühere Zentrum von Atlantis, wie das Bild zeigt, in einem gefährlichen Gebiet.

Inseln aus dem Ozean aufgestiegene Eruptionsböden oder Überreste des einst von Vulkanen verwüsteten Atlantis sind.
Im Jahre 1954 tauchte aus dem Atlantik plötzlich eine Insel auf, und zwar am Rand der Insel Fayal: Atlantis kehrte wieder, aber als jungfräulicher sandiger Boden, als glühender Meeresgrund, der in den geophysikalischen Umwälzungen wieder und wieder aufgewühlt worden war. Es bestand keine Hoffnung, daß nach diesem Durchkneten noch Überreste der atlantischen Kultur zu finden wären.
Dabei wird die Lage von Poseidonis, der Hauptstadt von Atlantis, in den Überlieferungen auf den Azoren, vor allem auf São Miguel, angegeben. Auch mein Freund José da Silva Fraga vertritt diese Meinung. Er war es, der mir die Legende vom doppelten See der *Sete Cidades* erzählt hat.

Der See der 7 Städte

»Die Azoren«, berichtet José da Silva Fraga, »wurden einst die Verwunschenen Inseln genannt. Sie tauchten auf, verschwanden wieder wie Luftspiegelungen, und vielleicht haben sie auch zur Entstehung der Legende von der Sankt-Brandans-Insel beigetragen.
Wahrscheinlich in Europa entstandene Überlieferungen versichern, daß ein versunkener Kontinent die neun Inseln umgibt.
Natürlich handelt es sich um Atlantis, um seine Oreichalkos-Paläste, seine pyramidenförmigen Tempel und seine Hauptstadt Poseidonis mit ihrer dreifachen Umfriedung.
Eines der schönsten Panoramen der Welt kann man auf São Miguel vom Vorgebirge der *Vista de Rey* (Panorama des Königs) aus, am Grunde eines riesigen, mit Hortensien und Azaleen bewachsenen Talkessels, genießen: Zwei harmonisch geschwungene Seen umarmen einander in einer Umschlingung, die das Zeichen für unendlich darstellt.
Einer der Seen hat blaues, der andere smaragdgrünes Wasser, und sieben Legenden bieten dafür eine Erklärung. Eine davon erzählt die Geschichte des Königreiches Atlantis und seiner Herrscher, des Königs Weiß-Grau und der Königin Weiß-Rosa, die verzweifelt bedauerten, keine Kinder zu haben. Schließlich bekamen sie doch eines, ein entzückendes kleines Mädchen, aber eine mächtige und böse Fee verbot ihnen, die Tochter vor ihrem zwanzigsten Lebensjahr zu sehen.
Der König ließ in São Miguel – am Fuße der Vista de Rey – sieben Städte des Glücks bauen, wo die kleine Prinzessin ihr Leben verbrachte. Niemand, selbst der König nicht, durfte sie betreten. Und dann, wie in allen Märchen, setzte sich der König eines Tages über das Verbot hinweg; aber

als er eine der Städte betreten wollte, um endlich die angebetete Prinzessin zu erblicken, bebte die Erde, Vulkane spien ein Höllenfeuer, und die sieben Städte versanken in den aus den Tiefen aufsteigenden Wassern. Am Grund des Smaragdsees liegen die kleinen grünen Pantoffel der Prinzessin, am Grund des Azursees ihre blaue Kappe . . .«
Gewiß, es ist nur eine Legende, sie ist aber die einzige, die ausdrücklich den Standort der Hauptstadt von Atlantis bezeichnet.

Die Statue von Corvo

In Fachkreisen ist man davon überzeugt, daß es einst im Raum der Azoren Festland gab. Ein Kabelschiff mußte im Sommer 1898 das Unterseekabel Brest – Cap Cod (bei New York) mit dem Dregganker suchen, weil das Kabel bei 47°nördlicher Breite und 29°‹0′ westlicher Länge, 500 Meilen nördlich von Punta Delgada, gerissen war. Der Dregganker förderte aus 3000 Meter Tiefe eine glasige Lava zutage, die die chemische Zusammensetzung von Basalten hatte: es war Tachylit. Die Mineralogen machten eine unumstößliche Feststellung: Diese Lava sah wie ein Kollodstoff aus; in 3000 Meter Tiefe, bei den dort herrschenden Druckverhältnissen, hätte sie aber auf jeden Fall kristallisieren müssen. Schlußfolgerung: Diese Lava ist an der Luft fest geworden, das heißt auf einem Festland oberhalb des Meeresspiegels. Ein Kontinent an dieser Stelle konnte nur Atlantis sein.
Eine Anekdote – vielleicht ist es auch nur eine Legende – würde ebenfalls dafür sprechen, daß Atlantis bei den Azoren gelegen hat, oder besagt zumindest, daß schon vor Christoph Kolumbus Menschen den Weg nach Amerika gefunden haben. Daran besteht im übrigen kein Zweifel.
Der Historiker Jean de Barros spricht in seiner *Histoire portugaise des Indes occidentales* (Portugiesische Geschichte Westindiens) von einer Statue, die man auf Corvo, der nördlichsten Azoreninsel, entdeckt hatte. Ihr Piedestal sei – dem Bericht zufolge – mit Inschriften in unbekannten Zeichen bedeckt, die der Autor für phönizisch hielt.
Dieser Bericht findet sich in zahlreichen Büchern, zumeist noch mit dem Hinweis, daß es eine Reiterstatue ist, und daß der Mann mit dem Zeigefinger nach Amerika weist, als würde er die Richtung angeben.
Es fällt schwer, dem Bericht von Jean de Barros Glauben zu schenken. Corvo ist eine kleine Insel, an der nur einmal im Monat ein Schiff anlegt, und auch das nur für wenige Stunden. Kein Hotel, keine Herberge, nichts, was zum zivilisierten Leben gehört, mit Ausnahme eines Dorfes, das in einer sehr ungastlichen Gegend liegt. Natürlich gibt es in diesem

AS CONCLUSÕES

da missão cultural austríaca que recentemente visitou a ilha do Corvo confirmam o parecer do ilustre cientista terceirense tenente-coronel José Agostinho acerca de um tema lendário na história insular

Sobre o aliciante tema da «Estátua do cavaleiro» e do «Marco» da ilha do Corvo, de longa data na história e nas lendas populares do arquipélago açoriano, ao lado dos mistérios da Atlântida e

—A "ESTÁTUA" E O "MARCO„

Uma recente fotografia da famosa rocha do Corvo, escalada por um dos elementos da missão austríaca e por um destemido corvino, pondo-se assim cobro à lenda do «homem de pedra grande», apontando para «a grande costa da Terra dos bacalhaus», no dizer de Gaspar Frutuoso

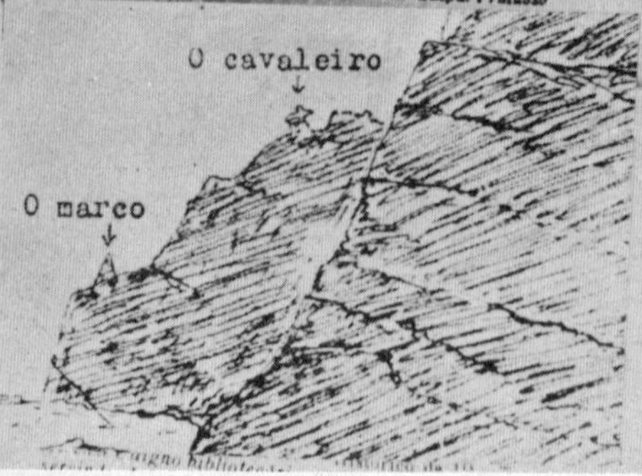

visual da suposta *Estátua*, se pronunciou no sentido de que os dois «monumentos» eram formações de ordem natural.

A Biblioteca Pública de Angra do Heroísmo mal teve conhecimento, por intermédio do «Diário Insular», de Angra do Heroísmo, e do Diário de Notícias», de Lisboa, da presença na ilha do Corvo de uma missão cultural estrangeira que se estava ocupando do assunto, providenciou no sentido de fazer ver aos cientistas visitantes que a matéria do seu interesse se encontrava estudada, encarregando o exmo. senhor Jacob Tomaz — com quem este Estabelecimento mantem estreito contacto cultural — de comunicar aos interessados a existência de bibliografia portuguesa esclarecedora. Seguidamente, fez-se chegar às mãos de cientistas austríacos os [elementos constantes do número indicado da revista «Açoriana», que não conheciam.

No remate do artigo do ex.mo senhor tenente-coronel José Agostinho lê-se: «*Deixamos o assunto da estátua (...) para ser liquidado pelos amadores destas controvérsias fundadas em mistérios e lendas. O que desejamos apenas pôr em relevo é que uma estátua equestre ainda lá está hoje — para a ver basta ir um pouco ao largo da costa sudoeste da ilha; mas a estátua não foi feita pela mão do homem;*

Abbildung 34: Der »Reiter von Corvo« war eine Legende. Es ist nur ein Felsen von unbestimmter Form.

Dorf auch keine Statue, und es hat nicht den Anschein, daß es jemals eine gab.
Eine genaue Suche in den Bergen hat zu der Entdeckung eines Felsens geführt, der ein wenig ungewöhnlicher geformt ist als die anderen, der aber nicht im entferntesten wie eine Statue, geschweige denn wie ein Pferd oder gar ein Reiter aussieht.
Ein wenig unterhalb befindet sich ein anderer Felsen, der eine entfernte Ähnlichkeit mit einem Meilenstein hat. Er könnte die »Marke« sein, die nach der Überlieferung die Richtungsangabe des Reiters begleitet und präzisiert.
Doch leider – das nebenstehende Foto zeigt es nur allzu deutlich – gehört dies alles in das Reich der Phantasie. Es schien mir notwendig, mit dieser Legende aufzuräumen, die von den Atlantis-Anhängern ständig zitiert wird. Dennoch möchte ich die Behauptung von Jean de Barros nicht bedingungslos zurückweisen: Wenn es im 16. Jahrhundert eine Statue gegeben hat, so ist sie heute verschwunden, und es gibt keine Möglichkeit, ihren früheren Standort zu bestimmen.

Der Homo Atlanticus

Im September 1928 machte Dr. Marcel Baudoin aus Saint-Gilles-Croix-de-Vie (Vendée), ein verkannter Archäologe, der es gerechterweise verdienen würde, mit Boucher de Perthes, dem Vater der Urgeschichte, in einem Zuge genannt zu werden, eine Entdeckung, die seine kühnsten Forscherträume übertraf.
In der alten Flußmündung von Le Havre-de-Vie bemerkte er einen mehr als 1500 kg schweren Quarzfelsen, der nur bei Ebbe zu sehen war. Mit Erstaunen und schließlich mit Entzücken sah der Doktor, daß ein Menschenkopf in den Stein graviert war, der von kleinen Vertiefungen, Abdrücken von nackten Füßen und Pferdehufen sowie von großen Rillen umgeben war.
Aufgrund der Lage des Felsblocks konnte er die Gravierungen in das Jahr 5000 v. Chr. datieren. Er sandte eine Note an die Akademie der Wissenschaften und veröffentlichte im *Phare* vom 8. Oktober einen Bericht über seinen Fund.
»Ich habe soeben«, schreibt er, »den Menschen entdeckt, der die Vertiefungen in unsere angeblich keltischen Felsen gegraben hat, der die Dolmen und Menhire errichtete, den Stein behaute, Äxte aus Feuerstein herstellte und die Verwendung der ersten Metalle kannte.
Der Felsen an der Mündung von Le Havre-de-Vie liegt beim Dorf

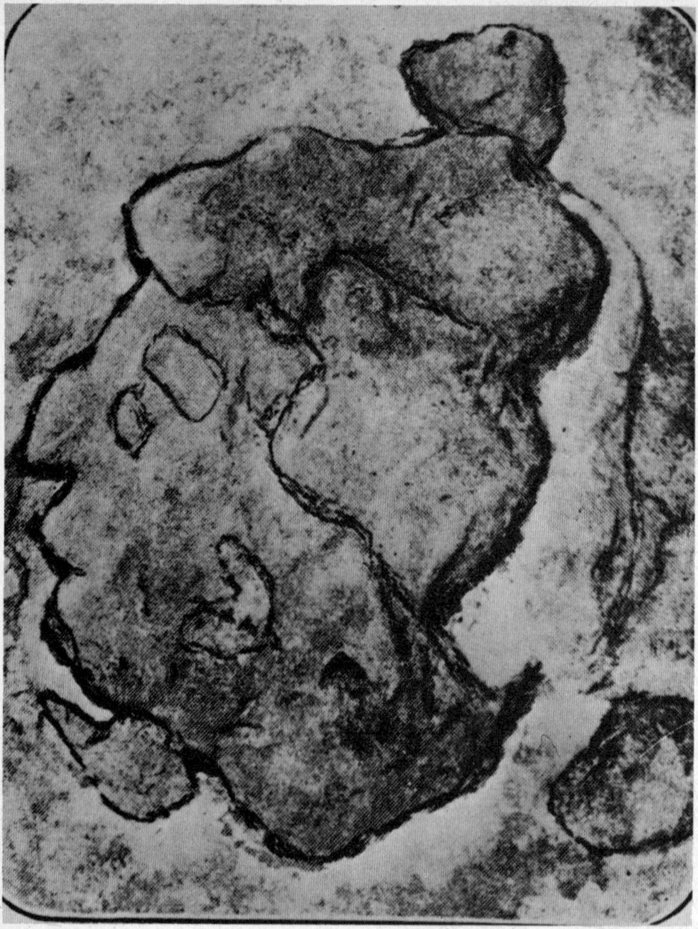

Abbildung 35: Medaillon des von Dr. Marcel Baudoin gefundenen Homo Atlanticus.

Plessis-le-Fenouiller in der Nähe von Saint-Gilles (Vendée). Man nennt ihn den ›großen Stein‹.
Die Gravierung hat die Form eines Medaillons und ist so groß wie ein natürlicher menschlicher Kopf; ihr Relief schwankt zwischen 10 und 15 Millimetern. Dargestellt ist ein männlicher Kopf mit ausgeprägter Ad-

lernase, rundem Auge und üppigem Haarschmuck, der zu einem Knoten geformt ist. Unsere Ahnen, die Gallier, frisierten sich auf dieselbe Weise. Dieses Portrait zeigt meiner Meinung nach jenen Menschen, der von jenseits des Atlantiks kam, um den Kelten die Zivilisation zu bringen. Er ähnelt in erstaunlicher Weise den Personen, die in den Kodizes der Mayas gezeichnet und auf den Stelen in Mexiko in den Stein gehauen sind. Er ist der *Homo Atlanticus*, das heißt der Typus des Atlanters, von dem man bisher vergeblich eine Darstellung gesucht hat. Ich habe davon einen Gipsabdruck hergestellt, der heute das *Freilichtmuseum für Urgeschichte* ziert, das ich in Croix-de-Vie gegründet habe.«

Der »große Stein« von Plessis-le-Fenouiller wurde um 1930 entfernt und

Abbildung 36: Das »Freilichtmuseum für Urgeschichte« in Saint-Gilles-Croix-de-Vie (Vendée). Die Mauer zeigt phantastische Zeichnungen, die den Kelten oder Urmenschen zugeschrieben werden.

entweder ins Museum von Noirmoutier oder in jenes von La Roche-sur-Yon gebracht. Ich konnte keine genauere Spur von ihm finden.
Das »Freilichtmuseum für Urgeschichte« gibt es noch immer in Saint-Gilles-Croix-de-Vie am Rand der Straße, nahe beim Haus des Doktors. Es besteht aus Abdrücken von außergewöhnlichen Gravierungen. Die Originale befinden sich zum Teil in Höhlen in Frankreich oder in Provinzmuseen. Andere wieder sind noch *in situ*, aber an Orten, die man seit dem Verschwinden von Marcel Baudoin vergessen hat.
Das Ganze ist eine fünfzehn Meter lange und zwei Meter zwanzig hohe Wand in der kleinen, abseits gelegenen Straße, die den Namen des Doktors trägt. Es ist eine lokale Kuriosität, doch leider läßt die Gemeindeverwaltung die Mauer verfallen, und in einigen Jahren wird es sie nicht mehr geben.
Wohl sind die Schlüsse, die Dr. Baudoin gezogen hat, oft recht abenteuerlich, aber daß ihm weder die Aufmerksamkeit der Prähistoriker noch das Interesse seiner Mitmenschen zuteil wurde, hätte er doch nicht verdient. Seine Archive sind verschwunden, und ich mußte einen ganzen Tag lang Nachforschungen betreiben, ehe ich genügend Informationen für meinen Bericht gesammelt hatte. Den Großteil meines Wissens über Dr. Baudoin verdanke ich Herrn Dr. Julien Rousseau aus Beauvoir-sur-Mer, einem verdienten Historiker der Vendée.
Wenn der Mensch von Plessis-le-Fenouiller ein Zeitgenosse der Dolmenerbauer war, konnte er kein Atlanter sein; mir würde es logischer erscheinen, in ihm das Bild eines Gottes oder eines Ahnen zu sehen, dem die alten Kelten im Poitou ihre Verehrung erwiesen, indem sie das Medaillon mit kleinen Weihwasserbecken und Abdrücken umgaben, die unter anderem auch von einem Pferd stammten, jenem Tier, das nach den Überlieferungen eines der Hauptsymbole von Atlantis darstellte.
Wenn das stimmt, könnte der von Dr. Baudoin entdeckte Mensch sehr wohl wirklich der *Homo Atlanticus* gewesen sein.

9. Das Land Mu

Daß es versunkene Kontinente gibt, wissen wir aus Überlieferungen und zum Teil recht zweifelhaften Dokumenten, aber auch auf Grund gültiger wissenschaftlicher Beweise.
Der deutsche Geophysiker Wegener hat die These aufgestellt, daß es in fernen Zeiten einen einzigen Erdkontinent gegeben hat, der sich unter der Wirkung gewaltiger geologischer Umwälzungen oder durch das Zerreißen der oberen Erdmassen, die sich über den beweglichen Sima-Schichten im Erdinneren befinden, gespalten hat. Es ist dies die sogenannte Kontinentaldrifttheorie.
Die jüngsten meeresgeologischen Untersuchungen werfen ein neues Licht auf dieses Phänomen: Der Meeresgrund soll sich im Verlauf der Jahrtausende ausgebreitet und auf diese Weise die Kontinente getrennt haben.

Die Urmutter Erde: Pangäa

Diese Veränderungen dauern noch an, da die Vulkane auf dem Meeresgrund tätig sind, und die Spalten und Krater der großen Schwellen der Ozeane immer noch Lava speien. Bildlich ausgedrückt könnte man sagen: Ein Fließband neuer Erde kommt aus dem Inneren des Globus, hervorgebracht von der Matrix der atlantischen und pazifischen Schwellen. Durch dieses geologische Phänomen entfernt sich Amerika von Afrika und Europa in einem bestimmten Rhythmus.
Daniel Behrmann schreibt in *Le Courrier de l' Unesco* (Juli 1970), daß die ursprüngliche kontinentale Masse oder *Pangäa (Pan:* alles; *Gäa:* Göttin der Erde) vor mehr als 100 Millionen Jahren zu bersten begonnen hat. Man nimmt an, daß es zu dieser Zeit drei herausragende Kontinente gab; zwei große: Südamerika – Afrika einerseits und Asien – Europa anderseits, und, auf dem Ozean abtreibend: das jetzige Indien, das sich ungefähr auf der Höhe von Kenia oder Tanganjika (dem heutigen Tansania) befand.
Zusammenfassend hatte die Erde nach dieser These folgendes Aussehen:

- Vor 120 Millionen Jahren bildete sich die Atlantische Schwelle mit gleichzeitiger Spaltung von *Pangäa*: Amerika und Afrika trieben nach Westen beziehungsweise nach Osten ab.
- Vor 60 Millionen Jahren gab es bereits den Atlantischen Ozean, aber Brasilien lag noch sehr nahe bei Guinea. Indien näherte sich immer mehr Asien.
- Vor 30 Millionen Jahren: Südamerika entfernte sich immer mehr von Afrika; Afrika näherte sich Europa, Indien trieb weiter in Richtung Asien.
- Vor 15 Millionen Jahren: Südamerika fügte sich an Nordamerika; Afrika verband sich mit Kleinasien, Indien mit Asien, und der ungeheure Druck der abtreibenden Kontinentalmassen bewirkte die Faltung der Gebirge des Libanon, Kaukasus und Himalaja.

Gondwanaland

Die Untersuchung des remanenten Gesteinsmagnetismus scheint darauf hinzuweisen, daß am Ende des Tertiärs der magnetische Nordpol bei 65° Breite lag, ungefähr zwischen der Hudson-Bai und Grönland. Diese Lage entspricht jener des Landes der Hyperboreer, das in den arischen Mythologien immer wieder erwähnt wird. Unter der Annahme, daß die Erde mit der Ebene der Ekliptik keinen Winkel von ungefähr 23° bildet, sondern sozusagen senkrecht steht, sind die Jahreszeiten überall gleich, und Hyperborea muß inmitten seiner Eisberge eine sozusagen ideale Tagestemperatur gehabt haben. Das wird auch von den alten Schriften bezeugt. Dies wäre auch eine Erklärung für die Riesenfarne und Spuren tropischer Vegetation, die man versteinert in Skandinavien bis in den hohen Norden gefunden hat.
Diese These wird auch von einem Geologen des *Environmental Science Service* in Washington, Professor Robert Dietz, vertreten, der aus dem heutigen Afrika, Südamerika, Australien und Indien einen Kontinent neu zusammengesetzt hat, den man *Gondwana* nannte.
Für andere fortschrittliche Geologen wiederum ist Gondwana ein Kontinent im Süden, der während des Sekundärs dem nördlichen Kontinent oder *Skandinavischen Schild* gegenüberstand.

In den indischen *Purânas* ist die Rede von Kontinenten, die nacheinander auftauchen, wobei jeder die Heimat einer Rasse ist. Es werden sieben solcher Kontinente genannt, auf denen sieben Hauptrassen gewohnt haben oder wohnen werden.
Dem deutschen Biologen Ernst Haeckel zufolge entstand die Menschheit in *Lemuria*, das heute vom Pazifik bedeckt wird; er nennt diesen Kontinent *Shalmali*. Seine Zerstörung durch Feuer und Wasser begleitete das Auftauchen von *Kusha*, wo sich die mächtige Kultur der vierten Rasse entfaltete.
Die »British Association for the Advancement of Science« kündigt an, daß ein neuer Kontinent, der in den *Purânas Shaka* genannt wird, im Feuerkreis des Pazifiks in Entstehung begriffen ist; die Bagoslow-Inseln vor der Küste von Alaska erreichen bereits eine Höhe von 1000 Fuß. Dieses neue Land soll eine Länge von 1000 Meilen erreichen und sich über Japan, die Philippinen, Borneo und Malakka erstrecken. Sollte sein Auftauchen ebenso rasch vor sich gehen wie jenes der Bagoslow-Inseln, befürchten die Geologen eine Sturzflut, die ebenso dramatisch wie die große Sintflut verlaufen könnte.
Die Vergangenheit lehrt uns, daß das Auftauchen eines Kontinents immer Hand in Hand geht mit dem Beginn einer neuen Entwicklungsphase und dem Entstehen einer Rasse. In den schriftlichen Überlieferungen der Völker von Ceylon und Madras kann man lesen: »Die Heimat der Tamouls (Volk aus dem Stamme der Drawidas, das noch immer im südlichen Indien lebt) lag einst südlich der großen Insel Java, die eines der ersten Festlandsgebiete um den Äquator war. Hier war Lemuria, die Wiege aller Kulturen.«
Der Schriftsteller Wishar S. Cervé, der sein Wissen von den Rosenkreuzern von San José (Kalifornien) bezogen hat, glaubt, daß der erste Mensch in den USA entstanden ist. Aus Lemuria macht er einen Kontinent, der sich nach Osten erstreckte, von Afrika bis zum Pazifik, zu einer Zeit, als – in Übereinstimmung mit der Theorie von Wegener – der amerikanische Kontinent, Europa und Afrika einen einzigen Block bildeten.
Als Folge geologischer Umwälzungen erstreckte sich später Lemuria nur mehr über das Gebiet von Mikronesien und Polynesien, wobei sich Amerika immer näher heranschob, während sich Atlantis aus den Wassern hob. Für S. Cervé sind die geheimnisvollen und unzugänglichen Wesen, die auf dem Mount Shasta in den USA wohnen sollen, die letzten Nachkommen des Reiches Lemuria.

Professor Rameau de Saint-Sauveur veröffentlichte in einer Broschüre des *Club Marylen* einen merkwürdigen Bericht über Mu, doch leider ohne historische Referenzen, da er sich auf unkontrollierbare »Offenbarungen« stützt.
Nach Rameau de Saint-Sauveur waren die weißen Bewohner von Mu von einem Sternbild, das »Haar der Berenike« genannt wird, gekommen; sie waren die ersten zivilisierten Bewohner der Erde und vermittelten den Atlantern ihr Wissen.
Die Hauptstadt von Mu war Shalmali II., in Erinnerung an den Namen der Hauptstadt ihrer außerirdischen Heimat, die *Shalmali I.* hieß. Das Reich erstreckte sich von der Osterinsel bis zu den Markesas; es versank vor 700 000 Jahren.
Parallel dazu gab es den Kontinent Gondwana oder Lemuria, dessen Hauptstadt Bakhrana hieß, und der von Schwarzen bewohnt war.
Gondwana versank vor 25 000 Jahren im Pazifik, und die Bewohner, die der Katastrophe entkommen konnten, flüchteten in die Uighurei, einen riesigen Kontinent, der sich von der Mongolei bis nach Frankreich erstreckte. Die Uighurei war damals von Weißen und Gelben bewohnt, die von »anderswo« gekommen waren, was meiner Meinung nach heißt: von einem anderen Stern.
Die Weißen, Armorikaner und »Baskonier«, bewohnten zwei große Städte: *Ys*, an der Grenze des Kontinents Hyperborea, und *Tarlessos*, das bei Madeira lag.
Die Hauptstadt *Uighur* befand sich in der heutigen Wüste Gobi. Die Uighurei wurde von der letzten Sintflut nur teilweise überflutet.
Es gab damals noch einen zweiten Kontinent: *Hyperborea* mit der Hauptstadt Thule, ein wenig östlich von Island.
Atlantis bestand nach Rameau de Saint-Sauveur aus drei Inseln, die im nördlichen Atlantik lagen; seine Hauptstadt hieß Atlanta. In Südamerika gab es noch einen Kontinent: *Istar-Land* mit Tiahuanaco als Hauptstadt.
Ich lege diesen Bericht wie so manchen anderen zu den »ungewöhnlichen archäologischen Akten«, ohne ihm jedoch Glauben zu schenken, da er so voll von nicht ernstzunehmenden Angaben ist: angefangen von diesem Istar-Land, wo einander merkwürdigerweise die Venusgöttin Orejona der Inkas und Istar, die Venusgöttin mit dem babylonischen Namen, sich begegnen.
Dies wäre also eine konzentrierte Zusammenfassung der äußerst verworrenen Fragen um die versunkenen alten Kontinente Atlantis, Gondwana-Lemuria, Hyperborea und Mu. Wenn sich die Prähistoriker, die

Geologen und die Überlieferungen auch einigermaßen über die Lage und die Identität von Atlantis einig sind, so gibt es um die anderen nichts als Verwirrung. Wahrscheinlich sind Gondwana, Lemuria und Mu nur drei verschiedene Bezeichnungen für ein und denselben Kontinent.

Die Übereinstimmung geht nämlich sogar so weit, daß Wishar S. Cervé (*Lemuria*, erschienen in San José), als Verfechter von Lemuria, und Oberst Churchward (*Mû, le continent perdu*, éd. »J'ai lu«, Paris) und L. C. Vincent (*Le Paradis perdu de Mû*, éd. de la Source), als Anhänger von Mu, für beide Kontinente dieselben »symbols of the sacred four« angeben, die vier ersten Kräfte, die die Erde erschaffen haben.

Wie man sich vorstellen kann, sind die Geologen weit davon entfernt, einen Kontinent anzuerkennen, der vor 12 000 Jahren im Raum des heutigen Pazifiks bestanden haben soll. Kein authentisches Schriftdokument bezeugt, daß es diesen Kontinent tatsächlich gegeben hat.

Dennoch gibt es gewisse geologische Hinweise, die für die Existenz von Mu sprechen. Außerdem »wissen« die Menschen aus ihrem Chromosomengedächtnis, oder einfach, weil es logisch erscheint, daß es östlich von Asien einen Kontinent gegeben hat, der das Gegenstück zu Atlantis im Westen bildete.

Diese Hypothesen sind umstritten, da sie nur auf Überlieferung fußen. Dennoch bleibt die Tatsache bestehen, daß Atlantis als Realität ziemlich allgemein anerkannt wird, und daß die Existenz von Mu durch Indizien und Überreste belegt wird, die man vernünftigerweise nicht außer acht lassen darf.

Eine sowjetische archäologische Mission hat bei Grabungen in der Wüste Gobi in Khara-Khota, der ehemaligen Hauptstadt des Uighurischen Reichs, das Grab einer Königin entdeckt, die mit ihrem goldenen, emailbesetzten Szepter begraben worden war.

Nach Abel Clarté (in der Zeitschrift *Psyché-Sôma*, Heft Nr. XXXII) »wird das Reich Uighur in den chinesischen Legenden erwähnt, als die Wüste Gobi ein reiches, fruchtbares Land war. Dieses Reich dehnte sich bis Mitteleuropa aus, umfaßte auch Mesopotamien, und seine Entstehung soll mehr als 16 000 Jahre vor Christus zurückreichen.

Es scheint, daß die Entstehung der Wüste Gobi eine direkte Folge der Sintflut war: als Auswirkung des Versinkens des Kontinents Mu . . .

Mit dem Uighurischen Reich muß man auch Sumer verbinden, was den – nach Maspero – sibirischen oder chinesischen Ursprung dieser arischen Zivilisation, die auch von Mu gekommen ist, rechtfertigen würde.«

Natürlich ist der Autor allein für seine Behauptungen verantwortlich. Es ist wohl möglich, sogar sehr wahrscheinlich, daß die Wüste Gobi in ihrem

Sand Überreste unbekannter Kulturen verbirgt; trotzdem kann ich nicht Thesen beipflichten, die jede Genesis, jede Entwicklung, jede Erfindung einseitig dem Orient zuschreiben, der an Legenden und Geheimnissen wesentlich reicher ist als an historisch bewiesenen Tatsachen.

Churchwards unbewiesene Behauptungen

In einem meiner früheren Bücher *(Phantastische Vergangenheit)* habe ich bereits den erstaunlichen Bericht des englischen Obersten James Churchward wiedergegeben.
Hier das Wesentliche daraus: Oberst Churchward, damals Garnisonsoffizier in Indien, hat in einem Tempel, über den er keine näheren Angaben macht, Tafeln der *Naacals* (eines geheimnisvollen indischen Volkes) entdeckt, aus denen hervorging, daß es vor 50 000 Jahren im Pazifischen Ozean einen Kontinent namens Mu gegeben hat, die Wiege der weißen Menschen. Mu zählte 64 Millionen Einwohner und wurde vor 12 000 Jahren durch eine furchtbare Katastrophe und eine darauffolgende Sintflut zerstört.
Zur Unterstützung dieser Behauptungen führt Churchward 2600 Tafeln an, die nahe bei Mexico City von dem Geologen Niven gefunden worden waren. Allerdings werden diese Dokumente in wissenschaftlichen Kreisen nicht ernstgenommen, was aber nicht bedeutet – ganz im Gegenteil –, daß sie falsch sind.
Churchward erscheint zunächst als ein so ehrlicher Mann, bedeutender Forscher, kluger und gelehrter Archäologe, daß man versucht ist, ihm aufs Wort zu glauben. So hat er zum Beispiel das Datum der Sintflut mit 12 000 Jahren vor unserer Zeit festgelegt, lange bevor die skandinavischen Glaziologen den Beweis dafür erbracht haben. Ich halte es auch für wahrscheinlich, daß der englische Oberst Zugang zu Geheimdokumenten gehabt hat, oder aber er muß ein glänzend begabter Seher gewesen sein. Doch leider sind seine überschwenglichen Berichte allzuoft durch ungeheuerliche Fehler verfälscht, durch an den Haaren herbeigezogene Interpretationen, um nicht zu sagen fromme Lügen. Churchward spricht von Mexiko und den Mayas, von Ägypten, Assyro-Babylonien, den Inkas und den anderen Kulturkreisen mit geradezu aufreizender Unbekümmertheit. Für ihn – wie für alle anderen übereifrigen Anhänger von Mu – gehört jede archäologische Entdeckung, jede unverständliche Schrift, jedes sibyllinische Zeichen, alles Ungewöhnliche, das noch keiner bekannten Disziplin zuzuordnen ist, unbedingt zu Mu und wird als neuer Beweis seiner Existenz gewertet.

So muß es auch verstanden werden, wenn er die Stele von Uxmal in Mexiko als »Mu gewidmet« interpretiert. Ich kenne Uxmal sehr gut, und auch das wunderbare Schloß des Zauberers oder *Adivino*, und ich kann versichern, daß die von Churchward entzifferte Inschrift eine reine Erfindung ist.
Mit entwaffnender Naivität versichert der Oberst, daß der Schöpfungsbericht der Bibel den Tafeln der Naacals entnommen wurde. Er veröffentlicht ein »Alphabet von Mu« und läßt Plato und Valmiki, den Verfasser des Râmâyana, sagen, daß sie die mexikanischen Mayas kannten!
Wenn Churchward jemals in Mexiko war, nach Bolivien hat er zweifellos keinen Fuß gesetzt, denn er glaubt, daß Tiahuanaco, das doch bei La Paz liegt, ein Ort in Peru ist.
Er bringt eine falsche Beschreibung des Frieses der Puerta del Sol und stellt den Gott in der Mitte mit fünf Fingern dar, während er gerade die bemerkenswerte Eigenart aufweist, nur vier Finger zu haben!
Und doch hat dieser Erleuchtete manchmal wahre Geistesblitze und verfügt über erstaunliche Kenntnisse. Gewiß, er lügt, aber er tut es, um eine These zu unterstützen, die er für wahr hält und die es auch ist. Denn der Kontinent Mu hat bestimmt einmal existiert. Ohne es zu wissen, streift Churchward auch die Wahrheit, wenn er schreibt, daß Mexiko älter ist als Ägypten. Und er hat eine geniale Intuition, wenn er sagt, daß der erste Mensch »doppelt erschaffen und dann in einen Mann und eine Frau geteilt wurde«.
Schließlich wiegt sein ungeheures Verdienst, die unbekannten Zivilisationen des Pazifiks auf den Cook-Inseln, den Marianen und Markesas wiederentdeckt zu haben, alle Irrtümer auf. Denn gerade auf den Pazifik-Inseln finden sich bedeutende Hinweise auf die Existenz einer sehr alten Kultur.

Funde sagen aus

Auf den meisten Inseln von Polynesien und Mikronesien findet man Überreste von Städten, Tempeln, Hafenanlagen, deren Bedeutung und architektonisches Konzept von einem wesentlich höheren Niveau zeugen als die Zivilisation der heutigen Inselbewohner. Diese wohnen in Hütten aus Palmblättern, in Wellblechbehausungen oder in anderen notdürftigen Unterkünften.
Neben dieser lächerlichen »Architektur« stehen häufig Säulen, Torbögen, Molen, deren gigantische Steinblöcke von höherentwickelten Ahnen bearbeitet worden sind. Churchward und L. C. Vincent haben eine ge-

naue Aufstellung dieser Bauten gemacht, die hoffentlich die Aufmerksamkeit der interessierten Archäologen wecken wird.
Es ist nicht leicht, sich auf diese fernen Inseln zu begeben, die abseits von allen Handelsstraßen liegen, über keine Flughäfen verfügen und manchmal von einer feindlichen oder so armen Bevölkerung bewohnt werden, daß nur eine organisierte Expedition eine Chance hat, erfolgreiche Forschungsarbeit zu leisten. Was ich über die Funde im Pazifik schreibe, ist daher nur eine Zusammenstellung von Berichten, die von älteren Forschern stammen oder von Schriftstellern, die nicht alle selbst an Ort und Stelle gewesen sind.
Auf der Insel Pitcairn, 2000 km westlich der Osterinsel, erblickten die Meuterer der berühmten »Bounty« (1789 war H. M. S. *Bounty* mit neun Meuterern und achtzehn Bewohnern von Tahiti, Männer und Frauen, auf die Insel Pitcairn geflohen, wo sie eine Kolonie gründeten) Ruinen von Häusern, von Backöfen, vier Meter hohe Statuen und Überreste eines Tempels.
Auf den Gambier-Inseln hat man vollkommen erhaltene Mumien gefunden sowie aus Korallen erbaute Mauern.
Das Archipel der Karolinen ist von Ruinen übersät, deren imposanteste auf der Insel Ponape stehen. Angeblich kann man dort einen 90 Meter langen und 28 Meter breiten Tempel sehen und einen megalithischen Hafen mit Kanälen, die nach den Überlieferungen der Eingeborenen von den »Sonnenkönigen« angelegt wurden. Wer waren diese Sonnenkönige? Welcher Kultur gehörten sie an? Es ist ein Rätsel.
Churchward berichtet, daß der Tempel über einem Netz von unterirdischen Gewölben und Krypten angelegt ist, die durch einen Kanal verbunden sind. Ein pyramidenförmiger Saal liegt in ihrer Mitte.
Auf den Marshall-Inseln, genauer gesagt auf der Insel Kusai, finden sich ähnliche Überreste. Ein kegelförmiger Hügel, der von hohen Mauern umgeben ist, und eine zyklopische Einfriedung bezeugen auf der Nachbarinsel Lele, daß zivilisierte Völker dort vor Jahrtausenden gewohnt haben.
Die Einheimischen sagen, daß diese Völker sehr mächtig waren und mit großen Schiffen sehr weit nach Osten und nach Westen reisten.
Auf anderen Inseln stehen Pyramiden ähnlich jenen, die man auf den Gesellschaftsinseln gefunden hat.

Abbildung 37: Der Torbogen von Tongatabu.

Der Torbogen von Tongatabu

Man spricht häufig von einem megalithischen Torbogen mit 70 Tonnen schweren Pfeilern, der auf der Insel Tongatabu im Tonga-Archipel südlich von Samoa stehen soll, von dem aber meines Wissens noch nie ein Foto veröffentlicht wurde.
Unter großen Mühen gelang es mir, ein solches in der Phototheck des *Musée de l'Homme* aufzutreiben (siehe S. 131).
Der Ort heißt Haamunga. Man sieht dort zwei riesige Steinblöcke, auf denen ein dritter liegt, der den anderen durch ein aus der Masse gehauenes Zapfenloch angepaßt ist. Der Bogen ist ungefähr vier Meter hoch, und sein Gesamtgewicht soll 95 Tonnen betragen.
Churchward betont mit lobenswertem Scharfsinn, daß die Insel zur Gänze aus Ackerland besteht und daß die nächsten Steinbrüche in einer Entfernung von 400 Kilometern liegen. Die Vorfahren der Polynesier müssen über riesige Schiffe und ausgezeichnetes Hilfsmaterial verfügt haben, um diesen monumentalen Torbogen transportieren, bearbeiten und aufrichten zu können. Es ist außerdem anzunehmen, daß das Tor zu einem größeren architektonischen Komplex gehörte, der nicht mehr erhalten ist.

Säulen auf den Marianen

Die Marianen, auch Ladronen (Diebsinseln) genannt, liegen in Mikronesien, zwischen 13 und 21° nördlicher Breite und 142 und 144° östlicher Länge, nördlich des Archipels der Karolinen. Es ist ein vulkanisches Land, in dem Hurrikane und Erdbeben an der Tagesordnung sind. Dennoch sieht man dort noch bedeutende Überreste von Bauwerken, unter anderem – auf der Insel Rota – riesige Umfriedungen aus runden Säulen, die einst ein Dach getragen haben dürften (siehe S. 132).
Auf der Insel Tinian sind die Säulen pyramidenförmig, schreibt Churchward; sie wurden im Jahre 1835 von Dumont d'Urville entdeckt, der einen keltischen Hügel (einen sogenannten *cairn*) mit Statuen zu erkennen glaubte. Manche dieser Säulen waren von einem halbkugelförmigen Stein gekrönt. Der Archäologe Larrin Tarr Gill schrieb über die Säulen von Tinian: »Drei sind mit ihrer noch unbeschädigten *tasa* (Kopfbedeckung) umgefallen; drei weitere sind vollkommen zertrüm-

Abbildung 38 und 39: Antike Säulen auf der Insel Rota.
Säulenruinen auf der Insel Tinian.

mert, und die beiden größten liegen auf dem Boden, wohl durch ein heftiges Erdbeben von ihrem Pfeiler gestürzt. Pyramidenstumpfartig und von halbkugelförmigen Steinen bedeckt, haben die Säulen an ihrer Basis einen Umfang von 18 Fuß, sie sind 11 Fuß hoch und verjüngen sich nach oben . . .« (siehe Bild S. 132).
In Hawaii, auf den Markesas, in Australien und rund um Tahiti kann man ebenfalls eindrucksvolle Ruinen finden, wobei die meisten Erdpyramiden wie jene aussehen, die Thor Heyerdahl in Rapaiti entdeckte.
Sind dies Überreste des Kontinents Mu? Ja, versichern Churchward und L. C. Vincent, und es wäre sehr wohl möglich, daß sie recht haben.
Es ist aber unbestreitbar, daß die unbeschädigt gebliebenen Ruinen in Polynesien von einer Kultur zeugen, die bei weitem nicht so hoch entwickelt war wie die unsere. Wenn Ponape, Tongatabu und Kusai zur Domäne von Mu gehörten, muß man sich diese Vorfahren als weniger entwickelt vorstellen als die alten Assyrer, Mayas und Inkas. Von diesem Blickwinkel betrachtet, kann man Atlantis den Vorrang vor Mu einräumen.
Die höchstentwickelte Kultur vor der Sintflut befand sich sicher nicht in Ponape oder auf der Osterinsel, da die Funde von Tiahuanaco (Bolivien), La Venta (Yucatán) und Ägypten ungleich höher einzustufen sind, sowohl was ihr kulturelles, intellektuelles als auch architektonisches Niveau anbelangt.

10. Geheimnisvolle Osterinsel

Die Überschrift dieses Kapitels habe ich in Anlehnung an einen Titel meines Freundes Francis Mazière gewählt, der mit seinem Buch *Fantastique Ile de Pâques* (Phantastische Osterinsel, erschienen bei Robert Laffont) das Interesse der westlichen Welt an dieser 4000 Kilometer westlich der Küsten von Chile im Pazifik verlorenen Insel neu geweckt hat. An den Meeresufern und auf der Hochebene stehen und liegen Hunderte von Statuen – die Moais. Die Archäologen sind zugleich verwirrt und fasziniert.
»Sie alle sind Zeugen einer sagenhaften Kultur«, sagt Francis Mazière, »Zeugen, die zwanzig Tonnen wiegen. Wie sind diese Statuen vom Vulkan, aus dem sie gehauen wurden, bis ans Meeresufer gelangt? Wurden sie aufgehoben, gerollt, gezogen?«
Mazière gibt zu verstehen, daß »die ersten Bewohner der Osterinsel parapsychologische Kräfte einfangen konnten, für die wir nicht mehr empfänglich sind . . .«

Der Weg der Statuen

Die Statuen auf der Osterinsel sind zum Großteil sechs bis zehn Meter hoch, die größte (sie wurde im Steinbruch belassen) mißt fast 22 Meter. Nach Meinung von Thor Heyerdahl *(Aku-Aku)* und der modernen Archäologen wurden sie aus den Hängen des Vulkans Rano Raraku gebrochen und auf abwärts führenden Rampen, die »Wege der Statuen« genannt wurden, bis zu ihrem Aufstellungsort gezogen. Im Jahre 1956 unternahm Heyerdahl das Experiment, und es gelang: Er ließ die Einheimischen mit Steinäxten und leichten Tauen die Arbeit ihrer Vorfahren verrichten.
Das Geheimnis liegt im übrigen nicht so sehr in der Art und Weise, wie die Statuen gezogen oder befördert wurden, sondern es bezieht sich auf das Volk, das diese außergewöhnliche Leistung vollbracht hat und das von manchen Leuten mit der Zivilisation von Mu in Verbindung gebracht wird.

Die größte Statue, jene, welche 22 Meter hoch ist und »der Riese« genannt wird, ist von der Wand des Vulkans nicht getrennt, aber der amerikanische Archäologe William Mulloy, der sich mit dem Problem befaßt hat, ist der Meinung, daß sie genau wie die anderen befördert worden wäre. Man findet eine Menge Äxte und Hacken aus hartem Basalt, die beim Steinbruch liegengelassen wurden. Der bearbeitete Felsen ist ein weicherer Tuff.
Die Rückseiten der Statuen wurden sorgfältig geglättet, damit sie wie ein Schi auf den »Wegen« gleiten konnten. Die Augenhöhlen wurden vor dem Transport herausgearbeitet, aber das Auge wurde erst dann geformt, wenn die Statue an ihrem Standort angelangt war, und zwar im Verlauf der Zeremonie der »Öffnung der Augen«. Durch sie erlangte die Statue Leben und Macht, und ihr Blick, der ins Innere des Landes gerichtet war, wachte über das Dorf und seine Bewohner.

Vier Finger wie in Tiahuanaco

Wie immer bei ungewöhnlichen Entdeckungen haben die offiziellen Archäologen die haarsträubendsten Hypothesen vorgebracht, um den Ursprung der Zivilisation auf der Osterinsel zu erklären.
Die alten Bewohner der Osterinsel waren – so sagen sie – Völker aus Asien. Im übrigen ist für sie die ganze Welt in der Mongolei geboren worden: die Mayas, die Inkas, die Afrikaner, die Chinesen. Es ist zwar unwahrscheinlich, aber es ist die klassische Lehre.
Thor Heyerdahl und in jüngerer Zeit auch andere Seefahrer haben bewiesen, daß Verbindungen zwischen Südamerika und Polynesien auf dem Wasserwege möglich waren, und alle noch verbliebenen Überreste unterstützen diese These.
So findet man in Winapu, im Süden der Insel, riesige Steinplatten, die genauso angeordnet und bearbeitet sind wie jene von Machu Pichu in Peru. Die Batate oder *kumara* der Inkas heißt auf polynesisch *koumara*; die Skulpturen haben alle große Ohren wie die *orejones* (große Ohren) von Peru; die Zusammenfügung der Plattformen oder *ahus* auf der Osterinsel erinnert deutlich an die Bauweise der Inkas und an die Plattformen von K'emko aus der Vorinkazeit.
Schließlich hat der Forscher Michel Croce-Spinelli eine Statue gesehen,

Abbildung 40: Riesiger Kopf auf der Osterinsel. Die Augen sind nicht leer, sondern mit dem magischen mana *geladen, das den Stamm schützt und ihm Leben spendet.*

deren Hände nur vier Finger hatten, was – sollte dies bestätigt werden – eine Verbindung zwischen der Kultur der Osterinsel und jener von Tiahuanaco aufzeigen würde, da dies der einzige Ort auf der Welt ist, wo die Menschen so dargestellt wurden.

Der Vogelmensch

Die Insel hatte im Jahre 1971 ungefähr 1400 Einwohner; es ist eine Pampa, auf der nur Gras und einige wenige Kokosbäume wachsen. Man nimmt aber an, daß sie früher bewaldet und viel dichter besiedelt war. Der große, alljährlich zelebrierte Ritus hatte als Zentralfigur den *Vogelmenschen*. Gegen August-September zogen die Bewohner der Osterinsel in die Berge, wo sie in finsteren Behausungen wohnten. 47 solcher unterirdischer Häuser kann man noch in Orongo sehen.
Dort warteten die Stämme auf die Ankunft des ersten Zugvogels – einer Seeschwalbe –, der vom Festland kam, und auf das Legen des ersten Eies, dem man außergewöhnliche magische Kräfte zuschrieb.
Jeder Stammeshäuptling schickte einen seiner Gefolgsleute auf die Suche nach diesem Talisman, denn für den siegreichen Stamm war damit viel Ehre und großer Nutzen verbunden. Siegreich war, wer als erster das Ei fand, meist auf der kleinen Insel Motunui; er brachte es schwimmend zurück und wurde für ein Jahr zu einer hochgeachteten Persönlichkeit, einem Medizinmann und Halbgott, der über eine schreckliche *mana* verfügte. Diese *mana* hatte eine so große Ausstrahlungskraft und Gewalt, daß niemand den Vogelmenschen berühren durfte, ohne Gefahr zu laufen, getötet zu werden.
Die Einheimischen haben auf die Felsen von Orongo zahlreiche Darstellungen des Vogelmenschen graviert. Das ist es, was man von der Geschichte der Bevölkerung der Osterinsel weiß oder zu wissen glaubt. Es ist wenig, doch reicht es vielleicht aus, eine These aufzustellen, die bis zum heutigen Tag den Archäologen noch nicht in den Sinn gekommen zu sein scheint.

Unasiatische Statuen

Die These ist nonkonformistisch und sicher zu vernünftig, als daß sie kein Mißtrauen erwecken würde. Zunächst sei einmal festgehalten, daß die Osterinsulaner nicht von Völkern abstammen, die aus Asien ausgewandert sind. Es gibt keinen Hinweis dafür, ganz im Gegenteil.

Prähistoriker haben nun einmal die leidige Gewohnheit, alles so auszulegen, daß es in die einmal von ihnen aufgestellten Thesen paßt, selbst wenn sie dafür den Vorwurf mangelnder Logik in Kauf nehmen müssen. Sie behaupten, daß die Mexikaner von Mongolen abstammen, die über die Beringstraße nach Amerika gekommen sind, weil sie Schlitzaugen haben. Die Bewohner der Osterinsel haben zwar keine Schlitzaugen, aber da kann man eben nichts machen – sie stammen trotzdem aus Asien. Die Mongolen haben zwei hervorstechende Merkmale: Sie sind eines der wenigen Völker, die keine Statuen aus Stein meißeln, und sie haben eine ausgeprägte Vorliebe für Miniaturen.

Die Einwohner der Osterinsel sind das genaue Gegenteil der Mongolen: Sie sind fanatische Bildhauer und Schöpfer gigantischer Statuen. Das allein würde als Beweis genügen, wie lächerlich die klassische These ist. Doch das ist nicht alles: Man findet auf der Osterinsel außer den großen *moais* auch kleine Idole, die nicht erwähnt werden, die aber mit jenen von Tiahuanaco (Bolivien), San Augustin (Kolumbien), Tula (Mexiko) und den keltischen Fundstätten in Gallien, Germanien und Skandinavien identisch sind. Es sind Statuen oder auch nur runde Köpfe, sehr primitiv in ihrer Gestaltung und wahrscheinlich sehr alt. Ihre Augen sind nur Löcher im Stein.

Und die großen Moais sind wie mit dem Gartenmesser geschnitzt, mit einer langen karikaturistischen Nase, arischen Teufelsaugen, einem länglichen Gesicht . . . kurz, sie weisen praktisch alle Merkmale einer nichtasiatischen Herkunft auf. Was für die klassischen Prähistoriker nur ein Grund mehr ist, an ihrem blinden Starrsinn festzuhalten.

Für die Schriftsteller-Archäologen Churchward und L. C. Vincent sind die Ureinwohner der Osterinsel Überlebende der Katastrophe, die Mu vor 12 000 Jahren vernichtete. Dies ist zwar nicht möglich, doch weist die Insel keine bemerkenswerten Erhebungen auf; daher ist wohl anzunehmen, daß sie von der Sintflut überspült und ihre Bewohner vernichtet wurden.

Meiner Meinung nach sind die Osterinsulaner übers Meer gekommen, wahrscheinlich von sehr weit, wie z. B. die Seeleute der Kon-Tiki . . .

Weiße Seefahrer mit ovalen Augen

Chile ist 4500 km von der Osterinsel entfernt, Tahiti 4000, Asien 20 000 km . . . Man mußte schon ein guter Seemann sein, um diesen winzigen, inmitten des größten Ozeans der Erde verlorenen Punkt zu erreichen. Wer waren aber die größten Seefahrer? Zählen wir sie auf: die Wikinger,

Abbildung 41: Statuen, Büsten und Köpfe von Tiahuanaco. Die Augen sind rund, oval oder rechteckig, wie jene der »Riesen von Tula« in Mexiko. Niemals geschlitzt. Dennoch kamen nach der klassischen Lehre die ersten Völker Amerikas aus der Mongolei!

die Kelten, die keltischen Portugiesen, die Iberer, die Araber, Venezianer, Phönizier . . . alles Arier oder Vorfahren der Kelten. Von Asiaten keine Rede.
»Dann müssen«, sagen die Prähistoriker, »die Entdecker der Osterinsel Asiaten gewesen sein.« So ist ihre Logik.
Die Mayas erzählen immer wieder im *Popol Vuh*, ihrem heiligen Buch, daß ihre weißen, bärtigen und blauäugigen Ahnen von *Osten* kamen, von jenseits des stürmischen Meeres. Sie führen sogar noch genau aus, daß die heilige Insel dieser Vorfahren Thula oder Thule hieß und die Wiege der arischen Völker war.
Was sagen dazu die Prähistoriker? »Die Ahnen der Mayas kamen aus dem *Westen* und waren schlitzäugige, bartlose Mongolen.«
Wie in Tula, La Venta (Mexiko), San Augustin und Tiahuanaco haben die Köpfe auf der Osterinsel riesige, ovale Augen. In Amerika sind die Augen der Statuen oval, rund, recht- oder viereckig. Weder in Amerika noch auf der Osterinsel sind sie je geschlitzt. Es gibt aber noch andere Zeichen der Verwandtschaft: große Ohren, wie sie Orejona hatte, die Mutter der Menschheit, die von der Venus kam und am Titicacasee landete. (Es sei hier nur am Rande daran erinnert, daß es in China zum guten Ton gehörte, kleine Füße und kleine Ohren zu haben.) Auch sind die Mauern von Winapu (Osterinsel), Machu Pichu und Sacsahuaman (Peru) im selben Stil erbaut.
Doch reichen all diese Ausführungen nicht aus, um die Prähistoriker von einem möglichen Fehler in ihrer These zu überzeugen.

Die Moais mit Pukaos

Auf der Osterinsel findet man zwei Arten von Moai-Statuen, berichtet Francis Mazière: Jene, deren Fuß behauen wurde, um in den Boden versenkt zu werden, und andere mit stumpfähnlichem Abschluß, die einst die großen steinernen Plattformen *(ahu)* überragten. Die einen scheinen den Vulkan zu bewachen; die anderen stehen unweit der Küste und blikken fast alle in südöstliche, westliche und nordwestliche Richtung.
Pierre Loti, der die Osterinsel im Jahre 1870 besuchte, gibt eine interessante Beschreibung des Ortes:
»Die Statuen? Es gibt davon zwei Arten.
Zunächst jene an den Stränden, die alle umgeworfen und zerbrochen sind.
Und dann die anderen, die erschreckenden, aus einer anderen Epoche und mit anderen Gesichtern, die noch aufrecht stehen, dort, auf der anderen

Seite der Insel, inmitten einer Einsamkeit, in die sich niemand mehr wagt.«
Die *Moais* mit dem sogenannten *Pukao*, einem riesigen Stein aus rotem Tuff, der eine Kopfbedeckung darstellt, wurden anläßlich des »Krieges der Idole« im 17. Jahrhundert umgeworfen. Man hat aber seither einige Statuen wieder aufgerichtet und restauriert. Loti schrieb Ende des vergangenen Jahrhunderts über sie:
»Welche Menschenrasse stellten sie dar, mit ihrer erhobenen Nasenspitze und ihren schmalen Lippen, die sie in verächtlich lächelnder Weise vorschieben? Keine Augen, nur tiefe Höhlen unter der Stirn, unter dem Brauenbogen, der groß und edel geschwungen ist. Und doch sehen sie aus, als würden sie schauen und denken . . . Einige tragen Halsketten mit Feuersteineinlegearbeiten, einige weisen eingemeißelte Tätowierungen auf. Wahrscheinlich sind sie nicht das Werk von Maoris.«
»276 Riesen«, berichtet Francis Mazière, »präsentieren sich uns stehend oder liegend, und wir wissen jetzt, daß es wahrscheinlich ebenso viele unter der Erde gibt.«
Diese Statuen, versichern die Archäologen William Mulloy, Jacques Ertaud und Michel Croce-Spinelli, drehen dem Meer den Rücken zu, um ihren *mana*-geladenen Blick auf die Dörfer zu richten, deren Sicherheit zu gewährleisten ihre Aufgabe war.

Der Mythos vom Vogelmenschen

Im ersten Moment könnte man glauben, daß der Vogelmensch auf der Osterinsel wie in allen anderen Überlieferungen eine Art Wiedergeburt der jüdisch-christlichen Engel, der ägyptischen Vogelkönige, der fliegenden Menschen oder anderer mythologischer Gestalten ist. Doch trifft dies ganz und gar nicht zu. Auf der Osterinsel – und nur dort, könnte man betonen – hat sich im Gedächtnis der Eingeborenen keine Geschichte von Menschen oder Astronauten erhalten, die vom Himmel gekommen sind. Ist das nicht sonderbar?
Gerade diese Eigentümlichkeit läßt mir eine These wahrscheinlich erscheinen, die dem Geheimnis sehr nahe kommen könnte. Wenn der Finder des ersten Zugvogeleies – Schwalbe oder Fregattenvogel – von der Insel Motunui zurückkehrte, die der Osterinsel am weitesten vorgelagert ist (ca. 1 km), trug er seine kostbare Beute in einem Korb oder einem Tuch, das auf seinem Kopf festgebunden war. Dieses Ei, so sagte man, stellte die Fruchtbarkeit dar, es war das sichere Zeichen dafür, daß die Insel nicht von der übrigen Welt abgeschnitten war. Die Seeschwalbe, die es gelegt

hatte, war der lebende Ausdruck des Glaubens, daß es anderswo ein Vaterland gab. Nach J. Ertaud und M. Croce-Spinelli war sie ein Symbol der Flucht.
Der Mann, der das erste Ei gefunden hatte, der Vogelmensch, wurde damit für die Dauer eines Jahres ein unantastbares Wesen, ein religiöser Anführer, eine Art Zauberer, der mit der *mana* ausgestattet war. Der Vogelmensch war »geladen«, er hatte unglaubliche Kräfte, die sich vor allem in seinem Kopf konzentrierten, den das Ei berührt hatte. Denn das Ei verlieh die *mana*.

Der Hut der Statuen

Die Moais waren bis zu zwei Dritteln ihrer Größe eingegraben, manchmal direkt am Meeresufer, um ihren Zauberblick über das ganze Land schweifen zu lassen. Ihre Macht erlangten sie aber erst, wenn sie ihren Hut trugen und die Augen geöffnet hatten.
Aus diesem Grund kamen sie blind vom Berg, das heißt, daß die Augen noch nicht ausgebildet waren. Wenn sie aufgestellt waren, bohrte man ein Loch in die Augenhöhle: Man öffnete der Statue die Augen, man erweckte sie zum Leben. Auch der rote steinerne Hut wurde erst nach der Aufstellung des Megaliths auf den Kopf gesetzt und mit einem festen Bolzen fixiert.
Erst dann gewann der Moai seine magische Bedeutung: Er wurde zu einem Akkumulator, einem geladenen Idol, und aus seinen Augen strömte das Fluidum der *mana*.
Die Bedeutung des Kultes scheint also ganz klar: Die Statuen der Osterinsel sind nichts anderes als Darstellungen jener *mana*-gewaltigen Vogelmenschen. Der Pukao symbolisiert den Korb mit dem Ei, den der Schwimmer auf dem Kopf trug, nachdem er das Nest der Seeschwalbe aufgestöbert hatte.

Eine Geschichte von Astronauten

Wenn man sich mit dem Studium von Mythologien befaßt, darf man eine Hauptregel niemals außer acht lassen: Jede Überlieferung, jeder Bericht, jede Philosophie, alles, was in irgendeiner Form weitergegeben wird, ist nach einigen Jahrhunderten oder Jahrtausenden verfälscht und entstellt. Die Engel der Bibel waren keine Engel. Die göttlichen Könige oder Vogelkönige der ersten ägyptischen Dynastien waren keine Falken. Quet-

zalcoatl in Mexiko war kein Schlangenvogel. Die Götter mit Hörnern und Flügeln oder auf Schlangen – wie sie in den Mythologien des Vorderen Orients dargestellt werden – waren keine göttlichen Wesen.
Die Macht dieser Götter, Engel oder göttlichen Wesen hatte nichts Magisches an sich. Sie waren Menschen, ihre Macht bestand in ihrer Intelligenz, im Besitz eines Wissens, das dem ihrer Zeit weit überlegen war und daher als übernatürlich angesehen wurde.
Alles wird auf einmal überzeugend vernünftig und logisch, wenn man diese fliegenden Menschen zu dem macht, was sie waren: Piloten, oder besser gesagt Astronauten. Doch leider ist der Mensch nun einmal so, daß er sich selbst im Zeitalter, da die ersten Erdenmenschen den Mond betreten haben, schämt, eine solche Hypothese vorzubringen.
Konservativ bis rückständig wartet man noch auf die Kolonisierung von Mars und Venus. Erst dann wird man sagen: Wir haben niemals an fliegende Menschen, an Falken- oder Stiergötter geglaubt, auch nicht an die biblischen Engel, an die Wolken und die fliegenden Schlangen oder Drachen. Es waren natürlich Astronauten, Interplanetarreisende wie Sie und ich. Die Erde ist von Initiatoren, von Menschen mit höherer Intelligenz aufgesucht worden . . .
In nicht allzu ferner Zukunft wird das der Mann auf der Straße sagen. Warum soll dann nicht gleich jetzt festgestellt werden, daß die *mana* nur eine hübsche Legende, die Macht der Statuen nicht sehr schrecklich und der Mythos vom Vogelmenschen auf der Osterinsel eine verfälschte Überlieferung ist? Diese Überlieferung gründet sich meiner Meinung nach wie überall auf der Welt auf eine sehr alte Tatsache: die Ankunft von Initiatoren mit erstaunlichen wissenschaftlichen Kenntnissen, die vom Himmel heruntergekommen, das heißt Flugzeugen oder Raketen, sagen wir ganz allgemein Flugkörpern, entstiegen waren. Und diese Fremdlinge stammten wahrscheinlich vom selben Planeten wie die fliegenden Menschen, die in Amerika, Asien und Europa aufgetaucht waren.

Der Krieg der Idole

Es dürfte feststehen, daß der Kult des Vogelmenschen, der das Schwalbenei sucht, relativ jungen Datums ist. Die Mode oder der Ritus des *pukao* dürfte wohl aus derselben, schwer bestimmbaren Zeit stammen: Vielleicht trugen nicht alle Statuen solche steinernen Hüte, denn man hat nur 53 Stück davon gefunden.
Auf Grund der Überlieferungen und der Berichte der ersten Entdecker (die Osterinsel wurde von dem Holländer Roggeween am 6. April 1722

entdeckt) kann man die Geschichte der Insel bis in das Jahr 1680 rekonstruieren.
Zu dieser Zeit betrug – so nimmt man an – die Einwohnerzahl der Osterinsel zwischen 15 000 und 18 000, was für eine so kleine Insel eindeutig zu viel war. Die Folge davon muß ein systematisches Abroden der Bäume, Hungersnot, Wasserknappheit und Mangel an Weideland gewesen sein. Die Eingeborenen, Opfer der Übervölkerung, kämpften stammweise gegeneinander und rotteten einander fast vollkommen aus. Ein Lager wollte das andere um den Einfluß der *mana* bringen, riß deshalb zunächst die Hüte von den feindlichen Statuen und warf dann die Statuen selbst um. Der Gegenschlag ließ nicht lange auf sich warten.
Schließlich wurden die Bewohner der Osterinsel zu Kannibalen, um übernatürliche Kraft und Macht zu erlangen: Sie aßen, wie es auch manche Volksstämme in Neuguinea und selbst in Afrika noch tun, das Herz, das Gehirn und die männlichen Organe ihrer Opfer. Dieser sinnlose Kampf, der als »Krieg der Idole« bezeichnet wurde, dauerte bis zur Landung der Weißen im Jahre 1862.
Die Idole wurden also fast alle mit dem Gesicht zur Erde umgestürzt, bis auf wenige, die man noch am Fuße des Vulkans sehen kann. Die Arbeit wurde abrupt unterbrochen, und 80 Moais, die gerade aus dem Felsen gehauen wurden, blieben unvollendet.
Einem anderen Bericht zufolge hätten sich die Einwohner der Osterinsel gegen ihre Idole aufgelehnt, oder aber ihre allzu große Macht gefürchtet. Beides klingt recht unwahrscheinlich.
Die Toten, in früheren Zeiten verbrannt, wurden während des Krieges in den Gruben der entwurzelten Statuen begraben. Man hat auf der Insel an die 300 *ahu* gezählt, auf denen Altäre und Moai-Statuen gestanden waren.
Meine Hypothese verbindet durch die behauptete Einmischung von außerirdischen Wesen die Geschichte der Osterinsel mit den anderen Mythologien der Erde. Gleichzeitig läßt sie aber die Möglichkeit der Kolonisation der Insel durch peruanische Seefahrer aus der Vorinkazeit offen, wie sie von Thor Heyerdahl angenommen wird. Mit der gleichen Berechtigung meinen gewisse fortschrittliche Archäologen, daß die Osterinsel vor der Sintflut eine Dependance des Kontinents Mu war.

11. Falsche und echte Eingeweihte

Initiation kommt vom lateinischen *initiare* und *initium* = Beginn, Anfang. Wäre demnach der Eingeweihte derjenige, der den »Anfang« kennt, und muß man darunter die Entstehung aller Dinge, die Schöpfung des Universums verstehen? Ich kann es nicht glauben. Die göttliche Intelligenz, Gott, weiß, wenn er ein Bewußtsein hat, ob und wie das Universum erschaffen worden ist. Aber der Mensch, selbst der Wissenschaftler, tappt im dunklen. Denn um den Anfang zu kennen, müßte es einen solchen gegeben haben, was bei weitem nicht so sicher ist. Und natürlich ist es unmöglich, den Beginn der Ewigkeit zu kennen.
Initiation wäre dann nichts als ein leeres Wort ohne eigentliche Bedeutung, da Gott allein eingeweiht sein könnte. Was die Menschen betrifft, so können sie nichts als ewig Suchende sein.

Initiation

»Die Freunde der Wahrheit sind jene, die sie suchen, und nicht jene, die sich rühmen, sie gefunden zu haben.« Dieser Ausspruch stammt von Condorcet und ist gleichzeitig die Devise der französischen Freimaurerloge. Ein Eingeweihter ist also derjenige, der beginnt, etwas zu wissen. Das Leben, schrieb der mystische Philosoph Ballanche, ist eine Art Einweihungsprozeß, der im Menschen das intellektuelle und das ethische Wesen bloßlegt. Ich teile diese Ansicht, doch leider nicht jene Leute, die mit dem Wort Einweihung nur Geheimniskrämerei, bedeutungsschwangeres Gewisper und Geflüster von Zauberworten assoziieren, wobei natürlich über Jahrhunderte hinweg großartige Geheimnisse weitergegeben werden, deren Essenz zu genießen der gewöhnliche Sterbliche nicht würdig ist. Als wären die zu Pythagoras' Zeiten bekannten Geheimnisse (die immer intellektueller Natur waren) zu hoch für die Geister des 20. Jahrhunderts! Als hätten nicht bereits die großen Eingeweihten Leukippos, Demokrit und Epikur das Geheimnis des Atoms enthüllt! Aber es dauerte 2500 Jahre, bis hellsichtige Menschen den Sinn dieser Offenbarung verstanden.

Der Eingeweihte ist selten genötigt, aus höherem Wissen ein Geheimnis zu machen: Die sicherste Methode, es in Dunkel zu hüllen, besteht oft darin, es in der Öffentlichkeit zu verbreiten. Wer würdig ist, zu verstehen, nützt jede Gelegenheit, um sein Wissen zu bereichern; die anderen dagegen – es ist die überwiegende Mehrheit – warten ohne Hast oder Neugierde auf die Stunde, da auch sie glauben und verstehen werden.

Verbreitung und Geheimnis

Oft vereiteln die Kräfte des Bösen jede Verbreitung von Geheimwissen. Pater J. Ventura, ein bedeutender Prediger und Theologe, hätte zu Beginn des 19. Jahrhunderts nicht gezögert, Eingeweihte foltern zu lassen, wenn sie von Atomen und Atomismus gesprochen hätten. Die atomistische Urstofflehre wurde einst als grober Materialismus betrachtet. »Es ist Atheismus«, betonte Pater Ventura, was einer Verurteilung zum Scheiterhaufen gleichkam.

Auch heute kann es noch lebensgefährlich sein, gewisse Dinge zu sagen, gewisse Wahrheiten zu verbreiten. Daher muß der Eingeweihte manchmal schweigen. Aber wenn sein Leben nicht in Gefahr ist und die Verbreitung seines Wissens die Gesellschaft nicht gefährdet, hat er die Pflicht, zu jenen zu sprechen, die fähig und würdig sind, die Lehre zu empfangen.

In den meisten Fällen bemüht sich der Eingeweihte nicht um solche Vorsichtsmaßnahmen, denn er weiß gar nicht, daß er ein »Eingeweihter« ist, oder zumindest kümmert es ihn nicht. Das Bewußtsein der Initiation ist so selten, daß nur wenige geistige Lehrer esoterischer Gruppen und einige uns unbekannte Meister wissen, daß sie höhere Kenntnisse besitzen. Diese lehren und vermitteln ihr Wissen nur einem kleinen Kreis. Haben sie dieses Wissen von einem Lehrmeister erhalten? Zum Teil gewiß, aber es ist auch sicher, daß der Eingeweihte nicht nur ein einfaches Bindeglied ist: Den Großteil seiner Kenntnisse muß er durch Arbeit, Erfahrung und Meditation erwerben. Nur um diesen Preis ist er der Weitergabe würdig.

Erweckung der geheimnisvollen Regionen

Da Initiation nun einmal nicht die Kenntnis der Wahrheit ist, kann sie nur die Suche und die Erkämpfung des erlaubten Wissens sein, durch eine Rückkehr zu den Quellen des geistigen Erbes und der Tradition.

Eingeweiht werden heißt, die geheimnisvollen Regionen des Ich erwek-

ken, heißt das innere Erwachen (von manchen wird es *Offenbarung* genannt) auslösen, das uns einen Teil unseres Innersten wiederfinden läßt. Was tut der Einsiedler in seiner Höhle? Er denkt, überlegt, meditiert. Wie? Indem er seine Körpertemperatur erhöht – und so seine Wahrnehmungskraft schärft –, und indem er geheimnisvolle, innere chemische Vorgänge auslöst, von denen einer bekannt ist: Dem Gehirn wird Glykose zugeführt, die auf die Neuronen einwirkt und auf diese Weise stimuliert. Da öffnen sich die verbotenen Pforten einen Spalt breit, und die Gedächtnischromosomen bringen Antworten und Bilder durch das biologische Spiel, das den Einsiedler über lange Glieder von Ahnen mit dem Ältesten der Tage (Gott) verbindet.
So verstanden ist Initiation also die Möglichkeit, in den geheimsten Archiven unseres persönlichen Universums, das mit der äußeren Welt identisch ist, das darin enthaltene totale Wissen wiederzufinden. Der berühmte arabische Philosoph und Arzt Avicenna schrieb im Jahre 1000 unserer Zeitrechnung diesen großartigen Satz: »Du glaubst dich aus dem Nichts und enthältst das Universum.«
Es ist die biologische Bahn, die uns über unsere Gene, unsere Chromosomen und unser ganzes Nervensystem die Erinnerung des totalen Wissens vermittelt, das unsere aufeinanderfolgenden Schöpfer besaßen: Gott, der hermaphroditische Adam princeps, Adam, Eva . . . bis zu unserem Vater und unserer Mutter.

Die Büchse der Pandora

Die Chromosomen-»Bibliothek« des Menschen birgt, um nicht zu sagen verbirgt, fast seine gesamte unbekannte Geschichte, von der »ersten« Erschaffung des Universums bis zum phantastischen Anbruch der zukünftigen Wissenschaft.
Alles ist verschlossen, gefangengehalten in Milliarden von kleinen Büchsen, den Neuronen oder grauen Zellen. Milliarden dieser Büchsen sind bereits geöffnet, und wir kennen ihren Inhalt, aber noch zahlreichere Milliarden bleiben hermetisch verschlossen.
Wehe dem, der sie alle öffnen würde! Das menschliche Nervensystem könnte sich sehr wohl als eine Art Büchse der Pandora erweisen.
Doch der Eingeweihte versucht mit einer vielleicht ketzerischen Neugierde, seine einmal geprägten, aber schlummernden Neuronen zu befragen. Hinter den verbotenen Toren liegt das Wissen. Die Initiation besteht darin, den Anrufmechanismus zum Funktionieren zu bringen: die Tore zu öffnen.

Die Magie verfolgt denselben Zweck; doch während der Eingeweihte bemüht ist, sich der Offenbarung durch seine eigenen Anstrengungen würdig zu erweisen, will der Magier oder Zauberer die Tore gewaltsam öffnen, wie mit einem Brecheisen, durch die Verwendung von halluzinogenen Drogen, Zauberkunststücken und Beschwörungsformeln. Der Eingeweihte und der Magier sind also praktisch zwei Wissende. Der Unterschied liegt nur in den Methoden der Erwerbung und der Art der Verwendung des Wissens.

Der Physiker, der Biologe, der Mathematiker sind Eingeweihte im wahrsten Sinn des Wortes: Sie suchen und können mehr oder weniger gut den *Beginn* (initium) aller Dinge erklären. Sie gehen den äußerlichen Weg: Studium, mündliche Weitergabe, Experimente außerhalb ihres eigenen Körpers.

Die Rosenkreuzer, die bekannten oder unbekannten Lehrmeister sind Eingeweihte, die in stärkerem Maße den inneren Weg beschreiten: Das Studium und die Erforschung konzentrieren sich auf ihr unbekanntes Ich, und sie versuchen, ihre geheimnisvollen inneren Kräfte zu mobilisieren.

Die zauberische Einweihung bezieht sich nur auf untergeordnete Kenntnisse, ohne jemals an die großen Rätsel der Schöpfung und der Weltenordnung zu rühren.

Nach dieser These würde die Initiation in ihrer edelsten Form darin bestehen, den biologischen Komplex der Menschen zu verbessern. Dies meinte Pierre de Ballanche, als er schrieb, daß das Leben in seiner fruchtbarsten Entwicklungsform eine Initiation ist, aus der der Mensch seine kostbarsten intellektuellen und moralischen Quellen schöpfen kann.

Seinen Vater erben

In Australien leben die Bewohner der zentralen Regionen (die Buschmänner) heute noch in der Steinzeit. Dennoch bewahren sie alte Überlieferungen und eine heidnische, daher authentische Philosophie, die zutiefst mit den Naturwahrheiten verbunden ist.

Obwohl sie ihrem irdischen Dasein einen positiven Wert beimessen, betrachten sie es nur als Widerschein einer höheren Existenz, die von ihren Ahnen in den sogenannten »Traumzeiten« bereits gelebt wurde.

Aus diesem früheren Leben schöpfen sie psychische Kräfte unter Verwendung einer Art Talisman, den sie *Tschuranga* nennen. Die Tschuranga ist eine mit Zeichnungen bedeckte Zaubertafel aus Holz oder Stein, die sie nie verlieren dürfen, da sie sonst im Jenseits sterben würden.

Wenn der australische Buschmann seine Behausung auf längere Zeit verläßt, versteckt er seine kostbare Tschuranga sorgfältig. Würde sich ein Feind ihrer bemächtigen, bekäme er damit Gewalt über die Seele ihres Besitzers.
Der Buschmann steigert seine potentielle Energie durch diese Art Double, das ihn mit den großen Vorfahren der »Traumzeit« verbindet. Wenn er vom bewußten Stadium in jenes des Traums übergeht, sieht er die Zeit Gottes und erlebt eine Art Rückkehr zur Materie, eine umgekehrte Reinkarnation. Das Stadium des Bewußtseins ist jenes des Nichtwissens; daher muß man immer wachsam auf die Stimmen, die Ratschläge und Warnungen der Ahnen lauschen, auf die Hinweise der Natur selbst.
Nach diesem Glauben ist der Eingeweihte ein Mensch, der weiß, daß er nicht zum Nichts verdammt ist, sondern einer Verbindung, einer echten Kommunion mit dem Universum und dem universalen Leben entgegengeht. Wenn er versagt, wird sich alles auflösen, denn jeder Mensch enthält den Makrokosmos als Mikrokosmos in sich selbst.
Der Buschmann glaubt auch, daß er nicht von seinem Vater (die Seele, den Geist und die physischen Eigenschaften), sondern seinen Vater erben soll, das heißt die väterliche Existenz als solche auf dieser irdischen Welt fortsetzen. Diese Philosophie, dieser Glaube der australischen Eingeborenen steht meinen eigenen Thesen über die Initiation und die Gedächtnischromosomen sehr nahe, aber auch der Philosophie, die von der hohen wissenschaftlichen Lehre ausgeht.

Das dritte Auge

In der Geheimwissenschaft ist das dritte Auge – man stellt es sich in der Mitte der Stirn vor – ein geheimnisvolles Organ, das alles wahrnehmen kann, was für unsere groben Sinne zu subtil ist. Es ist auch das Auge der Phantasie und des Traums, denn es ist nach innen gerichtet und scheint unsere Innenwelt zu regieren.
Für den Biologen ist das dritte Auge die Zirbeldrüse oder Epiphyse. Sie ist ungefähr haselnußgroß, liegt mitten im Gehirn und scheint keine bestimmte Aufgabe zu haben, da sie mit fortschreitendem Erwachsenwerden verkalkt. Bei manchen Tieren (zum Beispiel bei den Neunaugen, den Reptilien und Eidechsen) liegt die Epiphyse sehr nahe bei der Stirn unmittelbar unter der Haut und nimmt beinahe die Struktur eines dritten Auges an. Aber die Netzhaut ist im Vergleich zur normalen nach innen gewendet. Es ist möglich, daß die Epiphyse einen unbekannten Sinn steuert, der eng mit dem Instinkt verwandt sein dürfte.

Je mehr die Wirbeltiere die Stufenleiter der Evolution hinaufklettern, desto mehr wird dieses Auge zu einer Drüse und verliert auch die Nervenfasern, die es mit dem Gehirn verbanden. Dagegen nimmt die Zahl der Nervenstränge des sympathischen Systems in der Epiphyse immer mehr zu, insbesondere vom oberen Gehirnganglion her, das seine Reizungen vom Auge erhält.
Die Epiphyse erzeugt eine Hormonsubstanz, die auf die Geschlechtsdrüsen wirkt und das sexuelle Verlangen zu bremsen scheint. Dies mag der Grund dafür sein, daß sich der mit dem dritten Auge ausgestattete Eingeweihte von den körperlichen Freuden zugunsten verstärkter geistiger Übungen löst.
Die Tatsache, daß die Epiphyse mit zunehmendem Alter ihre Eigenschaften eines nach innen gerichteten Auges verliert, läßt annehmen, daß das Kind physiologisch besser ausgestattet ist als der Erwachsene, um die Offenbarungen des Okkulten wahrzunehmen, ja sogar um ein Medium oder Seher zu sein.
Beim Erwachsenen spielt das Sehen mit den beiden äußerlichen Augen eine bedeutende Rolle. In Verbindung mit der Intelligenz schafft es immer mehr Möglichkeiten, den Instinkt und die untergeordneten Sinne zu ersetzen.
Im sozialen System, das er aufgebaut hat, wird der Instinkt des Menschen mehr und mehr zurückgedrängt. So schützt ihn die Polizei vor Angriffen, und in seiner Nahrung ist alles ausgewählt, begutachtet, gewogen und analysiert, damit er nur ja keiner Gefahr ausgesetzt ist. Auch sein Geruchssinn, der in vorgeschichtlichen Zeiten so wichtig war, verkümmert immer mehr. Aus reinem Dilettantismus liebt er den Geruch der Blumen. Wenn der Mensch den Geschmackssinn noch erhalten hat, so nur, weil er sich davon materielle Genüsse verspricht. Es ist zu befürchten, daß in der zukünftigen Gesellschaft die Sinne immer mehr verkümmern und durch ein Schutz- und Verteidigungssystem ersetzt werden, das der Intellekt geschaffen hat. Der Mensch ist auf dem Wege, ein durch und durch intelligentes Wesen zu werden.
Sobald unser Instinkt keine Existenzberechtigung mehr hat, wird er verkümmern und gänzlich verschwinden, wie die Funktionen des dritten Auges und des Blinddarms. Was wird dann aber aus der Initiation? Wird sie dann keinen Berührungspunkt mehr haben mit der Sensibilität, mit der Wahrnehmung? Es wäre nur logisch, und es besteht Grund zu glauben, daß die Entwicklung in dieser Richtung vor sich gehen wird: von den Sinnen zur Intelligenz, von der flüchtigen Wahrnehmung zum klaren Verständnis.
Dennoch steht fest, daß es keinem Menschen – auch nicht dem Einge-

weihten – bestimmt ist, alles zu wissen. Es wird also immer etwas zu erraten und wahrzunehmen geben, und wenn die Menschen nicht mehr ihre sensorischen und instinktiven Fähigkeiten haben, werden sie wohl eine Superintelligenz gebrauchen müssen.
Wenn diese Hypothese stimmt, müßte die Hauptaufgabe des Eingeweihten darin bestehen, seine geistigen Funktionen zu trainieren. Dies dachte schon Moses, als er die Hebräer zwang, alles im Gedächtnis zu behalten, und die großen Rabbiner der Synedrien waren der Meinung, daß Unwissenheit eine Beleidigung Gottes ist.

Die Braga-Schale

Um die Schwäche der Sinne und den Verlust des dritten Auges wettzumachen, greift der Mensch zu Drogen. Schon in alter Zeit stellten die sibirischen Schamanen das *braga* her, eine Art Roggenbier, in dem man Fliegenpilze ziehen ließ. Es ist dies eines der ältesten bekannten halluzinogenen Getränke, da es auf den Sohn Odins zurückgeht: Braga, den Gott der Dichtkunst, der Redegewandtheit und der Weisheit bei den alten Völkern des Nordens. In der nordischen Mythologie war Braga Apollo. In seine Zunge waren Runenzeichen graviert, und nie konnte ein böses Wort über seine Lippen kommen. Er war der Typus des Eingeweihten.
Er war von Odin beauftragt, die in Walhalla eintretenden Helden mit folgendem Gruß zu empfangen: »Genießt den ewigen Frieden und trinket den Met (Nektar) mit den Göttern!«
Die Braga-Schale oder *Bragarfull* war ein Gefäß mit Met oder halluzinogenem Bier, das jeder nordische König bei seiner Thronbesteigung leerte und dabei ein feierliches Gelübde tat.
Aus der Bragarfull wurde auch anläßlich bestimmter Feierlichkeiten, während der Opferzeremonien oder zum Gedächtnis jener, die im Kampf gefallen waren, getrunken. Die Schale kreiste unter allen Anwesenden, und jeder mußte – von den Drogen erleuchtet – dem Verstorbenen einen Lobgesang sprechen oder singen.

Das Gedächtnis der Materie

Ich habe schon früher davon gesprochen, daß »Gespenster« mit wissenschaftlichen Methoden »erzeugt« werden, wobei sonderbare Phänomene und die Parallelwelten eine Rolle spielen.
In wissenschaftlichen Kreisen jenseits des Eisernen Vorhangs wird nun

eine andere Hypothese entwickelt, die mit dem geheimnisvoll-unbekannten Bereich besser in Einklang steht.
Sie alle haben schon von okkulten Zusammenkünften, von Medien, Gespenstern und Botschaften aus dem Jenseits gehört. Nun, die Physiker sind jetzt geneigt, an derartige Gespenster und Geschehnisse zu glauben. Sowjetische Wissenschaftler sind überzeugt, daß sich jede elektromagnetische Äußerung unter günstigen Umständen fixieren läßt und wie auf einem Ferritband festgehalten werden kann. Aufnahmegeräte können hierbei die verschiedenartigsten Gegenstände sein: ein Nagel aus magnetischem Eisen, Federn oder ein Vogelnest, Baumblätter oder ein Material aus eisenhaltigem Stein.
Über die Molekularstruktur der sogenannten toten Materie ist nur wenig bekannt, und es ist durchaus möglich, daß sie sich wie ein Ferrit verhält und unter bestimmten natürlichen Umständen wiedergeben kann, was sie »aufgenommen« hat. Ein Medium würde in diesem Sinne nur die Rolle eines Transistors spielen.
In diesem Zusammenhang fällt mir die Legende von König Midas ein, die mit einer solchen Klangwiedergabe verbunden zu sein scheint: Der Barbier des Königs war es überdrüssig, einen Mann mit Eselsohren zu rasieren. Um sich von der Last seines Geheimnisses zu befreien, lief er an einen abgelegenen Ort, grub ein Loch, beugte sich sehr tief hinunter und sagte der Erde: »König Midas hat Eselsohren . . . König Midas hat Eselsohren.« Dann verschloß er das Loch sorgfältig. Im Jahr darauf war Schilf über der Stelle gewachsen, und wenn es der Wind sachte bewegte, hörte man es leise flüstern: »König Midas hat Eselsohren . . . König Midas hat Eselsohren . . .«
Bei einem außergewöhnlichen Ereignis, oder wenn ein Mensch große Angst oder schweres Leid empfindet, können die Gefühle zu einer außergewöhnlich starken Ausstrahlung von elektromagnetischen Wellen führen. Die meisten verlieren sich in der Umgebung, während andere von Empfängern festgehalten werden. Spricht man diese auf bestimmte Weise an, geben sie die Wellenkette wieder, die sich fast immer in Licht oder Ton ausdrückt.
Eine noch phantastischere Hypothese spricht der Materie, jedem Gegenstand, ein persönliches magnetisches Gedächtnis zu, ähnlich den Gedächtnischromosomen. Die »Geister von Hiroshima« dagegen sind keine Hypothese, sondern ein Faktum, für das sich 100 000 Zeugen verbürgen könnten.

Die Geister von Hiroshima

Meine Korrespondentin Denise Larroque aus Nouméa erzählte mir von einer phantastischen Vision wenige Monate nach der atomaren Vernichtung der Stadt. Die Information stammte von einem authentischen Zeugen, Herrn G., einem Schweizer Botschaftsangehörigen, der sich 40 km vom Epizentrum befand, als die Atombombe explodierte, und einige Zeit später an radioaktiver Vergiftung starb.

»An manchen Abenden«, berichtet Denise Larroque, »während die Stadt im Halbdunkel lag, tauchte das Bild der zerstörten Brücken mit ihren Passanten und Autos, dem ganzen gewohnten Leben über dem Fluß auf. Es war wie die Filmprojektion einer nur zwei Monate alten Vergangenheit, und die Bevölkerung, die die Katastrophe überlebt hatte, war darüber sehr erschreckt.

Die Mitglieder der Schweizer Botschaft glaubten, durch die Wirkung der Strahlungen verrückt geworden zu sein. Herr G. erzählte meinem Mann und mir, daß sich das Phänomen nur dann ereignete, wenn bestimmte atmosphärische Verhältnisse herrschten. Aber natürlich konnte sie niemand voraussagen.«

War es eine Wiederkehr der Zeit, waren es Wunschbilder oder kollektive Halluzinationen? Ich kann es nicht sagen, aber es ist nicht ausgeschlossen, daß eines Tages das Schwert eines römischen Soldaten, die Reliquie eines Heiligen oder die Standarte der Jeanne d'Arc ihre merkwürdigen Erinnerungen preisgeben werden, wenn es den Biologen oder Physikern gelungen sein wird, diese Chromosomengedächtnisse zu wecken und ihre Botschaft zu entziffern.

Die Rache der heiligen Eiche

In Zusammenhang mit der angeblich leblosen Materie möchte ich eine alte Geschichte erzählen, der die Germanen großen Glauben schenkten. Man weiß, mit welcher Wut die Christen alle Spuren der keltischen Kultur zerstörten. So haben sie in der Bretagne Kreuze auf den Dolmen errichtet, Kirchen über den Tumuli, und die heiligen Bäume der Druiden der Heiligen Jungfrau geweiht.

Zwischen 1351 und 1355 befahl der Großmeister der Kreuzritter in Ro-

Abbildung 42: Misteleiche. Es ist das einzige in Frankreich bekannte Exemplar. Der Mistelbusch ist auf dem rechten Stamm oben deutlich zu erkennen. Es ist eine Zwillingseiche.

muva (Preußen) auf Ersuchen des Bischofs Johannes I., eine ehrwürdige Eiche zu fällen, unter der sich die Litauer zum Gebet versammelten. Der christliche Chronist Simon Gruna versichert, daß diese Eiche Sommer und Winter grüne Blätter trug »durch den Einfluß der Dämonen«, wie er sagt.

Im Jahre 1258 ordnete Bischof Anselm in Sventamiestis das Fällen einer anderen heiligen Eiche an. Die Axt verletzte den Mann, der den Befehl ausführen wollte, tödlich: Die Bevölkerung sah darin die Strafe der alten keltischen Götter. Daraufhin griff der Bischof selbst zur Axt, konnte jedoch nur ein wenig Rinde abkratzen. Rasend vor Zorn mußte er den heiligen Baum verbrennen, dem trotz Unterstützung durch Gott, Christus und den heiligen Michael das Eisen nichts anhaben konnte. Der geistliche Herr bezahlte diese Freveltat mit dem Leben: Er starb im darauffolgenden Jahr an einer geheimnisvollen Krankheit.

Wunder im Wald von Brocéliande

Die Eichen im keltischen Wald hatten die besondere Eigenschaft, daß auf ihren Zweigen die heilige Mistel wuchs, welche die Druiden in feierlicher Zeremonie an einem bestimmten Tag mit der Sichel abschnitten.

Heutzutage sind aus einem unerklärlichen Grund die Eichen mit Misteln äußerst selten geworden. Trotz intensiven Suchens konnte ich nicht einmal im Wald von Brocéliande ein Exemplar finden und wollte es schon aufgeben, als mir mein Freund Henri Touron fast durch Zufall erzählte, daß sich eine solche Eiche auf seinem Besitz im Wald von Jollandrie, Gemeinde Asnois, 7 Kilometer von Charroux (Dep. Vienne) befindet. Vielleicht ist dies die einzige Misteleiche in Frankreich, denn ich hatte vergebens in ganz Mittelfrankreich gesucht, auf offenbar veraltete Angaben der Wasser- und Forstverwaltung bauend.

Die Eiche von Jollandrie ist eine Zwillingseiche, und ihr Mistelbusch sprießt in einer Höhe von etwa 18 Meter. Er hat einen Durchmesser von gut ein Meter fünfzig.

Nun, die Druiden halten heute keine Zeremonien mehr unter Eichen ab. Trotzdem sind sie nach Meinung meines Freundes E. Coarer-Kalondan aus Nantes noch immer Bewahrer bedeutender Geheimnisse. So können sie zum Beispiel nach Wunsch Regen herbeirufen, indem sie die magischen Eigenschaften von »Merlins Wasserstaffel« ausnützen. Das ist ein großer Stein, der sich beim Brunnen von Baranton im Wald von Paimpont befindet. Bei dieser wunderbaren Quelle begegneten sich die Fee Viviane und der Zauberer Merlin.

E. Coarer-Kalondan, der selbst Druide ist, hat mir über diesen Staffel folgendes geschrieben: »Ich bedaure, daß ich wegen des schlechten Zustands meiner Beine den dreiviertel Stunden langen Weg über Schlammlöcher und Unkraut nicht mehr zurücklegen kann, da ich Sie sonst eingeladen hätte, mich zu diesem außergewöhnlichen Brunnen zu begleiten. Ich hätte Ihnen in diesem Fall empfohlen, einen guten Regenmantel mitzunehmen, und an Ort und Stelle hätte ich *Merlins Staffel* gemäß dem Brauch mit Wasser besprengt. Noch vor Ablauf einer halben Stunde wäre eine Sintflut auf uns niedergegangen.
Meine Freunde und ich haben schon viermal in Zeiten großer Trockenheit den Wald vor Großbränden gerettet, indem wir auf die vorgeschriebene Weise verfuhren.
Meine Aussage zu dem Thema ist kategorisch. Ich habe persönlich den Ritus durchgeführt, gebe jedoch zu, weder den Vorgang selbst noch die ihn bestimmenden physikalischen Gesetze zu verstehen.«

Astrologie

Die Wissenschaftler revidieren ihr Urteil über die Astrologie, seit die Botaniker die entscheidende Wirkung der Mikroelemente auf Wachstum oder Entartung der Pflanzen festgestellt haben. Unendlich geringe Dosen von Spurenelementen können dem Getreide neues Leben geben, das an Bor, Jod, Phosphor oder anderen wichtigen Stoffen Mangel leidet.
In gleicher Weise kann das Leben des Menschen durch elektromagnetische Einflüsse ähnlicher Art entscheidend verändert werden.
Ebenso glaubt man, daß die Sterne eine gute oder schlechte Wirkung auf die Psychologie und Physiologie eines Neugeborenen haben können, da dieses sich in einem außergewöhnlich empfänglichen Stadium befindet. Es bleibt natürlich die Schwierigkeit, zwischen günstigen und negativen Einflüssen zu unterscheiden.
Das Problem wird noch komplizierter, wenn man die Erdströme und die Ausstrahlungen der Umgebung in Betracht zieht, die nur in sehr geringen Mengen vorhanden sind. Mein Freund, der Astrologe Philippe Vidal, vertritt zu diesem Thema einen interessanten Standpunkt:
»Wenn der Einfluß der Sterne«, schreibt er, »dessen Orientierungskraft man kennt, für eine große Mehrheit von Menschen, die ich die *Sterblichen* nennen möchte, unvermeidbar ist, so scheint es, daß dies für eine kleine Minderheit nur in geringem Maße oder gar nicht gilt, und die möchte ich die *Unsterblichen* nennen, da sie eine höhere Entwicklungsstufe erreicht haben.

Dies erklärt auch die Irrtümer in der Astrologie und die verschiedenen Aussagen der Astrologen. Das Geheimnis liegt nicht im kapriziösen Einfluß der Sterne, sondern in der verschiedenen Aufnahmefähigkeit des einzelnen Individuums.
Es wäre angebracht, mit Hilfe komplizierter Daten den Entwicklungsgrad jener zu bestimmen, für die man eine Prognose stellt.«
Dieselbe Meinung – nur weniger kompliziert ausgedrückt – wird von den Physikern des Instituts von Florenz vertreten: Für sie hat die Himmelsmechanik eine eindeutige Wirkung auf alle lebenden Organismen.

12. Reinkarnation und Parallelwelten

Unter Reinkarnation versteht man den Übergang der Seele aus dem Körper eines Verstorbenen in den eines Neugeborenen. Diese Seelenwanderung kann verschiedenartig vor sich gehen. War das Leben eines Menschen »gut«, geht seine Seele in einen edlen Körper über und wird nur wenige Reinkarnationen erleben, bevor sie in den Himmel Gottes oder in das Stadium der Vollkommenheit gelangt.
Andernfalls muß sie Bußen erleiden, sich in Warten verzehren und einen langen Kreislauf von reinigenden Wanderungen hinter sich bringen: Das Gesetz des *karma* verlangt, daß jede Sünde in einem späteren Leben gesühnt werden muß. Das Karma ist das Gewicht unserer eigenen Sünden, aber auch die Schuld unserer Vorfahren, was wieder ein Beweis dafür wäre, daß sie sich in uns neu verkörpern.
Die Reinkarnationslehre hat mehrere Varianten: die Palingenese = Wiedergeburtslehre, die Metasomatose und vor allem die Metempsychose (vom griech. *metempsukôsis* = Seelenwanderung), die als Theorie bis in die Urzeiten der Welt zurückreicht.

Ägypter und Griechen glaubten nicht an Reinkarnation

Der Spiritismus gründet sich auf die Existenz von Geistern und die Realität der Erscheinungen, durch die sie sich den Lebenden zu erkennen geben. Er nützt die Sühne der noch nicht reinkarnierten Seelen für seine Zwecke, ob diese Seelen nun im Jenseits warten oder ihren ständigen Aufenthalt dort haben.
Früher nannte man die Reinkarnation *Metempsychose.* Nach Herodot soll sie in Ägypten entstanden sein:
»Die Ägypter sind auch die ersten, die von der Unsterblichkeit der menschlichen Seele gesprochen haben. Zum Zeitpunkt des körperlichen Todes geht die Seele in ein anderes Lebewesen über, das in diesem Augenblick geboren wird.
Wenn sie durch alle Kreaturen der Erde, des Meeres und der Lüfte die Runde gemacht hat, tritt sie neuerlich in einen menschlichen Körper im

Augenblick seiner Geburt ein. Sie legt diese Reise in einem Zyklus von 3000 Jahren zurück.«

Diese Theorie hat meiner Meinung nach nichts mit der Reinkarnation der Spiritisten und Spiritualisten gemeinsam, denn sie umfaßt ausdrücklich alle Bereiche der Natur. Dies bedeutet mit anderen Worten, daß das Lebensprinzip aller Dinge für einen neuen Zyklus zur Totalität des Universums zurückkehrt, und daß nach einem Weltuntergang (Explosion und Neustrukturierung des Universums) dieses Lebensprinzip wieder einen menschlichen Körper beseelt.

Pythagoras erfuhr anläßlich seines Ägyptenaufenthalts von dieser Theorie, die eigentlich eine Kosmogenese ist. Er brachte sie nach Griechenland. Dort wurde sie nicht immer richtig interpretiert.

Pythagoras läßt in diesem Punkt keinen Zweifel zu: In seiner Lehre durchdringen die Seelen (und er meinte damit keineswegs eine unkörperliche Substanz) die Natur in ihrer Gesamtheit, also sowohl die sogenannte leblose Materie (Sand, Steine, Erde) als auch die Pflanzen, Tiere und Menschen.

Der Meister kann sich nicht geirrt haben. Die Metempsychose der Pythagoräer wiederholt sich unendlich, ohne Ordnung, ohne ersichtlichen Zweck und ohne feste Regel. Es ist das Spiel des universalen Lebens nach dem Gesetz des Zufalls. Diese These wird auch von Professor Jacques Monod vertreten.

Die Epikuräer mißverstanden diese Theorie und bekämpften sie heftig. Sie wandten ein (nicht ganz ohne Grund, sagen die Enzyklopädisten), daß wir uns an ein vorhergegangenes Leben erinnern würden, wenn wir ein solches gehabt hätten. Als weiteres Argument führten sie auch den unverändert gleichbleibenden Charakter der Tiere ins Treffen. Löwen – sagten sie – sind immer mutig, Hirsche immer scheu, was nicht möglich wäre, wenn die Seele eines Hirschs in den Körper eines Löwen schlüpfen könnte.

Hier scherzt Plato!

Auch Plato verstand nicht den wahren Sinn der Lehre. Er nennt acht Perioden der Seelenwanderung, in denen sich sein ausgeprägtes Klassenbewußtsein äußert:

1. Die vollkommene Seele tritt in den Körper eines Philosophen oder Weisen ein.
2. Auf niedrigerer Ebene belebt sie den Körper eines Königs oder adeligen Prinzen (hier wird Plato schon unseriös).

3. Sie geht weiter über in den Körper eines hohen Beamten oder Oberhauptes einer mächtigen Familie (immer das Prinzip der Aristokratie: Eine kleine Familie hätte es nicht getan!).
4. In den Körper eines Arztes.
5. Eines Mannes, dessen Aufgabe die Erfüllung des Götterkults ist.
6. Eines Dichters.
7. Eines Handwerkers oder Bauern.
8. In den Körper eines Sophisten und schließlich in jenen eines Tyrannen.

An diesem Scherz – die Sophisten waren seine persönlichen Feinde – erkennt man, daß Plato die Sache nicht ernst meint und dem Glauben an die Reinkarnation nicht beipflichtet.

Seelen im Fegefeuer

Wenn die Reinkarnation sowohl mit der Fortpflanzung als auch mit der Weitergabe des Erbgutes zusammenhängt, wenn also die Seele eines Verstorbenen unmittelbar in einen anderen Körper übergeht, was geschieht dann mit der persönlichen Seele des neuen Wesens?
Wenn die Seele des Verstorbenen irgendwo wartet – aber warum soll sie warten, wenn doch nach dem Begriff der Reinkarnation das Ziel des Lebens die Verfeinerung der psychischen Eigenschaften bis zur Identifizierung mit Gott ist, wenn also die Seele irgendwo wartet, dann fragt man sich, wo das wohl sein mag!
Bei Dante steigt die Seele nach dem Tod ins Fegefeuer hinab, dann zum himmlischen Reich auf, kommt wieder auf die Erde, um sich zu reinkarnieren, oder sagen wir lieber, um einen Körper zu bewohnen wie der Kuckuck, der sein Ei in ein fremdes Nest legt.

Die Reinkarnation ist kanonisch nicht gültig

Die meisten Religionen glauben an die Reinkarnation, mit Ausnahme des Christentums, der hebräischen Religion und des Islams.
In den ersten heiligen Texten der Hebräer wird sie gar nicht erwähnt; außerdem glaubten die Juden nicht an die Unsterblichkeit der Seele, genausowenig wie an eine frühere Existenz.
Während ihres Aufenthalts in Babylon wurden die hebräischen Theologen mit dem Gedankengut der Chaldäer vertraut und flochten schließlich die Seelenwanderung in ihren Volksglauben ein.

Die Pharisäer lehrten das Dogma von aufeinanderfolgenden Existenzen. Jesus galt zu Lebzeiten nicht als Sohn Gottes, Josephs oder Mariä, sondern als eine Reinkarnation von Johannes dem Täufer, Elias oder Jeremias. Von den Hebräern erzogen, übernahm Jesus auch ihren Glauben. Im Matthäus-Evangelium liest man (Kap. II, Vers 11 und 14): »Wahrlich ich sage euch: Unter allen, die von Weibern geboren sind, ist nicht aufgekommen, der größer sei denn Johannes der Täufer . . . Und er ist Elia, der da soll zukünftig sein.«

Die Soziologen meinen, daß die Reinkarnationslehre für die jämmerliche Situation in Indien verantwortlich ist, für den Rückstand dieses Landes inmitten des kulturellen Aufstiegs der Welt, für Hunger, Elend und Armut.

Bleibt die Frage, wie man Reinkarnation definieren soll. Im indischen *Bhagavad-Gîtâ* ist es der Weg der geistigen Reinigung, der mit dem Einswerden mit Gott endet. Man liest darin (Vers 2–22 und 2–27): »Wie ein Mensch, der seine alten Kleider abwirft und neue anzieht, so wirft der Bewohner des Körpers den abgenützten Körper ab und tritt in einen neuen ein . . . Denn gewiß ist der Tod dessen, der geboren wurde, und gewiß ist die Geburt dessen, der gestorben ist. Daher soll man nicht über das Unvermeidbare klagen.«

Der Koran ist nuancenreicher und läßt mehrere Interpretationen zu: »Gott zeugt die Lebewesen, und sie kehren ohne Unterlaß zurück, bis sie sich mit ihm vereinigen.« Dies bedeutet eine ständige Vermengung des Lebens, aller Leben, in Hinblick auf eine allgemeine Erhöhung, denn Mohammed verbannt die Reinkarnation aus seiner Lehre.

Auch die Biologen sagen nein

Wenn nach der Reinkarnationslehre eine in Askese befindliche Seele in den Körper eines neugeborenen Kindes eintreten kann, was wird dann aus der Seele des seines Ichs beraubten Kindes? Denn es hat eine Seele, die mit der Materie seines Körpers verbunden ist. Es hat eine eigene Persönlichkeit, die bereits im genetischen Code programmiert ist, wie er ihm von seinen Eltern in den Gedächtnischromosomen verliehen wurde, in denen das Erbgut aufgezeichnet ist.

Im Rahmen der Entwicklung ist es vorhersehbar, daß die Biologen in naher Zukunft in der Lage sein werden, die Gene zu manipulieren, Dummheit, Kriminalität, Bosheit, Egoismus, Angst etc. abzustellen.

Die Chemiker sind bereits in der Lage, durch den Einsatz von Drogen, Gasen oder elektrischen Impulsen einen Draufgänger in einen Hasenfuß

und einen Feigling in einen Kriegshelden zu verwandeln. Es ist für niemanden ein Geheimnis mehr, daß gewisse Beruhigungsmittel die Menschen vollkommen verändern.
Werden wir eines Tages erleben, daß sich ein böser Mensch im Körper eines Wesens reinkarniert, den die Ärzte künstlich sanft und gut gemacht haben?
In Paris, Berlin, London und New York können bereits Tausende Menschen unter der Wirkung von Beruhigungspillen ein ehrenhaftes Leben führen, während sie ohne die Hilfe des behandelnden Arztes asozial, jähzornig und gefährlich wären. Hat der Wissenschaftler die Stelle Gottes eingenommen? Hat er die Absichten Gottes umgangen? Ist er mächtiger als Gott? Sicher nicht, wenn er ein Teil von Gott selbst ist.
Doch all diese Hypothesen widerlegen die Theorie der Reinkarnation, wie sie gewöhnlich verstanden wird, da der Arzt, der Biologe oder der Chemiker die Macht hat, sie zunichte zu machen.

Die Zeit arbeitet gegen das System

Es kommt die Zeit, da das alte kapitalistische System endgültig besiegt sein wird. Die Seele von Onassis oder eines amerikanischen Milliardärs, die normalerweise in den Körper eines armen Teufels übergehen müßte, wird vielleicht in der Gesellschaft der Zukunft keine Armen mehr finden, wenn übermäßiger Reichtum ebenso wie Armut verboten sein wird. Muß man also annehmen, daß sich Onassis eines Tages im Körper eines sowjetischen Metallarbeiters oder eines chinesischen Rotgardisten reinkarnieren wird!
Wenn wir unser *karma* mit uns schleppen, wenn wir von den Seelen Verstorbener bewohnt werden, wozu diese Strafe, diese Prüfung, da doch weder unsere Seele noch unser Körper das geringste Bewußtsein davon haben? Nur wenige Menschen sind heute noch Anhänger dieses Aberglaubens, aber auch sie können sich nicht an ein früheres Leben erinnern. Schließlich würde ein Weltuntergang das Problem ganz schön komplizieren: Tausende von Seelen müßten jahrtausendelang herumirren, bis sie wieder in anderen Körpern ihre Sühne fortsetzen können. Wäre dies nicht ungerecht? Keineswegs, versichern die Spiritualisten! Die Seelen gehen in Körper über, die auf anderen Planeten leben.
Auf jeden Fall müßten nach der Katastrophe die Seelen der Weisen das Privileg haben, sich in den Körpern der Kinder des neuen Zeitalters zu reinkarnieren, was den Aufbruch zu einer idealen Menschheit bedeuten würde. War dies nach der Sintflut der Fall? Sicher nicht, wenn man dazu

die Urgeschichte befragt. Daraus muß man schließen, daß die Reinkarnation, wie sie die Spiritualisten verstehen, nichts als ein Trick ist, der weder in den Tatsachen noch in den Theorien der Biologen seine Bestätigung findet.

Eschatologie für Idealisten

Hingegen scheint beim Tod eines Menschen sein psychischer Besitz zum allgemeinen Nutzen in die vitale Masse des Universums zurückzugelangen.

Für den Weisen ist die Aussicht, sich den minder Begünstigten hinzugeben, ein weit erstrebenswerteres Ziel als die Hoffnung auf eine persönliche Belohnung. Hat nicht Gott selbst sich geopfert, um die Menschheit zum Leben zu erwecken? In allen alten Religionen opfern sich die Götter und geben ihr Blut hin, damit die Menschheit entstehen kann.

Statt ein egoistisches, materialistisches Ziel zu verfolgen, wirkt der Mensch im universalen Rahmen zum Vorteil der weniger Begünstigten, zum Nutzen der Natur: Dies adelt ihn. Indem er sich herabläßt, steigt er hinauf. Gott beugt sich zum Menschen herab, der Mensch zu seinem Bruder, dem Kiesel. Ist dies nicht auch der geheime Sinn der Lehre Buddhas, der sich als Bodhisattva so gerne mit seinem Bruder, dem Sandkorn, identifizierte?

Im 20. Jahrhundert akzeptiert man nur ungern eine Theorie, die aus Zeiten stammt, als die Geheimnisse der Biologie noch ein Buch mit sieben Siegeln waren. Die Phylogenetiker, Physiologen und Biologen akzeptieren das Prinzip der Reinkarnation nur als Phänomen, das die Bestandteile und selbst die psychischen Eigenschaften und elektrischen Kräfte des Menschen in das Reich der Natur übergehen läßt. Wahrscheinlich ist das die Rückkehr zu Gott, die Kommunion mit dem Universum.

Als Essenz, Monade oder reiner Geist benötigt Gott unseren geistigen Beitrag nicht, denn er verfügt darüber in allerhöchstem Maße; aber als Universum, in seinen Erscheinungsformen auf der Ebene des Minerals, der Pflanze und des niederen Tiers, braucht Gott den subtileren, stärker entwickelten und verfeinerten Beitrag der höheren Lebewesen, damit die Entwicklung vor sich gehen, das Niveau der Noosphäre (wie Teilhard de Chardin das Niveau der Reflexion nennt) ständig angehoben werden kann.

Der Glaube an das Fegefeuer und die Hölle geht vom idealistischen Konzept der Belohnung für den Gerechten, der Strafe für den Bösen und vielleicht noch mehr vom reinen Selbsterhaltungstrieb aus.
Dieses System setzt das Vorhandensein einer himmlischen Schnellabfertigung voraus, mit Abstellgleisen und Wartesälen für Seelen in Not. Wahrscheinlich gibt es auch drei Klassen wie in den alten Eisenbahnwaggons: 1. Klasse = Paradies; 2. Klasse = Fegefeuer; 3. Klasse = Hölle. So komplizierte Wege geht nur die menschliche Phantasie, nicht aber die universale oder göttliche Ordnung. Vom Anbeginn der Welt hatten die Schwachen diesen Glauben, oder er wurde von den Eingeweihten verbreitet, um die brutale physische Kraft einzuschränken. Schon damals siegte also der Geist über die Gewalt.
Für einen einfachen Geist scheint es mit der sogenannten Moral unvereinbar, daß der Böse ein Leben voll Schlechtigkeit und Perversion führen kann, ohne unweigerlich von einer göttlichen Gerichtsbarkeit bestraft zu werden. Denn was hätte es sonst für einen Sinn, gut, gerecht und sozial zu sein?
Diese Auffassung ist vom menschlichen Standpunkt wohl verständlich, sie entspricht aber nicht den universalen Gesetzen. Ist etwa Gott gut, wenn er eine Kirche über den Gläubigen einstürzen läßt, wenn er zuläßt, daß der Retter umkommt, während er anderen zu Hilfe eilt? Ist die Natur gut, wenn sie den Weisen vernichtet, dem Neugeborenen einen mißgestalteten Körper gibt, den Brunnen in der Wüste austrocknen läßt? Nach der menschlichen Moral nicht; aber das universelle Gesetz ist unabhängig von dieser Moral und gehorcht einer höheren Logik.
Ein anderes Gefühl erklärt ebenfalls den Glauben an die Reinkarnation: die Angst. Der Gläubige ist aller Kompromisse fähig, nur um sich die Ruhe seines Gewissens zu erkaufen. Oftmals hat er im Leben versagt und sucht Zuflucht bei Thesen, die ihm eine gewisse Selbstbestätigung geben. In der Überzeugung, daß er über ein transzendentes Wissen verfügt, kann er nicht zugeben, daß sein kleines Ich, das nach der Wertskala des täglichen Lebens als unbedeutend gilt, eines Tages verschwinden, vom großen, triumphierenden Magma der Natur aufgesogen werden kann. Die Reaktion ist durchaus menschlich.
Pythagoras, Albert Einstein, Salvador Dali, der Biologe, der Mathematiker, der Arzt, der rechtschaffene Mann, dessen Nachkommenschaft durch eine große, gesunde und schöne Familie gesichert ist, sie alle wußten und wissen genau, daß sie in den Schoß der Mutter Natur zurückkehren werden. Dieser Gedanke erweckt in ihnen keinerlei Furcht. Sie

haben ihre Aufgabe erfüllt; sie wissen, daß sie unsterblich sind, entweder dank der Ergebnisse ihrer Arbeit, oder durch ihre Nachkommen.
Der Mann, der im Leben nicht erfolgreich war, der zum Beispiel geistig auf einer sehr niederen Stufe stehengeblieben ist, und auch keine oder nur wenige Nachkommen hat, sieht in den Reinkarnationszyklen die Möglichkeit, das Versäumte in einem anderen Leben nachzuholen.

Reinkarnation und Parallelwelten

Diese Überlegungen stehen im Widerspruch zu den – allerdings seltenen und von den Rationalisten nicht akzeptierten – Fällen, wo Personen behaupten, die Reinkarnation dieser oder jener Persönlichkeit zu sein.
Die unbekannte Realität der universellen Phänomene ist so phantastisch, daß alles, was uns im Rahmen unserer dreidimensionalen Welt als unwahrscheinlich erscheint, vielleicht in einer Welt mit vier oder fünf Dimensionen möglich ist. Obwohl die Logiker die Reinkarnation nicht akzeptieren, verdammen sie sie auch nicht: Es ist eben nicht unvernünftig, an einen Fortbestand, wenn nicht an eine Ewigkeit der Seele zu glauben, an einen buchführenden Gott und an sonderbare Interferenzen zwischen Existenzen und Taten, die zeitlich zurückliegen.
Wenn ich also den kindischen Glauben der Anhänger der reinen Reinkarnationslehre nicht teilen kann, so glaube ich doch an eine subtilere, wissenschaftlichere Form des Phänomens. In der großartigen Hypothese von ineinandergreifenden Universa entspricht der Raum-Zeitbegriff nicht mehr unseren irdischen Definitionen. Es kann die Möglichkeit von gleichzeitigen oder zeitlich verschobenen Aktionen geben, die von einem Bewußtsein außerhalb unseres Zeitablaufs geleitet werden. Eines Bewußtseins also, das sich gleichzeitig in mehreren Epochen und Universa befinden kann. Dieses potentielle Bewußtsein könnte dann in der Zeit reisen und sich durch die Jahrhunderte unserer wahrnehmbaren Welt fortpflanzen.
Nach dieser Theorie könnte ein gespaltenes *Ich* gleichzeitig in mehreren Universa, auf mehreren Lebensniveaus existieren, und zwischen diesen Teil-Ichs gäbe es eine unbewußte Verbindung.

Habt Mitleid mit Pflanze und Tier!

So wie sie allgemein aufgefaßt wird, ist die Reinkarnation Bestandteil einer Entwicklung, die auf die Zeit eines unveränderlichen Universums beschränkt ist. Außer in der indischen Lehre steht sie im Gegensatz zur Theorie vom pulsierenden Universum, von Expansion und Kontraktion und vom Gott-Universum. Sie geht Hand in Hand mit dem Glauben an einen Richter-Gott, der das Universum mit Belohnungen und Strafen für den Menschen erschaffen hat.

Welche Rolle spielen die Steine, die Pflanzen und die niedrigen Tiere in einem solchen Universum? Der Einweihungsmythos von Buddha, die Geschichte vom Geier und der Taube, wonach ein Leben ein anderes aufwiegt (ich habe sie in *Die Meister der Welt* erzählt: Kap. Initiation – Die schönste Liebesgeschichte der Welt), würde dann jeder Grundlage entbehren. Man mag den klassischen Pseudo-Buddhismus in Frage stellen, der große östliche Meister würde ihn wohl selbst ablehnen, aber es ist nicht möglich, an Buddha selbst und an der Echtheit seiner Initiation zu zweifeln.

Wenn also die Welt der Dinge, wenn die Tiere eine Seele haben, warum soll man ihnen jene der ungerechten Menschen aufbürden? Und wenn sie keine Seele haben, wie soll dann die Seelenwanderung vom Menschen zum Tier vor sich gehen?

Biologisch gesehen könnte es bei den niedrigeren Arten weder Mutation noch Entwicklung geben, wenn sie den menschlichen Entwicklungen nur als Sündenbock dienen sollten. Hätten sie nicht selbst eine Höherentwicklung durchzuführen? Ist es denkbar, daß die Entwicklung der Pflanzen- und Tiergattungen durch die Lebensweise eines unehrlichen Kaufmanns, eines Heroinschmugglers oder eines Zuhälters von Pigalle bestimmt wird?

Solchem Glauben kann man nicht zustimmen, ohne in heftigen Widerspruch zu den einfachsten Gesetzen der Wissenschaft und der Vernunft zu geraten. Ich glaube aber, daß die Reinkarnation auf viel rationalere Weise erklärt oder erahnt werden kann.

Gott ist kein Vertragspartner

Wer sich Gott als Buchhalter oder Protokollführer und die Seelen in einem Warteraum des übersinnlichen, unbekannten Universums vorstellt, hat die endgültig veraltete und überholte Denkweise noch immer nicht abgelegt.

Die These der Reinkarnation muß heutzutage frei von Vorurteilen und Empirik, aber unter Berücksichtigung möglichst aller Erkenntnisse der Wissenschaft untersucht werden.

Ein Christ kann nicht an die Reinkarnation glauben: Einmal aus Prinzip,

aber vor allem, weil er Gott als außerhalb der Schöpfung stehend definiert. Wenn dem so wäre, könnten wir nie zu ihm zurückkehren, da wir nie einen integrierenden Bestandteil von ihm gebildet haben. Alles wäre Materie, würde es auch bleiben, und der Schöpfer wäre der Gott der Materialisten.
Im Gegensatz dazu integriert der Pantheismus Gott: Alles ist in allem, die Schöpfung ist von Gott ausgegangen, und Gott ist das Universum.
Die wissenschaftlichen Erkenntnisse unseres Jahrhunderts machen es uns schwer, an einen Schöpfergott zu glauben. Zwar negieren sie das göttliche Prinzip nicht, lenken aber die Forschungen in Bereiche, in denen elektrische Kräfte eine besondere Rolle spielen.

Wechsel der Kreisbahn und des Universums

Die Parallelwelten sind nicht nur ein intellektuelles Spiel und eine Arbeitshypothese: Die Physiker haben ihre Existenz und ihre noch unverständlichen Eigenheiten bewiesen.
Ich habe bereits auf merkwürdige Phänomene hingewiesen, die zum großen Erstaunen der Physiker auf der Ebene des Atoms vor sich gehen: Korpuskeln wechseln die Kreisbahn, obwohl sie sozusagen auf ihrer ursprünglichen Bahn verbleiben. Manche Wellen – sie wurden von zahlreichen Wissenschaftlern, unter ihnen Professor Bernard d'Espagnat vom Collège de France, untersucht – sind ubiquitär und können in ihrer *Gesamtheit* durch eine Öffnung und im selben Augenblick ebenso in ihrer Gesamtheit durch eine andere, parallele Öffnung gehen. Bildlich gesprochen ist dies so, als würde der Faden der Näherin *gleichzeitig* in zwei Nadelöhre eingeführt werden können.
Es hat den Anschein, als könnte jede Korpuskel gleichzeitig eins und doppelt sein, was den grundlegenden Gesetzen unserer Wissenschaft zuwiderlaufen würde. Solche Beobachtungen werden in der theoretischen und in der Kernphysik häufig gemacht, so daß die Gelehrten zu dem Schluß kamen, es gäbe eine oder sogar mehrere Parallelwelten.
Und was für Atom und Molekül zu stimmen scheint, wenn sie aus der Optik der Mathematiker untersucht werden, könnte auch für alle Stadien der Materie gelten: für Mensch, Tier, Pflanze und Gegenstand.

Diese Eigenheiten wurden nur im Laboratorium untersucht. Auf der Ebene des menschlichen Individuums setzen sie außer der materiellen Konsistenz (Körper) und den dynamischen intellektuellen Eigenschaften (Wille sich zu bewegen, zu entwickeln; Intelligenz) noch eine dritte, subtilere Natur voraus, die sich mit allen möglichen Universa verbinden und uns auf diese Weise mit dem großen Ganzen verbinden kann.
Ich glaube, diese dritte Natur ist das, was die Spiritualisten Seele nennen. Die Seele ist das einzige Element der menschlichen Dreifachheit, die eine ständige oder gelegentliche Verbindung mit gewissen übersinnlichen oder wunderähnlichen Phänomenen hat.
Durch ihre gegenstandslose Natur gehört sie zugleich unserer dreidimensionalen Welt, aber auch anderen Welten an, die von Systemen mit vier, acht oder *n* Dimensionen regiert werden.
Die Authentizität einer Parallelwelt, die uns durchdringt, ohne daß wir sie wahrnehmen, wird also einstimmig anerkannt, vom Empiriker bis zum Mathematiker. Dank der phantastischen Entwicklung der Wissenschaft, insbesondere auf dem Gebiet der elektromagnetischen und radioelektrischen Wellen, des Fernsehens und der Funkübertragung, dringen wir in dieses System immer weiter ein.
Wir wissen alle, wenn wir im Fernsehen auftreten, daß zahllose »Ichs«, mit denen wir keine Bewußtseinsverbindung haben, den Raum bevölkern: Sie sind unsichtbar, unwägbar und dennoch real, sie gehen unmittelbar in Millionen entfernte Orte, um eine Existenz zu leben, die anscheinend mit unserer Existenz im Studio identisch ist.
Die Reinkarnation, wie wir sie sehen werden, ist ein elektrischer Vorgang, den man sich durch das umgekehrte Funktionieren des Fernsehens vorstellen kann. Normalerweise geht das Bild auf unserem Empfänger von einem Studio aus, in dem sich lebendige Personen aus Fleisch und Blut befinden. In der Hypothese der Umkehrung würden die Personen als radioelektrische Wellen von unserem Empfänger zur Antenne des Fernsehsenders und ins Studio gelangen, wo sie sich inkarnieren würden.

Vier . . . acht . . . n . . . Dimensionen

Der Mensch wird geboren, er lebt und stirbt in einem totalen Universum, von dem ihm sein Bewußtsein und seine sensorischen Fähigkeiten nur ein unvollständiges Bild machen können. Er sieht nur Farben und allgemeine Formen, wie sie ihm seine groben Sinne zeigen.

Aber die Essenz, das Innere des Universums, bildet den geheimnisvoll-unbekannten, übersinnlichen Bereich. Dieser wird wahrscheinlich von einem vier-, acht- oder *n*-dimensionalen System regiert und von Phänomenen dynamisiert, die in unserer dreidimensionalen Welt sicher als Wunder angesehen würden.
Bereits in einer vierdimensionalen Welt – wie wir sie uns vorstellen – könnte man in einem hermetisch geschlossenen Raum ganz nach Wunsch aus- und eingehen.
In einer fünfdimensionalen Welt wäre es wahrscheinlich möglich, bei vollem Bewußtsein gleichzeitig im Mittelalter und im 20. Jahrhundert zu leben.
Mit sechs Dimensionen könnte ein Mensch zugleich tot und lebendig sein, in einem urgeschichtlichen Tal den Auerochs jagen und einen Flugkörper in Richtung Sirius lenken, oder sich kraft seines Denkens umwandeln.
In einer achtdimensionalen Welt scheint alles erlaubt: von der Reise durch Raum und Zeit bis zur Integration in die verschiedenen Reiche der Natur. Solche Universa haben auch nicht unbedingt dieselbe Struktur wie jenes, das wir so recht und schlecht kennen. Es ist möglich, daß das achtdimensionale Universum zum Beispiel einer algebraischen Gleichung oder einer Traumwelt ähnlich ist.

Die Parallelwelten und das totale Universum

In unserem Universum sind Raum und Zeit durch einen ständigen Ablauf bestimmt, der von der Vergangenheit zur Gegenwart und von der Gegenwart in die Zukunft zu führen scheint.
Tatsächlich ist aber diese Vorstellung eng mit den drei Dimensionen unserer Welt verbunden, und Wissenschaftler wie Spiritualisten nehmen in gleicher Weise an, daß auf einer höheren Ebene, jener der universalen Intelligenz oder der Gottes, die Zeit ewig gegenwärtig ist.
Diese Vermutung setzt das Vorhandensein einer unendlichen Zahl von harmonischen Oberschwingungen (das sind Wellen mit einem Vielfachen der Frequenz der Initialwelle) zu unserer »Gegenwart« voraus, mit einer unendlichen Zahl von »Ichs«, die gleichzeitig jede Phase des Lebens auf Wellenketten mit unendlicher Länge leben.
Ähnliches geschieht bei einem nicht selektiven Radio, bei dem eine Sendung, die zum Beispiel auf einer Wellenlänge von 100 Meter ausgestrahlt wird, auf allen Vielfachen von 100 empfangen werden kann, theoretisch bis unendlich. Diese harmonischen Oberschwingungen sind Doubles,

Gespenster des realen Lebens; sie können wohl im Funk eingefangen werden, sind aber für unsere Sinne nicht wahrnehmbar und bilden dadurch Parallelwelten.
Das totale Universum mit vier, acht oder *n* Dimensionen ist wesentlich komplexer als das unsere. Es ist sicher nicht inhaltsloser, weder an Materie noch an Energie, enthält es doch unsere Welt und eine Unzahl von anderen. Man muß also annehmen, daß es seine eigene Existenz hat und daß es von Lebensformen und Bewohnern bevölkert ist, die uns unbekannt sind.
Unsere Auffassung von der objektiven Realität führt uns zu der Annahme, daß die Bewohner – Kräfte, Leitgedanken oder formale Kreaturen – dieses Universums ähnlich den Fernsehbildern oder den radioelektrischen Wellen nicht aus einem so dichten physischen Material bestehen wie wir, denn die Stadien der Materie entwickeln sich vom Groben zum Verfeinerten. Diese Materie hätte sogar die Form reiner, unwägbarer, ätherischer Energie. Nach dieser Hypothese ist ein Universum, das von Seelen mit verfeinerter Natur bevölkert wird, die an allen universalen Dimensionen teilhaben, ein sehr logischer Gedanke.
Ohne von der wissenschaftlichen Linie abzuschwenken, gelangen wir also dazu, ein »Ich« zu entwerfen, das nach dem Tod unseres physischen Körpers zu einem fortbestehenden, in einer anderen Welt lebenden Double wird.

Die Materie stirbt, die Seele bleibt verfügbar

Wenn dieser Tod eintritt, und der Körper wieder zu seinen Urbestandteilen und in die universellen Zyklen zurückkehrt, ist es nicht sicher, daß er die Gesamtheit seiner subtilen Prinzipien in diese Auflösung mitreißt. Die Spiritualisten glauben, und sie haben viele plausible Gründe dafür, daß die Gefilde der Seele, die sich mit den Parallelwelten und dem totalen Universum überschneiden, in dieses Jenseits übergehen, oder zumindest provisorisch dort verbleiben. Auf den harmonischen Oberschwingungen, die immer in der Gegenwart sind, setzen die Doubles des physischen Körpers eine ewig lebendige und gegenwärtige Existenz fort, aber innerhalb der Grenzen eines unbekannten Universums, zu dem unser bewußtes Ich keinen Zugang hat.
In unserer dreidimensionalen Welt hat die Materie keine Chance auf eine Auferstehung oder ein neues Leben, aber die Seele bleibt unendlich verfügbar, sie kann wie eine Radiosendung empfangen werden, vorausgesetzt, daß der Empfänger auf die richtige Wellenlänge eingestellt ist. Eine

Verbindung zwischen den anderen Welten und der unseren herstellen, das heißt, den Weg der »Reinkarnation« öffnen.
Auf parawissenschaftlicher Ebene untersucht, ist die Reinkarnation ein radioelektrischer Vorgang, bei dem unser Körper der Sender in der dreidimensionalen Welt ist, die Seelen aber Wellen in den harmonischen Universa oder im totalen Universum sind. Der Übergangsmechanismus ist sozusagen eine Reise in der Zeit.

Wenn sich der Eingeweihte reinkarniert

Eingeweiht zu sein, ist gewiß kein Privileg, das einem durch das Spiel des Zufalls zuteil wird. Man muß die Initiation durch Arbeit, Meditation und eine vorbildliche Übereinstimmung mit dem Universum verdienen.
Vor allem glaube ich, daß die »Wellenlänge« und der genetische Code beispielsweise eines Buddhas oder Pythagoras nicht mit der Welle und dem Code eines gewöhnlichen Menschen übereinstimmen kann. Buddha hätte kein Feldherr, Pythagoras kein Sklavenhändler sein können. Wer immer also ihre »Wellenlänge« und ihren genetischen Code hat, ist allein durch diese Tatsache im Besitz einer Aura von großer Ausstrahlungskraft und eines Chromosomenerbes, reich an den größten Kenntnissen sowie dem Wunsch und den Fähigkeiten, sie weiterzuentwickeln.
Wenn die Übertragung in einen hochwertigen Träger und unter den besten Bedingungen erfolgt, ergibt sich daraus die natürliche Verschmelzung von zwei Seelen und ihren Charakteristika. Wenn darüber hinaus das Mendelsche Gesetz mitspielt, wird die Reinkarnation sozusagen absolut, und das Resultat ergibt einen unbekannten Meister oder einen Eingeweihten höchsten Ranges.
Auf niedrigerer Ebene kann der Neuling durch seine Arbeit, sein Verdienst zu höherem Wissen gelangen und den genetischen Code und die besonderen Eigenschaften eines Lehrmeisters erwerben. Dies geschieht durch eine Art biologischer Alchimie, die sich im Bewußten und im Unbewußten vollzieht.
Nach dem *Meister von Omonville* und den Überlieferungen sind die »unbekannten Meister« im unterirdischen Heiligtum Agartha Reinkarnationen der großen Eingeweihten der Antike.
In Wahrheit kann kein Verstorbener auferstehen, um sich zu reinkarnieren; da die Seele nie Fleisch war, kann sie es auch nicht werden, dafür kann sie aber von einem leblosen Träger auf einen lebendigen übergehen und in ihm gemeinsam mit seiner persönlichen Seele wohnen.
Die Reinkarnation setzt weder Fegefeuer noch Hölle voraus, ja nicht

einmal eine Wartezeit im Jenseits, da unser Zeitbegriff in den Parallelwelten höchstwahrscheinlich jeder Bedeutung entbehrt.
So hätte die Seele des Philosophen Thales in den Körper des Mathematikers Henri Poincaré überwechseln können, indem sie augenblicklich vom Jahr 548 v. Chr. in das Jahr 1912 unserer Zeitrechnung überging. Hätte der Transfer stattgefunden, würde man daraus schließen können, daß die beiden Wissenschaftler denselben genetischen Code hatten, dieselben Interessen, dieselben Zielsetzungen, dieselben Ängste, mit einem Wort: dieselbe »Wellenlänge«.
Henri Poincaré wäre Thales gewesen, ohne darunter zu leiden, nur hätte er sich vielleicht manchmal von seiner eigenen Persönlichkeit und seiner Zeit getrennt, wenn sich gerade das Thales-Bewußtsein energischer äußerte.
Diese These setzt einen Dualismus voraus, bei dem manchmal die Seele des legitimen Trägers und manchmal die Seele des »Reinkarnierten« dominiert, wobei die erste Periode meist lange andauert und die zweite nur hin und wieder blitzähnlich aufflammt. In diesem Fall steigert sich noch die Intensität und die Identität der Reinkarnation. Wahrscheinlich ist dies bei den großen Eingeweihten der Fall.

Ein wissenschaftlicher Vorgang

Zusammenfassend kann gesagt werden, daß ein Teil unseres Ichs mit dem irdischen Abenteuer unserer körperlichen »Bestandteile« verbunden bleibt, während ein anderer Teil, die Seele, im Augenblick des Todes wie eine Atompartikel die Kreisbahn zu wechseln scheint, um mit dem Double unseres Ichs zusammenzutreffen, das sich bereits in einem anderen Universum (ob parallel oder total) befindet.
Das Phänomen der Seelenwanderung – vom wissenschaftlichen Standpunkt ein radioelektrischer Vorgang – kann annähernd mit folgenden Vergleichsbildern erklärt werden:
1. Die Seele oder eine harmonische Oberschwingung jeder lebenden Kreatur wohnt in einem anderen Universum, von dem wir weder die Anzahl der Dimensionen noch die Gesetze, noch die Struktur kennen. Für einen gläubigen Menschen ist dieses Universum der Gedanke, das Wort oder der Atem Gottes, der *Odem* von Brahmâ. Für einen Physiker wäre es das Magma aller möglichen Universa oder das totale Universum.
2. Wenn ein Lebewesen stirbt, bleibt ein Teil seiner Seele mit seinen materiellen Bestandteilen verbunden, während der andere Teil in eine Parallelwelt übergeht, wo er die harmonische Oberschwingung verstärkt.

3. Jeder Körper, jede Seele hat eine der Wellenlänge vergleichbare Eigenheit; diese verleiht jedem Wesen seine Persönlichkeit.
4. Jeder physische Körper (oder Träger) ist ein Empfangsgerät, das auf seine persönliche »Wellenlänge« eingestellt ist.
5. Wenn ein Wesen mit derselben Eigenart geboren wird wie eine Seele, die in einer Parallelwelt existiert, fängt es diese ein und verschmilzt sie mit der eigenen.
6. Das Subjekt kann wohl physische Unterschiede gegenüber dem Träger der ersten Seele aufweisen, da es aber denselben genetischen Code und dieselbe »Wellenlänge« hat, wird es ein Double des Verstorbenen, mit derselben Intelligenz und derselben Seele.
7. Die Eingeweihten haben die Gabe, dieses Phänomen der Übereinstimmung zu begünstigen und zu beschleunigen.
8. Die Übereinstimmung kann nicht vollkommen sein. Es gibt Interferenzen, die zeitweise der eigenen Seele, zeitweise der »gewanderten« Seele den Vorrang einräumen, was den Dualismus der Person erklärt.
9. Die Unbekannten Meister von Agartha sind Nachkommen und Reinkarnationen der Großen Eingeweihten der Antike.

13. Erotik

In Indien wird das *Lingam* (männliches Geschlechtsmerkmal) von den Anhängern der Siwa-Religion verehrt. In der Theologie (Genealogie der Götter) der Hindus heißt es:
»Als die vierzehn Welten geschaffen wurden, mit der Achse, die sie durchquert, erschien auf dem Gipfel des Berges Kailassa das Dreieck *yoni* (die Vulva), und im *yoni* das *lingam*.«
Dieses Lingam wird von den Religionen verschämt »Lebensbaum« genannt.

Der Lebensbaum

Die christliche Bibel, die Vulgata, spricht in ihrer unrichtigen Übersetzung (1. Mose, Kap. 2, Vers 17) vom »Baum der Erkenntnis des Guten und Bösen«. Im 3. Kapitel der Genesis, Vers 3 und 5, wird weiter ausgeführt, daß der Baum in der Mitte des Paradieses steht, und daß Adam und Eva »die Augen aufgetan werden«, wenn sie seine Früchte essen, und sie wie Gott Gutes und Böses unterscheiden werden können.
Die *Bibel der Hebräer* – sie wurde von den Mitgliedern des französischen Rabbinats aus dem Originaltext übersetzt – drückt sich deutlicher aus, 1. Mose, Kap. 2, Vers 9:
»Und Gott der Herr ließ aufwachsen aus der Erde allerlei Bäume, lustig anzusehen und gut zu essen, und *den Baum des Lebens mitten im Garten* und den Baum der Erkenntnis des Guten und Bösen.«
1. Mose, Kap. 3, Vers 3, 4, 6, 12, 13
3. Aber von den Früchten des Baumes mitten im Garten hat Gott gesagt: Esset nicht davon, rühret's auch nicht an, daß ihr nicht sterbet.
4. Da sprach die Schlange zum Weibe: Ihr werdet mitnichten des Todes sterben.
6. Und das Weib schaute an, daß von dem Baum gut zu essen wäre und daß er lieblich anzusehen und ein lustiger Baum wäre, weil er klug machte; und sie nahm von der Frucht und aß und gab ihrem Mann auch davon, und er aß.

Das weitere ist bekannt: Gott wird zornig; Adam, reuig und zerknirscht, verrät die schöne Eva:

12. Das Weib, das du mir zugesellt hast, gab mir von dem Baum und ich aß.

Eva ihrerseits zögert nicht, die Schuld auf die listige Schlange zu schieben:

13. Die Schlange betrog mich also, daß ich aß.

So sehr die Wahrheit des Abenteuers auch umschrieben und verfälscht wurde, sie ist doch erkennbar geblieben und erklärt die allgemeine Geschichte aller Kulturen.

Die Bibel berichtet also, daß es inmitten des Paradieses eine Art lebendigen phallischen Menhir gibt. Dummerweise erklärt der ewige Gott diesen Stein für tabu. Adam war ein braver Kerl und hätte wohl gehorcht, aber Eva ist schlau und listig wie alle schönen Frauen und hat auch (sie ist viel animalischer, viel wollüstiger als ihr Gefährte) das angeborene Bedürfnis zu sündigen.

Denn sie denkt nicht daran, Kinder in die Welt zu setzen, sich eine Nachkommenschaft zu sichern; sie findet den Lebensbaum anziehend, gut für den Genuß und wertvoll für die Intelligenz.

Die Erbsünde

Mit einem Wort, Eva war ein großartiges Frauenzimmer, das in ihrem raschen Blut andere Bedürfnisse verspürte als servilen Gehorsam und jüdisch-christliche Doktrintreue: Sie hatte einen gesunden Hausverstand, Temperament, sogar Genie. Und sie beging die *wahre Erbsünde*. Der arme Adam kapierte nicht, daß er der erste betrogene Ehemann der Weltgeschichte war.

Und aus all dem, das eher wie ein Fastnachtsscherz oder eine freche Erzählung von Sade oder La Fontaine klingt, wird doch der Hauptgedanke und die grundlegende Mythologie aller Kulturen der Erde entstehen: der Kult und das Emblem des zeugenden und lebensspendenden Phallus und der Mater, deren fruchtbare Vulva durch die Höhle, die Schale und die mystische Mandel dargestellt wird, aus der die Menschheit hervorgeht. Doch durch einen unglaublichen Irrtum wurde die mystische Mandel in der christlichen Theologie zum Symbol der Jungfräulichkeit der heiligen Jungfrau. Die christliche Tradition besagt, »daß der mystische Sinn, der mit dem Baum Jesse verbunden ist, der in einer Nacht blühte und eine Mandel trug, als Ursprung dieses Symbols betrachtet werden muß«.

Dies alles ist sehr symbolträchtig, erklärt aber nicht die erste Liebesgeschichte der Welt: Mit wem beging Eva die Sünde, wenn nicht mit Adam? Mit der Schlange? Manche Exegeten vertreten diese Meinung und bemerken voll Humor, daß die Schlange sprechen konnte und daher – wie wahrscheinlich auch die anderen Tiere – eine zumindest ebenso entwikkelte Intelligenz hatte wie der Mensch; dazu kam eine reichere, ältere Erfahrung.
Sündigte Eva mit einem Tier, wie Orejona es tat (mit einem Tapir), als sie die Menschheit im Vor-Inkareich erschuf? Diese Hypothese – sie ist weniger ungereimt als man meint – würde auch die zum Teil falsch überlieferten Mythen und rätselhaften Geschichten von halb menschlichen, halb tierischen Ungeheuern erklären, vom Gott, der die Hebräer vor schändlicher Unzucht warnt, da diese dem Menschengeschlechte schade, und außerdem der Erbsünde eine annehmbare Bedeutung geben.

Das Lingam

In den alten, heiligen Büchern Indiens steht, daß »das Lingam, der Lebensbaum, drei Rinden hatte: die erste und äußerste war Brahmâ; die mittlere Wischnu; die dritte und verborgenste war Siwa.
Als sich die drei Götter losgelöst hatten, blieb im Dreieck des Berges Kailassa nur mehr der nackte Stamm, der unter die Obhut Siwas gestellt wurde.
Auf dem goldenen Berg befindet sich ein viereckiger Tisch, geschmückt mit neun Edelsteinen und in der Mitte dem *padma* (oder Lotus), der in seinem Inneren das Dreieck trägt, den Ursprung und Quell aller Dinge. Aus diesem Dreieck tritt das Lingam, der ewige Gott, der daraus seine ewige Wohnstätte macht.«
In Indien sind die am meisten verehrten Tempel jene von Siwa, immer der Lingam-Zeugung gewidmet, aber manchmal macht ihm Wischnu diese Ehre streitig, wie zum Beispiel in *Khajuraho* und in *Konarak*.
Natürlich – so sagen die Indienforscher – scheinen die Tempel mit erotischer Architektur nur für den gewöhnlichen Menschen den Sexualakt als höchsten Ausdruck des Lebens zu glorifizieren. In Wahrheit findet die Erotik eher in diesem Text von Raja Rao als in den Reliefs von Khajuraho ihren Ausdruck (Vorwort zu *Les Temples de Khajuraho* – Die Tempel von Khajuraho):
»Auch der Mann sucht den Weg zu seinem innersten Wesen: Von den Stadtmauern ausgehend nimmt er die königliche Straße, durchschreitet die Pforten des Tempels, geht unter dem Gewölbe, durchquert das Vor-

zimmer, das zweite Vorzimmer, um schließlich den heimischen Schoß (*gardbhagriha*) zu erreichen.
Und was er am Ende betrachtet, ist nicht Gott, sondern sein Selbst.«
Im Westen haben wir gröbere Sinne und wären für solche Feinheiten nicht empfänglich. Und wenn in unseren Spekulationen sich die Materie manchmal eng mit dem Energie-Geist vermengt, dann geschieht es nicht in der heiligen Sprache der Poeten, sondern in der profanen Sprache der Wissenschaftler.
Es ist wunderbar, in den *Tempel von Khajuraho* zu lesen, wie sich die kluge Parvati mit ihrem Gatten Siwa über die Liebe unterhält.

Orientalische Feinheit

Sich an ihren Herrn und Gott wendend, sagt sie:
»Ihr, der Ihr in der Welt lebt, die nur Sich sieht, kennt nicht das Unglück des Menschen. Der Mann leidet, der Mann vergeht in seinem Versagen, und die Frau in ihren Wünschen.
Herr, Ihr habt sie als zwei erschaffen, damit es keine Dualität gibt, dennoch besteht Dualität und Pluralität, und weder Mann noch Frau kennen die geheime Weisheit der Befriedigung . . .
Der Mann hat den Saft seiner Freude wegen der Leidenschaft verloren, und der verwaiste Schoß der Frau klagt . . .«
»Nun«, antwortete Siwa der Herr, der zwar verstand, sich aber so ausdrückte, als würde die Unschuld auf seiner gebogenen Zunge wohnen, »wir werden einen fünften Weda haben, der den Mann in seinem Wissen männlich und die Frau biegsam wie eine Betelranke machen wird. Und ihre Weisheit wird in Wahrheit vollkommen sein.«
»Aber was wird«, fragte Parvati mit flehender Stimme, »mit der Schönheit des Hirsches, des Lamms, des Fischs geschehen, deren greifbare Essenz der Zunge ebenso zart sein muß wie die Vagina dem Phallos?«
Siwa beruhigt die Befürchtungen seiner Gemahlin, die eine letzte Frage stellt:
»Was würde geschehen, wenn sich der Mensch an seine Vergangenheit, seinen Geist, seine Zukunft erinnerte?«
»Oh«, antwortete der Gott mit dem großzügigen Herzen, »wir werden ihm ein Getränk geben, wie Nektar, wie Ambrosia, das, einmal durch Riten und Gesänge gereinigt, mit der Essenz der Unsterblichkeit vergleichbar sein wird.«
»Die Unsterblichkeit!« sang Parvati. »Ihr gebt ihnen die Unsterblichkeit in sterblichen Formen!«

Abbildung 43: Dieser Menhir von Tiahuanaco ist eine Synthese des Lebensbaums des irdischen Paradieses. Er ist zugleich Menhir, Phallus und Schlange. In der Mythologie war Tiahuanaco der »Nabel der Welt«, das Paradies der ersten Menschen.

»In Wahrheit«, versicherte Siwa, »ist der Mensch mit der Unsterblichkeit geboren wie das Licht mit der Sonne. Der Mann wird die Frau kennen, und durch sie wird er sein Selbst erkennen.«
»Wunder, mein Herr, o Wunder! Dieses Wissen sei!«
Und so entstand das *Tantra Shastra*.
Gleichzeitig war dies die Schaffung des Status der Liebe, mit dem Lebensnektar, der im Verlauf der heiligen Riten des Kampfes gespendet wurde, und dem Nektar des Gesanges der Wörter mit dem Geschmack von Fleisch und Honig.

Khajuraho

Diese Skulpturen von Ringkämpfen auf den Tempeln von Khajuraho und Konarak, diese steifen Männer, diese bis zum Herzen offenen Frauen, singen sie den Gesang des kommenden Nektars?
Nirgends auf der Welt stellen Friese oder Fresken die Erotik mit soviel männlicher, monströser Kraft, in so vielen geschmeidigen, lasziven und phantasievollen Stellungen dar. Wenn man sie betrachtet, kommen einem Zweifel an der geistigen Sauberkeit der Absicht, die die Symbolisierung der Seele mit der Gottheit sein soll.
Khajuraho liegt im nördlichen Teil Indiens, nordwestlich von Agra. Im 10. und 11. Jahrhundert gab es dort 85 Tempel der Dschainas und Brahmanen.
Der Tempel von Konarak steht in den Dünen des Bengalischen Golfs, südlich von Kalkutta, am Ufer des Meeres. Die Friese stellen ebenso freizügige Vereinigungen dar wie in Khajuraho, »um geteilte Prinzipien zu symbolisieren«, aber auch, so erklärt man – und hier blitzt die Wahrheit hervor –, »weil die Liebe der übliche Zeitvertreib der Götter ist«. Eine echt orientalische Auffassung!

Die merkwürdige Siwa-Verehrung

Auf einem der Stadttore von *Sisupatyam* sieht man sechs kniende Brahmanen, wie sie, die Augen auf Sita, die keusche Gemahlin Brahmas gerichtet, ihr das Opfer ihrer Männlichkeit bringen.
Zwischen Pondichery und Madras gab es eine berühmte Pagode, in der ein riesiges Lingam zu sehen war, das sich wie eine Schlange um mehrere Frauenkörper wand.
In *Rama-Eswurim*, nahe beim Kap Comorin, gibt es einen der meistver-

Abbildung 44: Relief am Tempel Devi Jagadamba in Khajuraho.

Abbildung 45: Die Zeremonie der Vereinigung im Tempel des Großen Genius Kandariga in Khajuraho.

ehrten Siwa-Tempel. Die Siwa-Anhänger bitten dort entlang der Straße um Almosen, wobei sie ihr Lingam in der Hand halten.
In manchen Teilen Indiens opfern die jungen Mädchen ihre Jungfräulichkeit der Gottheit. Duquesne erzählt, daß in Goa die jungen Mädchen vor ihrer Heirat in einem Siwa-Tempel ihre Hochzeitsgabe einem eisernen Idol opfern. An anderen Orten übernimmt der Priester die Rolle des Idols.
In Kalkutta überläßt der Rajah das Mädchen, das er heiraten wird, für eine Nacht dem ersten Brahmanen.
In Jaggrenat werden die jungen Mädchen des Nachts an einen Tempelpriester ausgeliefert.
In der indischen Mythologie heißt es, daß Siwa durch Einnehmen der verschiedenen Yoga-Stellungen die verschiedenen Arten von Lebewesen erschafft.
In der Siwa-Religion ist das Lingam die abstrakteste, die reinste Darstellung des schöpferischen Prinzips. Der Koitus ist eine Art der inneren Vervollkommnung, die Realisierung des Selbst und der Kontakt mit dem Übernatürlichen.
Die Welt ist ein riesiges Opfern; kein Wesen kann existieren, ohne andere Wesen zu verschlingen. Selbst die Materie existiert nur durch Verbrennung, und die Sonne ist das Symbol des kosmischen Opfers.
Die erotischen Darstellungen in Indien haben, so sagen die »Weisen«, eine magische und belehrende Bedeutung; sie geben das Bild der kosmischen Welt wieder. Wenn ein Tempel nicht mit erotischen Skulpturen geschmückt ist, wird er vom Blitz zerstört, versichert die Überlieferung. Ebenso halten erotische Darstellungen auf Häusern den Bösen Blick und Übeltaten ab.

Das Hohe Lied Salomons

Erstaunlich erscheint mir das *Hohe Lied* Salomons im Alten Testament. Zehn Jahrhunderte vor unserer Zeit, anläßlich einer der zahlreichen Heiraten König Salomons geschrieben, wird es von den Christen als Symbol der Heirat Christi mit der Kirche angesehen!
Die kanonische Bibel (Vulgata) gibt für diese Liebeshymnen folgende Erklärungen in Form von Untertiteln:
»Sehnsucht der Kirche, J. C. zu empfangen; Schönheiten und vollkommene Eigenschaften von J. C.; die Kirche ist der einzige Gegenstand der Liebe von J. C.; Liebe der Kirche zu J. C., etc.«
In Wahrheit aber handelt es sich sehr wohl um eine fleischliche Liebesge-

schichte zwischen Salomon (»der Bräutigam«) und der Geliebten (»die Braut«).

Hier einige Auszüge:

Kap. 1, Vers
2. Er küsse mich mit dem Kusse
seines Mundes; denn deine Liebe
ist lieblicher als Wein.
5. Ich bin schwarz, aber gar lieb-
lich, ihr Töchter Jerusalems, wie die
Hütten Kedars, wie die Teppiche Salomos.
9. Ich vergleiche dich, meine Freundin
meinem Gespann an den Wagen Pharaos.
13. Mein Freund ist mir ein Büschel Myrrhen,
das zwischen meinen Brüsten hanget.
14. Mein Freund ist mir eine Traube von
Zypernblumen in den Weingärten zu Engedi.
15. Siehe, meine Freundin, du bist schön;
schön bist du, deine Augen sind wie
Taubenaugen.
16. Siehe, mein Freund, du bist schön und
lieblich. Unser Bett grünt.

Kap. 4, Vers
10. Wie schön ist deine Liebe, meine
Schwester, liebe Braut! Deine Liebe ist
lieblicher denn Wein, und der Geruch deiner
Salben übertrifft alle Würze.
12. Meine Schwester, liebe Braut, du bist
ein verschlossener Garten, eine verschlossene
Quelle, ein versiegelter Born.
17. Mein Freund komme in seinen Garten und
esse von seinen edlen Früchten.

Kap. 7, Vers
8. Dein Wuchs ist hoch wie ein Palmbaum,
und deine Brüste gleich den Weintrauben.
9. Ich sprach: Ich muß auf den Palmbaum
steigen und seine Zweige ergreifen. Laß
deine Brüste sein wie Trauben am Weinstock,
und deiner Nase Duft wie Äpfel.

Kap. 8, Vers
3. Seine Linke liegt unter meinem Haupt,
und seine Rechte herzt mich.
4. Ich beschwöre euch, Töchter Jerusalems,
daß ihr meine Liebe nicht aufweckt noch
regt, bis es ihr selbst gefällt.

Es ist ein schöner, symbolreicher Text, aber wo zum Teufel ist bei dieser Liebesgeschichte von Christus und der Heiligen Kirche die Rede?

14. Das elektrische Bild der Sexualität

Im Februar 1967 veröffentlichten die Biologen Pawel Guljajew, Wladimir Schabotin und Nina Schlippenbach von der Universität Leningrad das Ergebnis ihrer Forschungstätigkeit über die »elektrische Komponente des elektromagnetischen Feldes«, die von den Bioströmen des Herzmuskels erzeugt wird.
Sie gaben der Aufzeichnung und Messung des elektrischen Feldes, das den menschlichen Körper unmittelbar umgibt, den Namen *Elektroaurogramm* (lat. *aura* = Hauch, griech. *gramma* = Buchstabe; daher: Aurogramm = Aufzeichnung des Hauchs, der Ausstrahlung).
Zusammenfassend ging aus dieser Studie hervor, daß die Aktivität der lebenden Stoffe mit jener der Bioströme (biologische elektrische Strömungen) verbunden ist, die auf natürliche Weise erzeugt werden; die Bioströme können an den Geweben mit Apparaten zur Messung elektrischer Spannungen (in der Größenordnung von Millivolt) aufgezeigt werden.
Die sowjetischen Wissenschaftler konnten in Wiederholung der Versuche der amerikanischen Spezialisten Barr und Mauro das elektrische Magnetfeld des Gehirns aus einer Entfernung von 25 cm während einiger Tausendstel Sekunden beobachten – diese Zeit brauchen die Impulse der Apparate, um das Organ zu durchqueren.
Sie stellten mit Überraschung fest, daß die Form des Magnetfeldes von der Umwelt beeinflußt wird, das heißt von der Form und vor allem der Beschaffenheit der Gegenstände, die diese Umwelt bilden.

Schmuck und Edelsteine

Wenn sich in der Nähe des Gehirns, des Herzens oder des Organs, dessen Aurogramm gemacht wird, ein Metallstück oder ein anderer Leiter befindet, kommt es zur Abschirmung. Das Gegenteil ist der Fall, wenn es sich um ein Dielektrikum (Nichtleiter, Isolator) wie Ebonit (Hartgummi), Plastik oder Holz handelt.
Die Aktivität der lebenden Gewebe und Körperorgane wird also durch die

Beschaffenheit der unmittelbaren Umgebung beeinflußt, wobei die Nervenimpulse von den Metallen verteilt und von den Isolatoren konzentriert werden.
Frauen, deren Kopf Diademe, Haarnetze oder Kämme schmücken, die Brillen, Halsbänder oder Armbänder tragen, erzeugen eine elektrische Umwelt, die ihr physiologisches Gleichgewicht bestimmt.
Gold, Stahl und Kupfer verteilen, schirmen ab. Die Minerale, Holz, Plastik konzentrieren, laden sich auf. Die Edelsteine sind Nichtleiter, sie können sich aufladen, ohne unsere Strömungen aufzuhalten. Unter den Edelsteinen stimmen der Diamant (reiner Kohlenstoff), der Opal (Kieselerdehydrat), der Achat und der Onyx (Kalzit und Quarz) vollkommen mit unserem elektromagnetischen Feld überein; der Amethyst (durch Manganoxyd gefärbter Quarz) kann leichte Störungen hervorrufen, die sich bei den Steinen, die reicher an anorganischen Salzen sind, verstärken: Smaragd, Rubin, Saphir, Topas.

Erklärung der Telepathie

Die Physiker der Leningrader Universität konnten ein photographisches Schema der wichtigsten elektrischen Felder des Menschen erstellen. Das so erzielte Aurogramm zeigt, daß vor allem das Gehirn, dann die Knie und das Herz die wichtigsten Felder ausstrahlen (siehe Foto S. 188).
Das elektromagnetische Feld der menschlichen Muskulatur ist kompliziert und verändert sich bei jeder kleinsten Körperbewegung; das Gehirnfeld zum Beispiel nimmt allein beim Gedanken an eine auszuführende Bewegung oder durch sogenannte ideomotorische Träume an Amplitude zu.
Diese Besonderheit gibt eine rationale Erklärung für die Telepathie und die Sehergabe von Menschen, die sehr empfindlich für vorhandene, aber nicht formulierte Wünsche einer anderen Person sind. Dies gilt für die Medien von der Klasse eines Wolf Messing oder Michel Kuni.
Theoretisch ist es nicht mehr unmöglich, Gedanken und ideomotorische Handlungen mit Hilfe von elektronischen Maschinen zu registrieren. Vielleicht gelingt es sogar eines Tages, allein durch Gedanken einen weit entfernt operierenden Roboter fernzusteuern; zum Beispiel in fast unerreichbaren Orten wie Wüsten, Sümpfen, interplanetarischen Räumen.
Das elektromagnetische Feld pflanzt sich mit Lichtgeschwindigkeit fort, und man kann sich (immer auf spekulativer Ebene) vorstellen, daß alle Menschen der Erde eng miteinander verbunden sind, nicht nur durch die Strömungen ihres Herzmuskels, sondern vor allem durch jene ihres Ge-

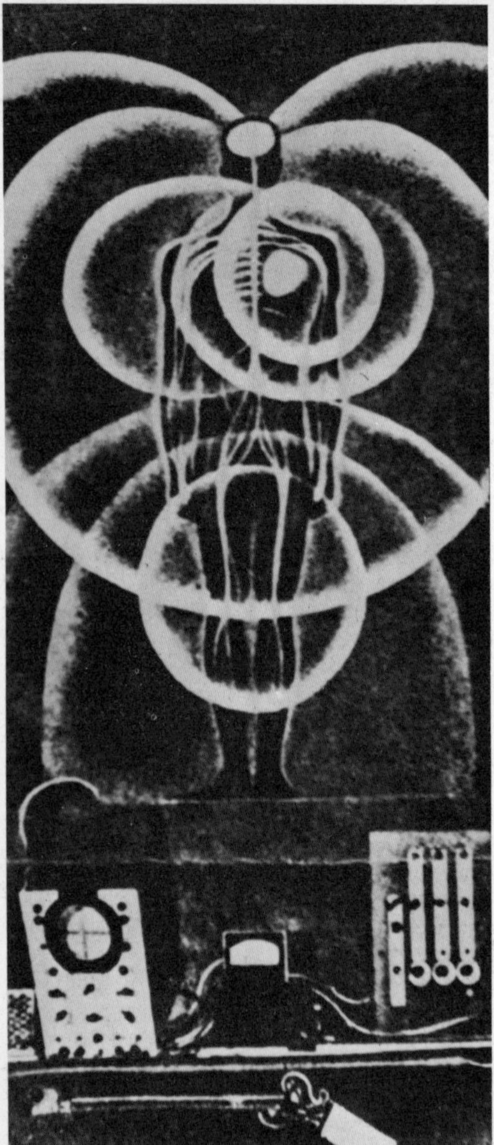

Abbildung 46: Aurogramm des Menschen.

hirns. Gedanken, die »in der Luft liegen«, Phänomene wie zum Beispiel das des Messianismus, würden durch diese Form der Telepathie zum Teil eine Erklärung finden.
Der amerikanische Wissenschaftler L. Falkingtone behauptet, daß Brieftauben ihren Weg wiederfinden, weil sie das *Magnetbild* der Erde sehen.

Federn und Klangwellen

Ein erstaunlicher Laborversuch ist geglückt: Neben einem Verstärker wurde ein »Mikrophon« angebracht, das aus einer Vogelfeder oder einem Stückchen Fledermaushaut bestand.
Eine Versuchsperson sprach in dieses ungewöhnliche Mikrophon, und ihre Stimme kam klar verständlich aus dem dynamo-elektrischen Motor, der in einem andern Raum installiert war.
Wenn man die Feder oder die Haut wegnahm, wurde kein Ton weitergeleitet. Denn das elektrisch geladene Mikrophon erzeugte elektromagnetische Wellen mit der Frequenz von Klangwellen, und die Sonde fing sie ein.
Man glaubt zu wissen, daß die Natur zur Weitergabe von Informationen ein ähnliches System verwendet. Es ist zum Beispiel möglich, daß der Triller der Nachtigall von ihren Artgenossen gehört wird, bevor noch der Ton an ihr Gehörorgan gelangt. Ursache dieses Phänomens sind die Vogelfedern: Sie wirken wie ein Mikrophon und verwandeln den Triller in eine Kette von elektromagnetischen Wellen, die sich mit Lichtgeschwindigkeit und daher schneller als der Ton fortpflanzen, theoretisch im ganzen kosmischen Raum.
Auf diese Weise haben die russischen Wissenschaftler die Elektroaurogramme der Hummel, der Biene, der Wespe, der Fliege, der Mücke, des Schmetterlings und der Raupe registriert.
In der Gegend von Nowgorod hat eine wissenschaftliche Expedition auch das elektrische Bild der Natur registriert: elektrische Stimmen von Insekten, Bäumen, Gras und Wind, und auch Störsignale aus dem Kosmos. Sie hat auch festgestellt, daß die Behaarung des Menschen: Bart-, Kopf- und Körperhaare, Flaum etc., wie die Federn die Rolle von Mikrophon und Sender spielt.
Diese Beobachtungen und Versuche werfen ein neues Licht auf den Mechanismus der Wahrnehmungen der Medien, der Seher und Eingeweihten, und auf einen Teil des übersinnlichen Bereichs, der noch lange der Wissenschaft der Rationalisten zu trotzen scheinen wollte.

Halsbänder als Kondensatoren

Die Tatsache, daß die Metalle in den Aurogrammen eine abschirmende Wirkung haben, ist vom biologischen Standpunkt aus nicht unbedingt schädlich. Kupfer ist der beste bekannte Leiter; seine große Leitfähigkeit ermöglicht ihm, das Zuviel an menschlicher Elektrizität aufzunehmen. Aus Gründen des biologischen Gleichgewichts ist es unerläßlich, eine direkte und sozusagen ständige Verbindung zwischen unserem Körper und der Erde herzustellen. Die ideale Erdung ist gegeben, wenn wir barfuß gehen. Die afrikanischen Völker können trotz ungenügender medizinischer, therapeutischer und sozialer Betreuung sehr gut Krankheiten Widerstand leisten, da sie barfuß gehen und Kopfschmuck tragen.

Wenn ein Schwarzer einen wichtigen Posten übernimmt, gibt er die Gewohnheiten seiner Ahnen auf und wird dann in den meisten Fällen sehr anfällig für in Afrika unbekannte Krankheiten.

Bei den urgeschichtlichen Völkern waren die Ketten der Männer und Frauen Kondensatoren, also echte Talismane.

Ganz empirisch kann man jene Schmuckstücke und Juwelen auswählen, die am geeignetsten sind, unser elektrisches und psychisches Gleichgewicht zu begünstigen.

Sexuelle Harmonie

Spezialisten der Universität Kasan haben ein eigenartiges Phänomen beobachtet: Wenn man bei zwei Personen gleichzeitig ein Aurogramm macht, verändern, stören oder ergänzen sich die beiden Aurogramme. Auf diese Weise wird es möglich, die verbindenden und trennenden Faktoren zwischen Mann und Frau zu erkennen und so die idealen Partner zu finden, sogenannte verwandte Seelen.

Hinsichtlich der reinen Liebesbeziehung hat man festgestellt, daß ein Zentrum, das stärker ist als das andere, dieses mit seiner Einflußzone überdecken kann (die erste Sphäre kann die andere in einer Art elektrischem Austausch einfangen, was den Gesetzen der klassischen Physik widerspricht).

Dieses Phänomen würde die Sympathie, die aurogrammatische Ablehnung dagegen die elektrische Antipathie von Subjekten erklären.

In direktem Zusammenhang mit dieser Beobachtung denken die russischen Gelehrten, daß das *swapping*, also der Partnertausch, die Individuen wieder ins Gleichgewicht bringen kann, indem es ihre Aurogramme harmonisiert.

Die »Sexwelle«, die gegenwärtig die Welt überflutet (die ländlichen Gebiete und unterentwickelten Länder sind etwas weniger davon betroffen), ist in den kalten nordischen Ländern entstanden: Diese haben sich von der religiösen Moral nahezu vollkommen freigemacht.
Die Erotik, oder sagen wir zur besseren Definition des Phänomens, das Bedürfnis, sich auszuleben und die bürgerlichen Schranken zu durchbrechen, ist die logische Folge eines Jahrhunderts der Heuchelei.
Auf diese Explosion wird wieder eine Periode der übertriebenen Prüderie folgen, wie auf die Zeit der *Incroyables* um das Jahr 1900 jene der Mustergattinnen folgte.
Seit Anbeginn der Zeiten betrügen die Männer ihre Frauen und umgekehrt. Die Prostitution wird das älteste Gewerbe der Welt genannt. Ich möchte mich über das Thema nicht verbreiten, versuche aber zu erklären, wieso es so viele schlechte Ehen gibt, so viele sexuelle Differenzen, die Streit, Tragödien und zerbrochenes Glück zur Folge haben.
Drei grundsätzliche Erklärungen können angeboten werden:
- Es besteht keine sexuelle elektrische Übereinstimmung zwischen Mann und Frau.
- Das denkende und intellektuell ausgerichtete menschliche Wesen muß sich ein neues Gleichgewicht verschaffen.
- Das menschliche Individuum hat einen natürlichen Hang zur Vielfalt der Liebeserlebnisse (Bedürfnis nach Abwechslung). Von da zur Swapping-Theorie war es nur ein Schritt. Schweden, Norweger und Dänen haben ihn getan. Wie erwähnt, wird das Swapping auch in russischen Wissenschaftlerkreisen anerkannt. Wenn es von der übrigen Welt aufgenommen wird, muß dies eine sexuelle, ethische und religiöse Revolution zur Folge haben.

Aurogramm und Eigengeruch

Das Aurogramm zeigt das elektromagnetische Feld des Menschen (so etwas wie die *Aura*), und es scheint in enger Verbindung mit dem Geruchssinn, also mit den Parfums und Düften, zu stehen.
Wenn bei einem Paar der Geruch – vor allem ein Geruch sui generis, also nur der einen Person eigen – angenehm und sogar erregend im Sinne eines Aphrodisiakums ist, dann stellt man auch fest, daß die Aurogramme harmonisieren. Man kann sicher sein, daß die sexuelle Übereinstimmung in diesem Fall vollkommen sein wird.
Ist dieser Geruch eine einfache Empfindung auf materieller Grundlage, oder hat er eine gewisse sphärische Organisation? Die Frage wird unter-

sucht, und man nimmt an, daß das Ausstrahlungsfeld der Geruchspartikeln die Form des Aurogramms annimmt und vielleicht von aurogrammatischen Wellen getragen wird.
Dagegen wurde beim Physiologenkongreß in Cannes im Jahre 1967 von den Professoren Knut Larsson von der Universität Göteborg, Jacques Le Magnen vom Collège de France und Dr. Azémar aus Avignon die Hypothese geäußert, daß die Gerüche nicht direkt die sexuellen motorischen Zentren reizen. Die Reizung wäre eine psychologische Wirkung, durch bedingten Reflex ausgelöst.

Das sexuelle Parfum ist tierisch

Die Physiologen in Cannes haben auch die von Literaten oft geäußerte Feststellung bestätigt, daß es die behaarten Teile des menschlichen Körpers sind, die am stärksten das sexuelle Verlangen wecken: Achselhöhlen, Kopfhaar, Scham, aber auch der Atem. Mit einem Wort, der Sexualakt ist völlig abhängig von dem, was der Mensch an Animalischem in sich hat. So haben auch Parfums als Basis immer Substanzen, die tierischen Ursprungs sind: Moschus wird aus einem Täschchen unter dem Bauch des männlichen Moschustieres gewonnen; Zibet wird aus dem Damm der Zibetkatze gewonnen; Amber ist eine Ausscheidung des Pottwals.
R. Harari schreibt in seinem Artikel über *Geruchssinn und Sexualität* (Zeitschrift *Science et Vie*, Januar 1968), daß die Architektur der persischen Moschee in Tauris auf interessante Weise mit der Wissenschaft der Düfte verbunden ist. Die Erbauer haben den Mörtel mit Moschus vermischt, so daß die Mauern unter der starken Sonnenbestrahlung einen intensiven Moschusduft ausstrahlen, der – so sagt die Legende – die Liebenden berauscht.
Die Frau ist, vor allem zur Zeit des Eisprungs, für aphrodisische Düfte viel empfänglicher als der Mann. Und Pelzkleidung übt auf sie eine echte sexuelle Anziehung aus, was darauf hinweisen würde, daß ihre animalischen Instinkte viel ausgeprägter sind als die des Mannes.
J. Marcireau teilt diese Ansicht nicht (*Histoire des rites sexuels* – Geschichte der Sexualriten, Robert Laffont), wenn er schreibt: »Der älteste Ritus, nämlich die Paarung mit Tieren (Eva und die Schlange), zeigt eine erstaunliche Hypothese über die Anfänge der Menschheit auf.
Die Frauen waren die ersten nichttierischen Wesen und hätten mit den Tieren sexuelle Beziehungen gehabt, aus denen die Hybride (Bastarde) hervorgingen. Die progressive Eliminierung dieser Monstren durch Selektion hätte nach und nach unsere Art mit den beiden Geschlechtern

hervorgebracht. Das männliche Geschlecht wäre also physiologisch jünger als das weibliche.«
Über die sexuellen Riten schreibt Jacques Marcireau ganz richtig, daß »die geheiligte Prostitution, das Recht der ersten Nacht, der Lingam- und Yonikult oder die Beschneidung Überreste dieser geheimnisvollen Praktiken sind, die weltweit verbreitet waren und deren Rolle in der Entstehung der Religionen und Gesellschaften maßgebend war.«

Die Nase der Urmenschen

Es ist eine interessante Tatsache, daß der Mensch zwar einen fremden Geruch sofort wahrnimmt, sein Geruchssinn für den eigenen Geruch, insbesondere für seinen Atem, jedoch nur abgeschwächt funktioniert. Dies ist eine Eigenart der Natur, die dem Überlebenswillen entspricht. Das Wahrnehmen des Eigengeruchs würde nämlich das Wahrnehmen von Fremdgerüchen verhindern, und es hat sicher eine Zeit gegeben, in der das Riechen des Feindes eine Frage von Leben und Tod war. Für zahlreiche wilde Tiere gilt dies natürlich noch immer.
Der Jagdhund, dem man die Schnurrbarthaare abschneidet, riecht die Spur des Wildes nicht mehr; die Katze wird unter denselben Voraussetzungen ängstlich und für die Mäusejagd untauglich. Um den möglichen Angreifer abzuschrecken, strömt der Dachs einen besonderen Gestank

Abbildung 47: Gravierter Knochen aus Isturitz (Basses-Pyrénées): Ein Mann folgt der Witterung einer Frau.

aus, den er aber selbst nicht bemerkt, oder der ihn zumindest nicht stört. Die Tatsache, daß der Mensch ähnlich reagiert, ist ein starkes Indiz für seine Verbundenheit mit dem entwicklungsmäßig niedrigeren Tierreich. Es scheint, daß die Menschen in urgeschichtlichen Zeiten eine wesentlich stärker entwickelte Nase (und vor allem größere Nasenlöcher) hatten als die zivilisierten Völker heute. In Neuguinea, Zentralafrika und Australien findet man diese Eigenart auch heute noch.

Eine Knochengravierung, die in der Höhle von Isturitz (Basses-Pyrénées) gefunden wurde, zeigt einen Mann, der kriechend einer nackten Frau folgt. Der Mann streckt die Hände aus, wie um seine Beute zu fangen, und seine stark vorspringende Nase ist auf das begehrte Weibchen gerichtet, das er zu wittern scheint wie ein Jagdhund das Wild.

Die Fachleute halten es für möglich, daß die Verkleinerung der Nase und ihrer Öffnungen im Laufe der Zeit das soziale und intime Verhalten der Menschen nicht unbeträchtlich beeinflußte.

Der Zusammenhang zwischen dem elektromagnetischen Feld des Menschen und den Gerüchen scheint dem Studium des erotischen Verhaltens der Menschen und ihrem Gleichgewicht neue, bisher unbekannte Elemente hinzuzufügen.

15. Die Evangelien wurden manipuliert

In den ersten Jahrhunderten unserer Zeitrechnung ist eine Unzahl von Evangelien erschienen. Von der Kirche werden nur die Bücher von Matthäus, Markus, Lukas und Johannes als kanonisch (den Regeln der Kirche entsprechend) anerkannt. Das älteste ist das Matthäus-Evangelium, das direkt aus dem Evangelium der Hebräer entstand.
Ein Punkt muß besonders betont werden: Die Apokryphen (nicht anerkannte Schriften) und die gut fünfzig Evangelien, die es damals gab, von denen aber der Großteil vernichtet wurde, geben übereinstimmend an, daß Jesus zur Zeit von Pontius Pilatus und Tiberius gelebt hat.

Keine authentischen Dokumente

In allen übrigen Punkten aber, dem Leben, Werk, ja selbst der Person von Jesus, gibt es keine Übereinstimmung.
Manche Evangelien zeigen Christus mit einem Antlitz, einer Doktrin und einer Geisteshaltung, die den Berichten der Evangelisten Matthäus, Lukas, Markus und Johannes diametral entgegengesetzt sind. Und selbst die Berichte von Matthäus und Lukas stehen oft im Gegensatz zu jenen von Markus und Johannes, die sich wiederum oft selbst widersprechen.
Diese Lücken und Unklarheiten erklären, warum das Lesen der vier kanonischen Evangelien durch Jahrhunderte den Gläubigen untersagt war und den Geistlichen vorbehalten blieb.
Es gab authentische Dokumente, und vielleicht existieren immer noch einige in der Vatikanischen Bibliothek. In diesem Zusammenhang schreibt Dr. M. Spencer Lewis, Imperator der Rosenkreuzer, in *La vie mystique de Jésus* (Das mystische Leben Jesu, Rosenkreuzerverlag, 1959):
»Wir wissen, daß die Väter der Urkirche Zugang zu geheimen Dokumenten hatten, weil in den Konzilen dieser Zeit und in den Diskussionen zwischen den höchsten Autoritäten auf Manuskripte und offizielle Dokumente angespielt wurde, die mit der Kreuzigung und anderen Ereig-

nissen aus dem Leben Jesu zusammenhängen, jetzt aber versteckt werden oder bereits vernichtet worden sind.
Eine der Hauptsorgen der Kirchenväter bestand vom 7. bis 12. Jahrhundert darin, sich aller Manuskripte und Werke zu bemächtigen, die sich in den kostbaren Sammlungen der orientalischen Länder befanden und Informationen enthielten, die mit den von ihnen verkündeten Lehren nicht übereinstimmten.«
So soll der Apostel Johannes, später Bischof von Ephesos, der Verfasser des vierten Buches sein, aber es ist bekannt und erwiesen, daß dieses Pseudo-Evangelium erst in späterer Zeit von geschickten Theologen geschrieben wurde. Sicher ist jedenfalls, daß es nicht von Johannes stammt, von dessen Existenz man übrigens keinen historischen Beweis hat.

Hundert Evangelien

Aus den fünfzig bis hundert Evangelien*, die im 2. und 3. Jahrhundert unserer Zeit entstanden, wählten die christlichen Gemeinden die Berichte von Matthäus, Markus, Lukas und Johannes aus. Sie galten als gleichermaßen heilig und wahr, ungeachtet ihrer Lücken und Widersprüche. Da die Evangelien als vom Heiligen Geist inspirierte Bücher gelten, dürfen sie – im Prinzip – weder kritisiert noch angezweifelt, noch diskutiert werden. Heutzutage hat sich diese Auffassung bereits entschieden geändert. Die Theologen geben ohne weiteres zu, daß die Evangelien interpretiert und sogar korrigiert werden *müssen*.
»Man kann nur vier Evangelien zulassen«, schreibt der heilige Hieronymus, »alle Dummheiten der Apokryphen sind geeignet, toten Häretikern, nicht aber lebenden Gläubigen erzählt zu werden.«
»Ganz und gar nicht«, erwidern die Gegner des Hieronymus, »in euren kanonischen Evangelien finden sich die Dummheiten, die Widersprüche und unvereinbaren Tatsachen . . .«
Um die Berichte abzustimmen, hat die Kirche so manche kosmetische Operation an der Heiligen Schrift vorgenommen. Tatian, ein Schüler von

* Von den bekanntesten Evangelien seien folgende zitiert: E. der Hebräer, der Ebioniter, des Matthäus, Lukas, Markus, Johannes, von Thomas dem Israeliten, Jakobus d. Jüngeren, Nikodemus, Marcion, Von der Geburt Mariä und der Kindheit des Erlösers, von der Kindheit, E. des Volkes, der zwölf Apostel, des Bartholomäus, Barnabas, Cerinthus, Petrus, Basilides, der Wahrheit, der Eva, der Vollkommenheit, des Philippus, der Ägypter, der ägyptischen Gnostiker, des Judas, des Paulus, etc.

Justin, hat sogar, indem er das »Evangelium nach den Vier« schrieb, versucht, eine Art Koordinierung der Berichte von Matthäus, Markus, Lukas und Johannes zu erreichen.
Aber wie soll man nicht schon durch die verschiedenen Genealogien Jesu verwirrt sein, wenn man z. B. Matthäus und Lukas liest? Matthäus schildert Jesus als Sohn Josephs, der seinerseits von Jakob, Matthan, Eleasar, Eliud, Achim, Zadok, Asor etc. bis Salomon, David und Abraham abstammt (s. Kap. 1, Vers 1–16). Bei Lukas ist Jesus auch der Sohn Josephs, hat aber als Vorfahren Eli, Matthat, Levi, Melchi, Janna, Joseph, Matthathias etc. bis hin zu Abraham, Sem, Noah, Henoch und Adam (Kap. 3, Vers 23–38).
Es ist erstaunlich, daß trotz so grundlegender Unterschiede die Evangelien von Matthäus, Lukas und Markus als *synoptisch*, also ähnlich, bezeichnet werden.

Der heilige Augustinus garantiert

Bei Augustinus liest man: »Es ist nicht erlaubt zu sagen oder auch nur zu denken, daß einer der Evangelisten gelogen hat« (fas non est evangelistarum aliquem mentitum fuisse nec existimare nec dicere).
Überdies sagt der gute Heilige, wenn es sich um vollkommen widersprüchliche Thesen handelt – wie jene von der Abstammung Jesu zum Beispiel –, man muß glauben, daß sie vereinbar sind, selbst wenn man nicht weiß wie.
Johannes, dessen Bericht mit Vorsicht zu genießen ist, steht in förmlichem Gegensatz zu Matthäus, Lukas und Markus, wenn es um die Chronologie der Passionswoche geht. Keiner legt Ostern auf denselben Zeitpunkt. Nach Johannes wäre Jesus nicht am Freitag, sondern am Samstag, am Tag vor dem Osterfest, gekreuzigt worden.
Die Widersprüche werden noch größer, wenn es um die Auferstehung, oder genauer gesagt um die Erscheinung Jesu geht.

- Matthäus versichert, daß sowohl Maria als auch Maria Magdalena anwesend waren.
- Irrtum, sagen Lukas und Johannes: Nur Maria Magdalena war zugegen.

Es gibt also keinen stichhaltigen Beweis für die Authentizität der Evangelien. Im übrigen ist auch die Kirche vorsichtig, sie »schreibt sie zu« und sagt Evangelium *nach* Matthäus, Lukas etc.
Im 2. und 3. Jahrhundert dachten die Gelehrten und Kirchenväter wie Irenäus, Klemens von Alexandria und der eifrige Tertullian, daß die

Evangelien von den Aposteln verfaßt und sowohl direkte Zeugnisse als auch göttliche Eingebungen waren.

Das zweifelhafte Johannes-Evangelium

Polykarp, der vom Evangelisten Johannes um das Jahr 80 zum Bischof von Smyrna geweiht worden sein soll, war von allen Heiligen der würdigste und schätzenswerteste. Im Gegensatz zu den Aposteln, die Jesus verleugneten, zog er das Martyrium der Schande einer Verleugnung vor und starb ohne zu klagen auf dem Scheiterhaufen.
Polykarp ist der Verfasser eines Briefes an die Philipper, über die (umstrittenen) Schriften des Ignatius Theophorus (er war der erste heilige Ignatius), von dem fälschlicherweise behauptet wurde, er sei vom Apostel Petrus geweiht worden. Nun spricht Polykarp wohl von den drei ersten Evangelien, nicht aber von dem des Johannes. Denn das Johannes-Evangelium gab es zu Beginn des 2. Jahrhunderts noch gar nicht, es wird zum erstenmal von Theophil von Antiochia erwähnt, aber erst um das Jahr 180!
Man weiß also seit vielen Jahrhunderten, daß das am meisten geschätzte, weil ideenreichste Evangelium, die Schrift des »Adlers Johannes«, der in den Armen Jesu schlief, daß also dieses Evangelium eine Fälschung ist, die im 2. oder 3. Jahrhundert zusammengebraut wurde, um dem Mangel an theologischem Gehalt der drei ersten Schriften abzuhelfen.

Der sonderbare Cerinthus

Um sich in dieser Verwicklung zurechtzufinden, muß man die geistige Atmosphäre kennen, die vor 2000 Jahren in Ägypten und Kleinasien herrschte.
Der Gnostizismus war die Grundlage aller Religionen und Sekten. Cerinthus war der Führer einer Sekte, die aus dem Christentum entstanden war, den göttlichen Ursprung Christi aber nicht anerkannte.
Dem *Grand Dictionnaire du XIXe siècle* (Großes Lexikon des 19. Jahrhunderts) habe ich die folgenden Passagen entnommen, die über die Geisteshaltung der Menschen des 1. Jahrhunderts sehr aufschlußreich sind:
»Cerinthus nahm die Existenz von zwei gegensätzlichen Prinzipien an: und zwar nicht Gut und Böse, sondern ein im wesentlichen aktives Prinzip, das durch sich selbst existiert: Gott; und ein passives Prinzip, das nicht durch sich selbst existiert und vollkommen ist: die Materie.

Der Schöpfer der Welt war nicht Gott, da dieser in keine Beziehung zur Materie treten konnte. Der Schöpfer gehörte vielmehr einer der letzten Klassen von niederen Untergeistern an, die noch von Theodorus *Kräfte* und *Engel* genannt wurden, aber er trug dennoch etwas vom göttlichen Wesen in sich . . .

Dasselbe galt für den Äon, den Schöpfer der mosaischen Gesetzgebung . . .

Jesus war nicht der Sohn Gottes; ein Äon namens Christus hatte sich bei seiner Taufe im Wasser des Jordan mit ihm verbunden, ihn aber am Tag seiner Kreuzigung wieder verlassen.

Cerinthus war von Geburt Jude und glaubte an das mosaische Gesetz als Notwendigkeit und an die künftige Weltherrschaft der Juden . . . Seine Anhänger benützten das Evangelium der Hebräer.«

Ein Jünger des heiligen Paulus namens Caius veröffentlichte eine Apokalypse unter dem Namen eines Apostels und stellte sie als von den Äonen inspiriert hin. In diesem Zusammenhang denken manche Exegeten, daß die Apokalypse, die dem Johannes zugeschrieben wird, von Cerinthus verfaßt wurde.

Die Päpste und Karl der Große korrigierten das Evangelium

Wie der Schriftsteller Kronos in *Essai de méditations immatérielles* (Versuch immaterieller Meditationen) berichtet, hielt es die Kirche unter den Päpsten Gregor VII. und Innozenz III. für ratsam, für die Priester eine stark bearbeitete Zusammenfassung der Evangelien herauszugeben, die außerdem noch Gebete etc. enthielt. Das war und ist das *Brevier*.

Ebenso sei daran erinnert, daß das Übersetzen der Evangelien einst verboten war, »damit sich nicht eine Sinnwidrigkeit oder ein einfacher Fehler einschleicht«.

Man kann diesen frommen Skrupeln nur wenig Glauben schenken, wenn man weiß, daß die Konzile, Päpste und christlichen Herrscher die »heiligen Schriften« unbekümmert manipulierten; die Übersetzung des heiligen Hieronymus aus dem 4. Jahrhundert (die Vulgata), die einzige von der römischen Kirche offiziell anerkannte Version, nicht ausgeschlossen.

»Die tiefgreifendsten Abänderungen«, schreibt Kronos, »gehen auf das Konzil von Nizäa zurück und wurden mit der Einigung zwischen Papst Damasus I. und Kaiser Konstantin begründet.

Bei dieser Gelegenheit wurden die ältesten Evangelien, insbesondere das *Evangelium der Hebräer* (Urfassung des Matthäus-Evangeliums), als apokryph erklärt.

Außerdem wurden in den vier Evangelien Zusätze, Auslassungen und Änderungen vorgenommen, über die sich der heilige Hieronymus wunderte, der mit ihrer lateinischen Übersetzung betraut wurde. Er staunte um so mehr, da er eben das Evangelium der Hebräer ins Lateinische übersetzt hatte, und man ihm befahl, von diesem keine Notiz mehr zu nehmen.«

Der heilige Viktor, Bischof von Tumones in Afrika, berichtete, daß am Ende des 5. Jahrhunderts Papst Anastasius II. die heiligen Schriften neuerlich untersuchen, kritisieren und purifizieren ließ.

Karl der Große tat wenige Jahre vor seinem Tod dasselbe (Duquesne, *Historiae Francor scriptores*). Zu dieser Zeit erfand die Kirche auch einen Brief des heiligen Petrus, der mittlerweile von den Theologen wieder verworfen wurde, und ein Dokument über eine Kaiser Konstantin zugeschriebene Schenkung, um Karl den Großen anzuregen, ihr in Italien ein weltliches Reich zu schaffen.

Gutenberg und die Evangelien

Papst Sixtus V. (1585–1590) vollendete das Werk seiner Vorgänger, um Kaiser Karl V. gefällig zu sein. Tausende Abänderungen wurden gemacht, und der Papst bedrohte jeden mit dem schrecklichsten Bann, der es in Zukunft wagen sollte, an die Texte zu rühren. Dann veranlaßte er eine neuerliche Revision. Mehr als zweihundert Stellen wurden geändert!

Papst Klemens VIII. (1592–1605) brachte einige Jahre später neue »Verbesserungen« an, doch diesmal waren es die letzten, da inzwischen die Buchdruckerkunst erfunden worden war.

Wozu all diese Änderungen? Ganz einfach: Die meisten Dogmen standen im Widerspruch zu den heiligen Büchern, daher mußte man die Bücher den Dogmen anpassen.

Zwischen Gott und dem Menschen durfte nur die Kirche stehen, der sich der Mensch zuvor unterwerfen mußte, da ihm sonst kein Kontakt mit Gott gestattet war.

Dabei hat Christus gesagt: »Gott ist überall«, aber das war ein gefährlicher Pantheismus! Man durfte nicht riskieren, daß der Mensch Gott in seiner Schöpfung verehrte.

Die Kirche allein diktierte den Willen Gottes. Das Wort Wille steht übrigens in krassem Widerspruch zur Freiheit der Entscheidung, die uns der Schöpfer zugebilligt hat: Die ursprünglichen Evangelien sprachen nur von den Wünschen Gottes, der auf alle seine Geschöpfe zählt, insbesondere auf den Menschen, der ihm bei ihrer Verwirklichung helfen sollte.

16. Die Bibel wurde verfälscht

Die zehn Gebote wurden Moses auf dem Sinai diktiert, und das Gesetz wurde von Gott selbst geschrieben (2. Mose, Kap. 32, Vers 15, 16).
15. Mose wandte sich und stieg vom Berge und hatte zwei Tafeln des Zeugnisses in seiner Hand, die waren beschrieben auf beiden Seiten.
16. Und Gott hatte sie selbst gemacht und selber die Schrift eingegraben.
Es scheint unvorstellbar, daß Gläubige es wagen könnten, das Heiligste und Göttlichste am Gesetz, nämlich die Gebote Gottes, anzuzweifeln und zu fälschen. Und dennoch . . .

Die fünfzehn Gebote

Die Gebote Gottes, der Dekalog, findet sich in der Vulgata, also der kanonischen Bibel (2. Mose, Kap. 20, Vers 1, 4–6). Es steht geschrieben:

1. Und Gott redete alle diese Worte
4. Du sollst dir kein Bildnis noch irgendein Gleichnis machen weder des, was oben im Himmel, noch des das unten auf der Erde, oder des das im Wasser unter der Erde ist.
5. Bete sie nicht an und diene ihnen nicht. Denn ich, der Herr dein Gott, bin ein eifriger Gott, der da heimsucht, der Väter Missetaten an den Kindern bis in das dritte und vierte Glied, die mich hassen.
6. Und tue Barmherzigkeit an vielen Tausenden, die mich liebhaben und meine Gebote halten.

Die Aussagen sind klar und eindeutig: Es ist ausdrücklich verboten, Bilder von Gott, den Engeln und Heiligen, von Jesus, Maria, Gabriel etc. zu machen. Es ist sogar formell untersagt, ein Abbild von irgend etwas Darstellbarem zu machen, was im Himmel, auf oder unter der Erde existiert. Das Kruzifix ist zweifellos eine Gotteslästerung, und dasselbe gilt für die Statuen der Heiligen Familie und der Apostel, für die frommen Bilder, die man ins Meßbuch einlegt, für dic Bibel, die mit Zeichnungen und Fotos ausgeschmückt wird, die illustrierte Presse, wenn sie von Juden und Katholiken herausgegeben wird.

Die Gebote sind nicht numeriert, aber man kann sie in 15 Hauptvorschriften einteilen:

1. Du sollst keine anderen Götter neben mir haben. (2. Mose, Kap. 20, Vers 3)
2. Du sollst dir kein Bildnis machen. (Vers 4)
3. Du sollst die Bilder nicht anbeten. (Vers 5)
4. Du sollst den Namen des Herrn nicht mißbrauchen. (Vers 7)
5. Gedenke des Sabbattag, daß du ihn heiligest. (Vers 8)
6. Du sollst deinen Vater und deine Mutter ehren. (Vers 12)
7. Du sollst nicht töten. (Vers 13)
8. Du sollst nicht ehebrechen. (Vers 14)
9. Du sollst nicht stehlen. (Vers 15)
10. Du sollst kein falsches Zeugnis reden wider deinen Nächsten.
11. Du sollst nicht begehren deines Nächsten Haus, noch begehren sein Weib, noch sein Gut. (Vers 17)
12. Machet euch keine silbernen und goldenen Götter. (Vers 23)
13. Einen Altar von Erde mache mir. (Vers 17)
14. Und so du mir einen steinernen Altar willst machen, sollst du ihn nicht von gehauenen Steinen bauen; denn wo du mit deinem Messer darüber fährst, so wirst du ihn entweihen. (Vers 25)
15. Du sollst auch nicht auf Stufen zu meinem Altar steigen. (Vers 26)

Das Gesetz Gottes wird mit Füßen getreten

Mit Schrecken stellt man fest, daß 12 von den 15 Geboten von der Kirche mit Füßen getreten werden, die eigentlich nur die Gebote 1 und 4 respektiert: keine fremden Götter zu haben und nicht zu fluchen.
Gott selbst wird verhöhnt, denn es heißt nicht, ihn anbeten und verehren, wenn man seine Gebote mißachtet, raubt, tötet, Kathedralen baut.
Papst Alexander VI. – um nur ein Beispiel zu nennen – ging in der Gotteslästerung noch viel weiter: Er hatte von der verheirateten Rosa Vanozza fünf Kinder, deren berühmteste Cesare und Lucrezia Borgia waren. Dieser Papst, der für seine Person allen fünfzehn Geboten Gewalt antat, starb im Jahre 1503 an einem Gifttrank, »den er versehentlich trank, und den er für einen Kardinal zubereiten hatte lassen, dessen Güter er begehrte«.
Es bleibt auch die Frage offen, ob Gott gut inspiriert war, als er diese Vorschriften verkündete; zwar sind die meisten davon weise, doch scheinen leider einige schon sehr überaltert.

Wahrscheinlich ist dies der Grund dafür, daß die Menschen das Evangelium berichtigten und zensierten, das heißt, daß sie das Wort Gottes und Christi korrigierten!
Beim 3. Konzil von Nizäa, es war das 7. Konzil überhaupt und fand vom 24. September bis 23. Oktober 787 statt, erließen 377 Bischöfe aus Griechenland, Thrazien, Sizilien und Italien, die in der Hagia Sophia von Konstantinopel zusammengekommen waren, folgendes Dekret gegen die Bilderstürmer:
»Wir beschließen, daß die heiligen Bilder, entweder aus Farbe, Mosaiksteinen oder einem anderen geeigneten Material, ausgestellt werden müssen, entweder in den Kirchen, auf den Vasen, Meßgewändern, Wänden oder in den Häusern und auf den Wegen; denn je öfter man Jesus Christus, seine heilige Mutter und die Heiligen auf Bildern sieht, desto stärker ist man geneigt, sich an die Vorbilder zu erinnern und sie zu lieben.
Man schuldet diesen Bildern ehrfürchtigen Gruß und Anbetung, nicht aber, nach unserem Glauben, die wahre Gottesverehrung, die dem göttlichen Wesen vorbehalten ist.
Dennoch kann man diesen Bildern Weihrauch und Licht nahebringen, wie man es beim Kreuz, den Evangelien und den anderen heiligen Gegenständen zu tun pflegt; all dies nach dem frommen Brauch der Alten, denn die Ehre überträgt sich auf das dargestellte Vorbild.
Dies ist die Lehre der heiligen Kirchenväter und die Tradition der katholischen Kirche; wer anders zu denken wagt, soll nach unserem Befehl abgesetzt werden, wenn es Bischöfe oder Priester sind, und exkommuniziert, wenn es sich um Mönche oder Laien handelt.«
Dieser Beschluß war zweifellos der wichtigste, der jemals von Menschen gefaßt wurde, denn er setzte Gott ab oder exkommunizierte ihn. Denn Gott selbst hat in seinen Geboten ausdrücklich untersagt, zu drucken, zu zeichnen oder zu gravieren, das heißt, Bilder anzufertigen! Was von den Theologen in Nizäa ebenso ausdrücklich mißbilligt wurde.
Das erste Konzil von Nizäa fand im Jahre 325 statt. 2048 Bischöfe waren gekommen, die meisten, um die Göttlichkeit Jesu zu leugnen und zu bekämpfen. Es gelang aber dem Kaiser von Byzanz, Konstantin I., sie zu überlisten und Christus als Gottheit einzusetzen, wobei er seine Gegner mit dem Exil bedrohte, wenn sie weiterhin »das Urteil der Mehrheit« nicht annehmen wollten. Die »Mehrheit« bestand aus 318 Kirchenvätern; die »Minderheit« der Gegner erreichte zu Beginn die Zahl 1500. Die Drohungen verringerten ihre Zahl auf zweiundzwanzig Bischöfe, unter ihnen der Priester Arius und Eusebius, Bischof von Cäsarea. Sie wurden alle exkommuniziert.

Die Bücher des Arius wurden verbrannt, und das Konzil verkündete die Todesstrafe für jene, die weiterhin ein Exemplar davon besäßen.

Die Bibel ist ein Roman

Sicher darf man nicht den gesamten Wert der Bibel leugnen, auch wenn das, was sich auf die Hebräer bezieht, falsch ist und jeder Grundlage entbehrt.

So ist zum Beispiel der Exodus eine reine Fabel, das märchenhafte Abenteuer eines Nomadenstamms. Kein Ägyptologe glaubt an diesen buntschillernden Bericht über eine Wanderung, von der weder in Manuskripten noch in Hieroglyphen berichtet wird.

In einer Sendung des 2. französischen Fernsehprogramms am 30. Juli 1970 waren sich Jean Leclant, Inhaber der Lehrkanzel für Ägyptologie an der Sorbonne, Shafik Allam, Dozent an der Universität Tübingen, Labib Habachi, Direktor des Antiquitätenamtes in Kairo, und André Caquot, Studienleiter an der Praktischen Schule für Höhere Studien, ein Bibelspezialist, darüber einig, daß die Bibel als Roman verstanden werden muß.

Labib Habachi versicherte, daß es in Ägypten zu Moses' Zeiten nur einige Hundert Vorfahren der Hebräer gab. Und das waren Angehörige verschiedener Nationen, Nomaden.

Professor Caquot vertritt die Meinung, daß die künstliche Schaffung des hebräischen Volkes nur dreitausend Jahre zurückreicht.

Aus diesen Aussagen geht hervor, daß die Schilderung des Exodus in die ägyptische Wüste bis zum Eintritt in das Gelobte Land eine Fälschung ist, die wahrscheinlich aus der Zeit Salomons stammt.

Auch der berühmte Durchzug durch das Rote Meer gehört in den Bereich der Fiktion; die Schreiber im Haus der Schriftgelehrten waren immer darauf bedacht, den kleinsten Zwischenfall in einem Reich zu berichten, in dem im allgemeinen nichts geschah*, und hätten es daher gewiß nicht versäumt, über den Diebstahl der Vasen aus dem Tempel durch die Hebräer zu berichten, über ihre Flucht durch die Wüste, den Zug der Armee des Pharaos und deren Untergang in den Fluten . . . Doch alle historischen und traditionellen Texte Ägyptens schweigen über diese Ereignisse!

* Sie berichten über so geringfügige Dinge wie den Durchzug von Zugvögeln, Strafexpeditionen gegen Diebe, geringe Überschwemmungen des Nils, ungenügende oder reichliche Ernten etc.

Professor Caquot meint, daß dieser Bericht nicht authentisch ist, er stellt symbolisch den Sieg Gottes über das Wasser und Israels über Ägypten dar.

Yahwe war kein hebräischer Gott

Selbst der Gott Yahwe scheint von den Beduinen der Wüste »ausgeliehen« zu sein. Hören wir dazu die Meinung von Professor Caquot:
»Der untere Teil der Hypostylos-Säulen des nubischen Tempels von Soleb (Anm. d. Autors: Er wurde am Beginn des 14. Jahrhunderts v. Chr. von Amenophis III. erbaut) ist mit Wappenschildern bedeckt, die die Namen der Völker Asiens und Afrikas tragen, welche von den Ägyptern besiegt wurden.
Jedes Schild wird von der Büste eines Mannes (als Halbrelief) überragt, dessen Hände hinter dem Rücken gebunden sind. Mehrere Inschriften beginnen mit der Formel *t3 s3-s-w* = ›Land *der Shabou* (Beduinen) *von . . .*‹, und eine lautet

t3 s3-s-w y-h-w3-w;

w3-w muß wahrscheinlich als -wo gelesen werden, so daß dieser Schild von ›Beduinen von Yahwo‹ spricht. Die Versuchung ist groß, darin den Namen des Bibelgottes zu sehen, denn man nimmt schon seit langem an, daß die ursprüngliche Aussprache des Tetragramms *Yahwo* und nicht *Yahwe* lautete.
Aber auf diesem Monument ist *y-h-w3-w* kein göttlicher Name. Die anderen Tafeln lassen eher annehmen, daß es sich um den Namen eines Ortes handelt, des Landes jener Leute, die von den Ägyptern Shasu (Nomaden, die östlich des Isthmus von Suez lebten) genannt wurden.
Namhafte Ägyptologen wie S. Herrmann und J. Leclant zögern nicht, die Identität des israelischen Gottesnamens mit diesem Ort im östlichen Ägypten anzunehmen.
Vielleicht ist der Begriff aber auch aus dem Namen eines Berges entstanden, der in dem Gebiet liegt, von dem verschiedene biblische Texte sagen, daß YHWH dort erschien.*

* 5. Mose, Kap. 33, Vers 2: Der Herr ist von Sinai gekommen und ist ihnen aufgegangen von Seir.« Richter Kap. 5, Vers 4: »Herr, da du von Seir auszogst und einhergingst vom Felde Edoms . . .«

Y S R ' L, der phönizische Gott

Der Name Israel taucht in Soleb nicht auf. Es finden sich erst später Belege, und zwar auf der Grabsäule des Pharaos Merneptah (um 1230 v. Chr.): Name eines syrischen Volkes.
Dieser Name ist von einem Geheimnis umgeben. Es ist ein Personenname nach einem wohlbekannten Typus der semitischen Sprachen: dem göttlichen Namen *'el* (Gott) steht ein Zeitwort in der Gegenwart-Zukunft voran, das mit dem Verbalpräfix der 3. Person mänlich Einzahl beginnt: y (i).
Die Frage konzentriert sich auf die Bedeutung des Verbs, dessen konsonantisches Skelett *s r* ist ישראל
G. A. Danell hat in *Studies in the name Israel in the O. T.*, Upsala 1946, eine Dissertation über das Thema geschrieben.
Man hat seither in den Texten von Ras Shamra als Personennamen einen *ysr'l* (Israel) gefunden, der sehr stark dem uns interessierenden ähnelt, aber das bringt uns auch nicht weiter.«
Diesen Ausführungen kommt eine große Bedeutung zu, da Professor André Caquot als größter Spezialist auf diesem Gebiet angesehen wird. Ich persönlich möchte daran erinnern, daß *El* in den Legenden von Ras Shamra, die auf Tafeln in Keilschrift überliefert sind, der höchste und älteste Gott der westlichen Semiten, insbesondere der Phönizier, ist. Es ist der Gott Beli der vorkeltischen Ahnen, der Bel der Assyro-Babylonier, der phönizische Baal, der in Wahrheit die Maske des unbekannten Gottes ist, oder zumindest des Herrn, dessen wahren Namen nur die Eingeweihten kennen.
Es ist der *El*ohim, den sich die Hebräer aneigneten; sie machten daraus ein Mehrzahlwort, in dem bereits die Dreifaltigkeit durchscheint.
Aber *El* ist auch noch der nordische Gott Ys, der Herr des Pfeiles und des Wassers, den Hebräern eigentlich vollkommen fremd und typisch »pelagos« (vom nördlichen Meer gekommen), wie die arabischen Vorfahren, die nach der Sintflut vom iranischen Hochland bis zum Mittelmeerbecken wanderten.

Die Menschen sind weiser als Gott

Die Gebote Gottes bestehen also nur auf dem Papier: Es ist nicht nur gestattet, Statuen aus dem Stein zu hauen, auf Bildern alles darzustellen, was es im Himmel, auf der Erde und im Wasser gibt, sondern es wird empfohlen und sehr geschätzt, so zu handeln.

Während mehr als tausend Jahren monopolisierte und kontrollierte die christliche Kirche sogar alle Werke von Architekten, Steinmetzen, Bildhauern, Bildermachern und Malern. Nur die strenggläubigen Juden weigerten sich lange Zeit, Architekten, Bildhauer, Maler und in jüngerer Zeit Photographen zu werden.

Hatte der Gott der Hebräer recht, der schreckliche und blutige Jehova – der auch der Gott der Christen ist –, die naturnachbildenden Künste zu verbieten? Wollte er durch dieses Verbot die Menschheit ins Abstrakte drängen und ihr damit dreitausend Jahre Entwicklung ersparen? Wünschte er die Geschichte in eine Richtung zu lenken, die der von den Menschen eingeschlagenen entgegengesetzt war? Was wäre in diesem Fall aus unserer Zivilisation geworden? Zu welchen Denk- und Gesellschaftsformen wären wir gelangt? Alle diese Fragen müssen unbeantwortet bleiben.

In kühner Entschlossenheit haben sich die Menschen dafür entschieden, die Befehle Gottes abzuändern: Es war gewagt, abenteuerlich, aber es war auch wohlüberlegt, und ich bin der Meinung, daß die Päpste, Bischöfe, Mönche und häretischen Priester, die den Beschluß faßten und für seine Durchführung sorgten, Zivilcourage und Weisheit bewiesen.

17. Der Fall Judas

In Ermangelung eines authentischen historischen Berichtes ist es leicht, sich Jesus und seine Apostel als blonde Galiläer (Gallier), bärtige und dunkelhäutige Semiten und – warum nicht? – als Schwarze oder Gelbe vorzustellen.
Die Historiker konnten also ihrer Phantasie freien Lauf lassen, und der Mann aus Nazareth war nach ihren Versionen einmal ein Prophet, dann wieder ein Hippie, ein bewaffneter Bandenführer, ein Verschwörer oder ein Prinz aus königlichem Geblüt, der seinen Thron beanspruchte.

Jesus als politischer König

Der heilige Augustinus ist wie Matthäus (der meiner Meinung nach der am wenigsten verdächtige Evangelist ist) davon überzeugt, daß Jesus gleichzeitig königlicher und göttlicher Herkunft war, und daß er in Palästina effektiv politisch regieren sollte.
»Unser Herr Jesus Christus«, schreibt er, »ist der einzige wahre König und auch der einzige wahre Priester; als König soll er uns regieren, als Priester reinigen.
Charakteristisch für Matthäus ist, daß er in Jesus vor allem die königliche Macht gesehen hat: Er läßt ihn von David abstammen, über die drei Erben dieses Königs, und zeigt die Magier aus dem Orient, die kommen, um in ihm den neugeborenen König Israels zu grüßen.
Matthäus berichtet ebenfalls, daß Herodes, der Tetrarch von Galiläa, in Jesus einen neuen König vernichten wollte, den er fürchtete.«
Augustinus schreibt weiter: »Es ist den Königen eigen, daß sie nicht ohne Gefährten bleiben können.
Daher kommt es, daß jener, der es unternommen hatte, uns die königliche Person Christi zu zeigen, etwas wie einen mit ihm verbundenen Gefährten hatte . . .«
Der Historiker Flavius Josephus berichtet in seinen Werken *Über den jüdischen Krieg* und *Jüdische Altertümer*, die die jüdische Geschichte von der Erschaffung der Welt bis zur Revolte unter Nero – also nach dem Tod

Jesu – beschreiben, nichts von der königlichen Nachfolge, die Jesus angestrebt haben soll. Er erwähnt Jesus nicht einmal, und dies, obwohl er vom Jahr 37 bis zum Jahr 97 gelebt hat und von seiner Existenz, den Wundern, der Unruhe, die er ausgelöst haben soll, und der Kreuzigung gehört haben müßte. Wahrscheinlich wurden aus diesem Grund seine Bücher zerstört und blieben während des ganzen Mittelalters unauffindbar.
In einem einzigen Absatz der *Jüdischen Altertümer* wird Jesus erwähnt, das stimmt . . ., aber die Theologen selbst und die Historiker sind sich darüber einig, daß es sich dabei um eine Einschaltung, eine »fromme Lüge« handelt.
Dem guten Augustinus kommt es auf einen Widerspruch mehr oder weniger nicht an; er beendet seine Ausführungen wie folgt: »Aus allem Vorangegangenen folgt klar, daß sich die drei Evangelisten Matthäus, Markus und Lukas vor allem mit der menschlichen Natur Unseres Herrn Jesus Christus befaßt haben, nach der er König und Priester ist.
Markus, der so viel mit Matthäus gemeinsam hat, scheint sein Gefährte zu sein; und dies, wie wir im ersten Buch gesagt haben, weil die königliche Person nie ohne Begleitung sein kann . . .«
Das Attribut »königlich« bezieht sich natürlich auf Matthäus (ein Zöllner namens Levi), auf den Augustinus die Jesus erwiesene Ehre zurückstrahlen läßt.

Das Evangelium der Hebräer

Das Alte Testament ist genauso manipuliert worden wie die Evangelien; dennoch stößt man manchmal auf poetische Schilderungen der Schönheit der Natur, der Bäume, Blumen, Frauen, der Liebe, ja sogar auf manchen Ausflug ins Erotische wie im Hohen Lied Salomos.
»In den übriggebliebenen Evangelien«, schreibt Kronos, »ist der Text von absoluter Trockenheit; er läßt nichts vom Glanz des Sees Tiberias mit seinen Oleandern, Seerosen und Lotusblumen ahnen, auch nicht die warme Schönheit der hundertjährigen Olivenhaine, wo die Gebete Christi, umgeben vom Duft tausend wohlriechender Pflanzen, das Zirpen der Grillen nicht störten.
Welch ein Unterschied zwischen den uns überlieferten Evangelien und dem Evangelium der Hebräer, das wahrscheinlich das Original des heiligen Matthäus darstellt!
Als Beispiele seien drei vom heiligen Hieronymus übersetzte Fragmente wiedergegeben: Kap. 13, Vers 2.
»Nachdem der Engel diese Worte gesagt hatte, ließ er das Tier anhalten,

weil der Zeitpunkt der Geburt gekommen war, und er gebot Maria, herunterzusteigen und in eine unterirdische Höhle zu gehen, in der es niemals Licht gegeben hatte; aber es war dort immer dunkel, weil das Licht des Tages nicht eindringen konnte. Doch beim Eintritt Mariä erhellte sich die Höhle und füllte sich ganz mit Glanz, als hätte sich die Sonne darin befunden, und das göttliche Licht beleuchtete die Höhle, als wäre es dort die sechste Stunde des Tages; und so lange Maria in dieser Höhle weilte, bei Tag wie bei Nacht, ohne Unterbrechung, wurde sie von diesem göttlichen Licht umstrahlt

Jesus und die Löwenjungen

Kap. 35

. . . Und Jesus war acht Jahre alt, und er ging aus Jericho hinaus zum Jordan. Neben der Straße, nahe beim Ufer des Jordan, war eine Höhle, in der eine Löwin ihre Jungen säugte: Niemand konnte gefahrlos diese Straße benützen. Doch als Jesus von Jericho kommend erfuhr, daß eine Löwin in dieser Höhle geworfen hatte, trat er vor aller Augen dort ein. Sobald die Löwen Jesus gewahrten, liefen sie ihm entgegen und beteten ihn an. Und Jesus saß in der Höhle, und die Löwenjungen liefen um seine Füße herum, schmeichelten und spielten mit ihm. Die alten Löwen indessen hielten sich mit gesenktem Kopf abseits; sie beteten ihn an und bewegten langsam ihren Schweif vor ihm. Das Volk hielt sich in der Ferne, und als es Jesus nicht sah, sagte es: ›Wenn er oder seine Eltern nicht schwer gesündigt hätten, hätte er sich nicht selbst den Löwen zum Opfer gebracht.‹ Und während das Volk noch diesen Gedanken nachhing und von Traurigkeit erfüllt war, trat plötzlich, vor aller Augen, Jesus aus der Höhle. Die Löwen gingen vor ihm, und die Löwenjungen spielten zu seinen Füßen. Die Eltern Jesu hielten sich auch fern, wegen der Löwen, und wagten es nicht, sich zu ihnen zu begeben. Da sagte Jesus zum Volk: ›Um wieviel sind doch die wilden Tiere mehr wert als ihr, denn sie erkennen ihren Meister und verherrlichen ihn, während ihr Menschen, die ihr nach dem Ebenbild Gottes erschaffen worden seid, von ihm keine Kenntnis nehmt. Die Tiere erkennen mich und werden zahm: Die Menschen sehen mich und erkennen mich nicht.‹

Kap. 36

Danach durchschritt Jesus vor aller Augen den Jordan mit den Löwen, und das Wasser teilte sich rechts und links. Da sagte er zu den Löwen, daß es alle hören konnten: ›Gehet in Frieden und tut niemandem etwas zuleide;

aber es soll auch euch niemand schaden, bis ihr an den Ort zurückgekehrt seid, aus dem ihr herausgekommen seid.‹ Und diese grüßten ihn, nicht mit ihrer Stimme, aber durch die Haltung ihrer Körper, und kehrten in die Höhle zurück. Und Jesus kehrte zu seiner Mutter zurück.

Jesus und der Lehrer

Kap. 39

1. Zum erstenmal verlangten die Juden von Maria und Joseph, das Kind durch ihre Schmeicheleien zu einem anderen Lehrer zu führen, damit es unterrichtet werde. Da Joseph und Maria das Volk fürchteten, die Dreistigkeit der Fürsten und die Drohungen der Priester, führten sie ihn wieder zur Schule, wohl wissend, daß er von einem Menschen nichts lernen konnte, er, der von Gott allein sein vollkommenes Wissen hatte.

2. Als Jesus die Schule betreten hatte, vom Geist Gottes gelenkt, nahm er das Buch aus der Hand des Lehrers, der das Gesetz lehrte, und in Anwesenheit des ganzen Volkes, das ihn sah und hörte, begann er zu lesen, und zwar nicht, was in ihrem Buch geschrieben stand, sondern er sprach im Geist des lebendigen Gottes, als würde ein Wasserstrom aus einer Quelle sprudeln und das Becken immer voll bleiben. Und er lehrte das Volk mit solcher Kraft die Größe des lebendigen Gottes, daß der Lehrer selbst sich auf die Erde niederwarf und ihn anbetete. Aber das Herz aller jener, die da waren und ihn sprechen gehört hatten, wurde mit Betroffenheit erfüllt. Und als Joseph dies erfuhr, lief er zu Jesus, in der Angst, daß der Lehrer sterben könnte. Als er ihn sah, sagte der Lehrer: ›Du hast mir nicht einen Schüler gegeben, sondern einen Lehrmeister; und einen, der seine Worte verteidigen kann.‹

In unserem Evangelium nach Lukas wird dasselbe Geschehnis folgendermaßen geschildert (Lukas, Kap. 2, Vers 46–47):

›Und es begab sich, nach drei Tagen fanden sie ihn im Tempel sitzen, mitten unter den Lehrern, wie er ihnen zuhörte und sie fragte. Und alle, die ihm zuhörten, verwunderten sich seines Verstandes und seiner Antworten.‹

Wie trocken sind doch die offiziellen Evangelien, und welche Emotion findet man in den ursprünglichen Texten! Wie frisch gepflückte Blumen mit ihren Farben und Düften erscheinen sie, während uns die Kirche nur eine beschränkte Anzahl an toten, ausgetrockneten Pflanzen übriggelassen hat, als wären sie zu Demonstrationszwecken einem Herbarium entnommen worden.«

Schweigen über die Apostel

Matthäus war zwar bescheidener Herkunft, konnte aber sicher lesen und schreiben, da er Steuereinnehmer war.
Die anderen Apostel stammten aus einfachen Verhältnissen, die meisten waren ungebildete Fischer. Die Theologen sind der Meinung, daß sie ihre Schriften diktierten und nicht selbst aufzeichneten. Auch Bossuet vertritt diese Meinung, wenn er schreibt:
»Wenn Jesus Christus mit den Aposteln beisammen war, konnte ihr ungeschlachter Geist die Geheimnisse nicht durchdringen.«
»Aus einer Welt voll Verbrechen, Leidenschaften und Aberglauben haben die Apostel eine Welt des Glaubens und der Heiligkeit gemacht«, sagte der Theologe Pierre-Claude Frey de Neuville. Dies entspricht zwar nicht der Wahrheit, ist aber auch nicht ganz falsch, da aus der Operation Jesus-Apostel-Evangelien immerhin zweitausend Jahre Zivilisation hervorgegangen sind. Denn wie es auch um die Authentizität der Personen und Ereignisse bestellt sein mag, bestehen bleibt die Tatsache, daß die Geschichte des Abendlandes so verlaufen ist, als wäre alles wahr gewesen. Aus diesem Grund kann man heute, in einer Zeit, in der die christliche Kirche abbröckelt und unter der Last der eigenen Irrtümer und Unwahrheiten zusammenbricht, die Frage nach dem Wahrheitsgehalt ihrer Grundlagen als unwichtig betrachten.
Weder über Matthäus noch über die anderen Apostel sind uns historisch belegte Tatsachen bekannt; ihre Existenz wird nur durch die Berichte der Evangelien und die christlichen Überlieferungen bezeugt: Apostelgeschichte und Briefe, deren Authentizität äußerst zweifelhaft ist.
Nicht einmal Paulus, der von 11 bis 66 gelebt haben soll und Bischof von Ephesos gewesen sein soll, hat einen gültigen Beweis seiner historischen Existenz hinterlassen.
Die Evangelien stimmen auch nicht über die Namen und die Zahl der Apostel sowie über die Ereignisse selbst überein. Das beste Beispiel dafür ist wohl der angebliche Verrat des Judas.

Der Fall Judas

Wenn es schon schwierig ist, sich über den wahren Jesus eine Meinung zu bilden, so gilt dies in noch viel höherem Maße für die melodramatische Person des Judas.
Armer Judas, er ist genug beschimpft, verhöhnt, geächtet worden! Dabei ist es sehr wahrscheinlich, daß er eine weiße Weste behalten hat in diesem

evangelischen Abenteuer, in dem er – im Gegensatz zu den Berichten falscher Zeugen – die Rolle eines Helden spielte.
Sein Verrat soll erfunden worden sein, so hat man gesagt, um Paulus den Eintritt in den Kreis der zwölf Gefährten Jesu zu ermöglichen. Zu diesem Zweck mußte man einen ausschließen, und es wurde eine Intrige gesponnen, die für Paulus nicht den gewünschten Erfolg brachte, da die jüdisch-christliche Partei Matthias an seiner Stelle wählen ließ.
Zur Bekräftigung dieser Behauptung wird angeführt, daß Paulus in seinen Schriften und Johannes in seiner Apokalypse nichts davon wissen, daß es unter den Aposteln einen Verräter gegeben hat, was doch sehr sonderbar ist.
Die Rolle des Judas Ischariot – er wurde so genannt, weil er angeblich aus Ischariot stammte, einem Dorf in Palästina, das nahe beim essenischen Samaria lag – ist äußerst verwirrend.
Der Stamm Juda war der erste und berühmteste unter den zwölf Stämmen der Hebräer, und Judas war wahrscheinlich der gebildetste und intelligenteste der Jünger Jesu, da er mit der Verwaltung der Einnahmen und Ausgaben der Gemeinschaft betraut war.
Der heilige Johannes versichert, daß er ein Dieb war, womit er die Menschenkenntnis Jesu beleidigt, und die elf anderen Apostel waren sich im Bemühen einig, denjenigen herabzusetzen, der immerhin als einziger seinen Meister nicht verleugnet hat.
Was weiß man nun nach den vier kanonischen Evangelien über Judas Ischariot?
Martha, Maria und der von den Toten auferweckte Lazarus, erzählt Johannes, gaben in Bethanien zu Ehren Jesu ein Gastmahl (Johannes, Kap. 12, Vers 3–6, 7, 8).

3. Da nahm Maria ein Pfund Salbe von unverfälschter, köstlicher Narde und salbte die Füße Jesu und trocknete mit ihrem Haar seine Füße; das Haus aber ward voll vom Geruch der Salbe.
4. Da sprach seiner Jünger einer, Judas, Simons Sohn, Ischariot, der ihn hernach verriet:
5. Warum ist diese Salbe nicht verkauft um dreihundert Groschen und den Armen gegeben?
6. Das sagte er aber nicht, daß er nach den Armen fragte; sondern er war ein Dieb und hatte den Beutel und trug, was gegeben ward.
Alles was Johannes über Judas sagt, ist voll Bitterkeit, Groll und Lüge, als wäre er auf ihn eifersüchtig.
7. Da sprach Jesus: »Laß sie mit Frieden, solches hat sie behalten zum Tage meines Begräbnisses.

8. Denn Arme habt ihr allezeit bei euch; mich aber habt ihr nicht allezeit.«

Da findet es also Jesus in seinem ungeheuren Stolz ganz in Ordnung, daß man ihm die Füße mit einem teuren Parfum salbt und daß sie eine Frau mit ihren Haaren trocknet.

Diese Mißachtung der Frau, dieses abstoßende Verhalten, hat es den ehrlichen Judas schockiert? Das ist sehr wahrscheinlich, aber man kann Jesus noch viele andere Vorwürfe machen. Jeden Augenblick sagt er, daß er der Sohn Gottes ist, behauptet, daß man nur durch ihn zum Vater kommen kann, kündigt im voraus seine Nachahmer an (Lukas, Kap. 21, Vers 8) und sagt ausdrücklich: Ich bin Christus.

Er verleumdet Moses und David, kündigt an, daß er im Gedächtnis der Welt unsterblich sein wird; kurz, sein Größenwahn verführt ihn dazu, sich für ebenso groß zu halten wie Gott selbst. Er sagt: »Nun ist des Menschen Sohn verklärt, und Gott ist verklärt in ihm« (Johannes, Kap. 13, Vers 31).

Aber er nennt seine Jünger Dummköpfe, und bis zum Ende wirft er ihnen vor, daß sie nicht glauben (Lukas, Kap. 22, Vers 32) und ihn verleugnen werden, vor allem der Tölpel von einem Petrus, der für seine Person wiederum den Johannes nicht ausstehen kann.

Als Jesus klar wird, daß ihm Festnahme und Tod unmittelbar bevorstehen, scheint er selbst nicht mehr an sich, seinen Mut, seine Mission und an Gott zu glauben. Er begibt sich in den Garten des Kidronbachs (Ölberg) und bittet seine drei liebsten Jünger zu wachen, während er eine Stunde betet.

Der vorsichtige Johannes verschweigt diesen Zwischenfall, wohl wegen der unrühmlichen Rolle, die er dabei spielt. Und es sei auch vermerkt, daß sein Name aus dem Bericht des Markus gestrichen wurde, dort, wo Jesus seinen Vorwurf ausdrückt.

Welch sonderbare Apostel! Welch merkwürdiger Messias, der sich nur mit solchen Leuten umgibt! Seine drei besten Jünger, Petrus, Jakobus und Johannes, tun, was der letzte Bauernlümmel nicht machen würde: Sie nützen die Zeit, in der sich der Herr auf seinen Leidensweg vorbereitet, um ein kleines Nickerchen zu machen. Allein dieses Detail (es wird von Matthäus, Markus und Lukas, nicht aber von Johannes, berichtet) zeigt die geringe Achtung, die die Pseudo-Jünger für ihren Herrn und Meister empfanden. Vorausgesetzt, daß sich die Ereignisse wirklich so abgespielt haben, wie sie berichtet werden.

Jesus weigerte sich, der Erlöser zu sein

Ein Mann ragt in der eigenartigen Gemeinschaft der zwölf Apostel heraus. Er gehört dem vornehmsten hebräischen Stamm an und ist wahrscheinlich der einzige, der rechnen, lesen und schreiben kann: Judas.
Er wird der einzige sein, der das wahre Evangelium schreiben kann. Er hat es auch geschrieben, aber das Werk ist auf geheimnisvolle Weise verschwunden. Judas hat Jesus nicht verleugnet, und er war der einzige, der gleichzeitig mit ihm gestorben ist.
Er ist auch – nach dem Johannes-Evangelium – der einzige, der sich gegen den Meister auflehnt, als dieser zuläßt, daß ihm Maria die Füße mit etwas salbt, das heute einem Parfum von Coty, Molyneux oder Chanel entsprechen und das Mehrfache des Tageslohns eines Arbeiters ausmachen würde.
Er sieht Petrus, Johannes, Jakobus und die anderen Blut und Wasser schwitzen, weil sie – vergeblich – versuchen, Jesus zu verstehen; er sieht, wie sie sich mit Nahrung vollstopfen, um dann unter dem verächtlichen Blick des Meisters zu schnarchen. Da es prophezeit worden war, weiß er, daß diese Freßsäcke alle Verrat üben werden; außerdem fühlt er, daß Jesus schwach wird: Vielleicht hat er nicht die Kraft oder das Sendungsbewußtsein eines Christus, vielleicht beugt er sich seinem offenkundigen Mißerfolg bei seinen Jüngern? Mit einem Wort, alles kann scheitern, es wird dann weder Christus noch die christliche Religion geben, und das Chaos wird fortbestehen.
Da beschließt Judas, zwar widerwillig, empört, aber bewußt, den Unentschlossenen zu zwingen, der Erlöser zu werden; aber er weigert sich, den zu verleugnen, den er nur allzu gut kennt.
Denn, ehrlich betrachtet, und angesichts des unpassenden Betragens der Jünger und des von den Evangelisten zugegebenen Zögerns ihres Meisters vor dem Opfergang, ist es in höchstem Maße wahrscheinlich, daß Jesus, bevor er auf den Ölberg ging, bereits beschlossen hatte, den Tod nicht auf sich zu nehmen.
Nach dieser Hypothese wäre es auch verständlich, daß sich Petrus, Jakobus und Johannes vom Schlaf übermannen lassen: Sie haben für Jesus nichts zu befürchten, sie wissen, daß er sich anders besonnen hat, daß er Angst gehabt hat.
Er hat vor sich selbst – und vielleicht auch vor der Öffentlichkeit – gestanden, daß er nur ein armseliger Erleuchteter ist, kaum gebildeter als seine Jünger und nicht stärker als sie. Alles war zusammengebrochen, und dieses Abenteuer lief Gefahr, in Langeweile und Vergessenheit zu versanden.

Doch Jesus war eine Art Eingeweihter, den die alte Welt brauchte; also spielte Judas Schicksal, holte die Häscher und lieferte den Unentschlossenen dem Kreuzestod aus. Für Geld? Bestimmt nicht. Selbst die überzeugtesten Christen geben zu, daß 30 Silberlinge (ein Zehntel des Preises eines Parfumflakons) keine große Versuchung darstellen konnten.
Und wie kann man an seiner Uneigennützigkeit zweifeln, wenn man weiß – die Überlieferung bestätigt es –, daß er das verwünschte Geld in den Tempel warf, die Unschuld Jesu beteuerte und sich schließlich verzweifelt erhängte.

Judas, der Eingeweihte

Die Analyse des angeblichen Verrats beweist, daß die Ereignisse von den Evangelisten unrichtig wiedergegeben wurden.
Da Jesus nie Wunder gewirkt hatte, war er in der Geschichte Judäas vollkommen unbemerkt geblieben; auch für Pontius Pilatus war er ein Unbekannter, warum hätte er ihn also festnehmen lassen sollen. In den Evangelien kommt dies übrigens klar zum Ausdruck, denn sonst hätte Judas nicht mit den Häschern den Kuß zur Bezeichnung des Festzunehmenden verabreden müssen.
Wäre Jesus wirklich ein Unruhestifter gewesen, hätte ihn jedermann in Jerusalem gekannt. Genauso könnte man heute sagen, daß ein Kontestierer hingehen und einen Cohn-Bendit oder Dutschke auf die Wange küssen muß, damit die Polizei weiß, wen sie zu verhaften hat!
Ohne Zweifel war Jesus den öffentlichen Ordnungshütern unbekannt, den jüdischen Priestern aber waren seine revolutionären Ideen sehr wohl bekannt.
Pontius Pilatus hatte ihm nichts vorzuwerfen, es waren die Hohenpriester, die ihn anklagten und beschuldigten, ein Gotteslästerer zu sein, was von ihrer Warte aus wohl auch stimmte.
Der römische Statthalter war so überzeugt von der Bedeutungslosigkeit der Person Jesu, daß er ihm keine besondere Beachtung schenkte und »sich die Hände wusch«, um zu zeigen, daß er für das bevorstehende Verbrechen nicht verantwortlich war. Eigentlich war alles nur eine Abrechnung zwischen religiösen Sektierern, die von der Geschichte vollkommen ignoriert worden wären, wenn nicht Eingeweihte ein Jahrhundert später die Sache hochgespielt hätten.
Aber der Eingeweihte Nr. 1 ist im gegenständlichen Fall Judas. Ohne ihn hätte es keinen Jesus gegeben. Judas war reinen Stammes, rothaarig, wie die Überlieferung versichert, und schon im 2. Jahrhundert sahen die Kai-

niten und andere Gnostiker in ihm das Instrument der Vorsehung, das zur Erlösung der Menschheit notwendig war.
Als wahrer Held der Geschichte zwang er Jesus, der Erlöser zu werden, obwohl er dafür die Rolle des Verräters auf sich nehmen mußte, eine Rolle, die von seinen Worten, seiner Uneigennützigkeit, seinen Skrupeln und seinem tragischen Ende nach Abschluß seiner Mission Lügen gestraft wird.
Das waren also der Prozeß Jesu und das wahre Antlitz des Judas, nach einer These, die eine gewisse Glaubwürdigkeit für sich hat.
Eine Offenbarung der *Schriftrollen vom Toten Meer* wirft noch ein besonderes Licht auf den angeblichen Verräter: Die Essener wurden von ihren Todfeinden, den Hebräern, lange vor der Geburt Jesu die *Judas* genannt. Dann versteht man die Verwechslung, die im Geist der Christen zwei Jahrhunderte nach der Angelegenheit stattfinden konnte.

18. Frevelhafte Hypothesen

Für die Exegeten, Historiker und gebildeten Leute, die wissen, wie sehr das Alte und das Neue Testament manipuliert wurden, stellt die historische Existenz Jesu ein heikles Problem dar.
Wenn die heilige Bibel, wenn die heiligen Evangelien verdächtige Bücher sind – und Gott weiß, daß sie es in hohem Maße sind –, was soll man dann von jener Persönlichkeit denken, die für die einen ein einfacher Prophet, für die anderen Gott-Mensch war, und deren Name Jesus von Nazareth sein soll?

Was die Rationalisten darüber denken

Kein historischer Bericht bestätigt die Existenz Jesu. Kein Schriftsteller seiner Zeit: ob Flavius Josephus, Plinius, Seneca, Philon von Alexandria oder Justus von Tiberias, keiner spricht von ihm. Wohl schreibt Sueton (69–125 n. Chr.) im *Leben der Cäsaren* (Claudius, XXV), daß die »Juden in Rom auf Betreiben des Aufwieglers Chrestus ständig Unruhe stifteten«, aber es ist nicht möglich, daß das Attribut oder der Name Chrestus Jesus Christus bezeichnet, da dieser sonst noch im Jahre 41, also elf Jahre nach seiner Kreuzigung, gelebt hätte.
»Jesus ist ein reiner Mythos, ähnlich den Mythen um Osiris, Adonis, Attis, Mithra, Hermes oder Apollo«, versicherte der Rationalist Prosper Alfaric an der Sorbonne am 17. Dezember 1946.
Und der Schriftsteller Guy Fau schreibt (*La Fable de Jésus-Christ*, Verlag der Union Rationaliste, Paris), daß Papst Leo X. zu Kardinal Bembo folgende erstaunliche, wenn nicht unglaubliche Bemerkung gemacht haben soll:
»Man weiß seit Jahrhunderten, wie sehr diese Fabel von Christus uns und den Unseren nützlich ist.«
»Viel präziser«, fährt Guy Fau fort, »ist das Zeugnis von Don Diego Hurtado de Mendoza, Schriftsteller und spanischer Botschafter beim Vatikan, über Papst Paul III. (1534–1549):
›Er ging in seiner Gottlosigkeit soweit zu sagen, daß Christus nichts an-

deres als die von den Mithra-Sekten verehrte Sonne oder Jupiter Ammon war, der im Heidentum als Widder oder Lamm dargestellt wird. Er erklärte die Allegorien seiner Menschwerdung und Auferstehung durch die (beim heiligen Justinus) gelesene Parallele zwischen Christus und Mithra. Er sagte, daß die Anbetung der Weisen nichts anderes als die Zeremonie war, bei der die Priester des Zarathustra ihrem Gott Gold, Weihrauch und Myrrhe opferten, die drei Dinge, die dem Lichtgestirn geweiht waren. All dies bewies nach Meinung des Papstes genügend, daß Mithra und Jesus derselbe Gott waren.
Er wagte zu behaupten, daß man kein Dokument von unbestreitbarer Authentizität besitzt, das die Existenz Christi als Mensch beweist, und daß er für seine Person davon überzeugt sei, daß er nie existiert habe.‹«
Es ist keineswegs sicher, daß Paul III. diese herätischen Bemerkungen tatsächlich gemacht hat, aber da die für Jesus sprechende Version seit zweitausend Jahren auf der ganzen Welt – oft auch mißbräuchlich – bekannt, verbreitet und gelehrt wird, ist es gut, auch einmal die Rationalisten, Atheisten und Historiker der anderen Seite zu Wort kommen zu lassen.

Zu seiner Zeit ein Unbekannter

Plinius der Jüngere (62–120 n. Chr.) hat geschrieben, daß die Christen von Bithynien dem Gott Christos im Jahre 112 einen Kult weihten, aber von einem Menschen namens Jesus ist nicht die Rede.
Juvenal (42–125), Tacitus (55–120), Plutarch (45–125), Dion Cassius (155), Pausanias (um 170) wissen nichts von Jesus.
Der römische Philosoph und Schriftsteller Celsus (2. Jh.) war ein Feind des Christentums. Er spricht wohl von Jesus, aber nur um zu sagen, daß er ein Zauberer und Bandenführer war.
Der Talmud der Hebräer sagt, daß er »der Sohn einer Prostituierten namens Maria und eines römischen Soldaten der Besatzungsarmee« war. Es ist klar, daß diese Behauptung jeder Grundlage entbehrt und nur den Haß der Hebräer gegen den Mann widerspiegelt, der die Spaltung ihrer Religion verursachte.
Auch die *Schriftrollen vom Toten Meer*, deren jüngster Teil aus dem Jahre 69 *nach* Christus stammt, erwähnen niemals einen Jesus, ebensowenig wie die angeblichen Apostel und die Unruhe, die sie in Judäa gestiftet haben sollen.
Selbst der christliche Schriftsteller Daniel-Rops gibt zu, daß die Authentizität Jesu nicht erwiesen ist:

»Wenn man sich allein auf die römischen Dokumente beschränkt«, schreibt er, »ist es nicht unumstößlich beweisbar, daß Christus wirklich existiert hat« *(Jesus in seiner Zeit).*

Fromme Erfindungen und falsche Zeugnisse

Man könnte noch eine lange Liste der frommen Einschübe und gefälschten Schriften aufstellen: Sie sollten die authentische Geschichte vergewaltigen, um eine Episode einzubauen, die in Wahrheit nicht stattgefunden hat.
So hat man auch eine Korrespondenz zwischen dem Philosophen Seneca, dessen Existenz feststeht, und dem angeblichen Apostel Paulus fabriziert.
Im 15. Jahrhundert fälschte ein Mönch das Werk des Philosophen (und Konsuls) Cornelius Tacitus, indem er ein wahrscheinlich apokryphes Manuskript des italienischen Humanisten J. F. Le Pogge einfügte.
Die »Akten des Pilatus« geben eine Vorstellung von der Ungeschicktheit mancher Fälscher: Die Berichte des Pilatus wurden an Kaiser Claudius adressiert, der – deckt Guy Fau auf – von 41 bis 54 regierte. Nun war aber Pontius Pilatus schon im Jahre 36 aus seinem Amt geschieden!
Der Brief des Lentulus, »Gouverneur« von Jerusalem, an den Senat und das Volk von Rom würde wohl die Existenz Jesu bestätigen, der Titel eines Gouverneurs von Jerusalem hat aber ebensowenig existiert wie der gute Lentulus. In der Geschichte gibt es nur einen C. C. Lentulus Getulicus, Konsul unter Tiberius, und dessen Sohn Cneius Lentulus, Konsul und Verschwörer, aber keiner von beiden war je in Jerusalem.
Die christlichen Theologen haben selbst mit diesen Behauptungen aufgeräumt, indem sie sie als Fälschungen deklarierten. Dasselbe gilt auch für die Einschaltungen in den *Jüdischen Altertümern* von Flavius Josephus, die ich auszugsweise wiedergeben möchte.

Die Fälschung bei Flavius Josephus

»Um diese Zeit trat Jesus auf, ein weiser Mann, wenn man ihn überhaupt einen Menschen nennen kann, denn er vollbrachte wunderbare Dinge: Er lehrte die Menschen, die die Wahrheit mit Freude aufnahmen, und zog viele Juden in sein Gefolge, und auch andere, die vom Hellenismus kamen. Dieser war Christus.
Als ihn Pilatus auf die Klage der wichtigsten Mitglieder unserer Nation zum Kreuztod verurteilte, blieben ihm jene treu, die ihn geliebt hatten.

Er erschien ihnen am dritten Tage, wieder lebendig, wie es die göttlichen Propheten angekündigt hatten, die über ihn noch tausend andere Wunderdinge vorhergesagt hatten.«

Die ungeschickte Fälschung hat nie jemanden getäuscht, um so weniger, als sie in den ersten Ausgaben der *Jüdischen Altertümer* nicht enthalten war. Wahrscheinlich war sie das Werk des Eusebius, Bischof von Cäsarea, dem wir sehr zu Dank verpflichtet sind, weil er die kostbare *Geschichte Phöniziens* von Sanchuniathon vor dem Vergessen bewahrt hat. Aber die Dankbarkeit geht nicht so weit, daß sie uns vergessen lassen könnte, daß Eusebius in seiner *Demonstratio evangelica* ein Kapitel mit einem wahrhaft programmatischen Titel geschrieben hat: »Inwieweit es erlaubt ist, die Lüge als Hilfsmittel gegen jene zu benützen, die diese Methode bekehren kann«. Kurz, alle christlichen Theologen geben zu, daß der zitierte Abschnitt von Flavius Josephus eine Fälschung ist.

Dies war – stark zusammengefaßt – der Standpunkt der Rationalisten und Historiker zum Thema Jesus. Daraus zu schließen, daß er nicht existiert hat, wäre zu kategorisch, da auch die Geschichte oft mit Absicht Ereignisse von größter Wichtigkeit vergißt.

Auf jeden Fall, ob authentisch oder nicht, Jesus existiert jetzt, denn das Phänomen Jesus ist ein Faktum, das sich als solches auch in die Geschichte eingetragen hat.

Ein Hippie namens Jesus

Das derzeitige Hippie-Phänomen kann in die Geheimnisse und Widersprüche der Evangelien eine gewisse Klarheit bringen. Der wahre Jesus gehörte höchstwahrscheinlich zu den zahllosen Mystikern, die zu Beginn unseres Zeitalters im Nahen Orient häufig auftraten. Man stelle sich also einen Demonstranten, einen modernen Hippie vor: lange Haare, langer Bart, langes Kleid, bloße Füße oder Sandalen, Reden, die manchmal revolutionär, manchmal mit Pazifismus und Blumen versüßt sind.

Gewiß, er trug keine Plakette an seinem Kleid mit einer markanten Parole wie »I love you« oder »Make love not war«, aber sein Losungswort klang gar nicht so unähnlich: »Liebet einander.«

Mit Bestürzung liest man von dem merkwürdigen Verhalten der Lieblingsjünger, als sich Jesus zurückzog, um sich auf den Tod vorzubereiten. Aber lesen wir doch bei Matthäus, Kap. 26, Vers 36–40, 43 nach:

36. Da kam Jesus mit ihnen zu einem Hof namens Gethsemane, und sprach zu seinen Jüngern: Setzet euch hier, bis daß ich dorthin gehe und bete.

37. Und nahm zu sich Petrus und die zwei Söhne des Zebedäus* und fing an zu trauern und zu zagen.
38. Da sprach Jesus zu ihnen: Meine Seele ist betrübt bis an den Tod. Bleibet hier und wachet mit mir!
39. Und ging hin ein wenig, fiel nieder auf sein Angesicht und betete und sprach: Mein Vater, ist's möglich, so gehe dieser Kelch von mir; doch nicht, wie ich will, sondern wie du willst!
40. Und er kam zu seinen Jüngern und fand sie schlafend und sprach zu Petrus: Könnet ihr denn nicht *eine* Stunde mit mir wachen?
Jesus geht nochmals beten und kehrt dann wieder zu seinen drei Jüngern zurück.
43. Und er kam und fand sie abermals schlafend, und ihre Augen waren voll Schlafs.
Markus sagt in Kap. 14, Vers 37: Und kam und fand sie schlafend und sprach zu Petrus: Simon, schläfst du? Vermochtest du nicht *eine* Stunde zu wachen?
Bei Lukas, Kap. 22, Vers 44, 45, sieht die Szene ein wenig anders aus:
44. Es ward aber sein Schweiß wie Blutstropfen, die fielen zur Erde.
45. Und er stand auf von dem Gebet und ging zu seinen Jüngern und fand sie schlafend vor Traurigkeit.

Johannes verschweigt den Zwischenfall aus verständlichen Gründen.
Der Jesus der Evangelien hatte unbestreitbar eine Schwäche für seinen »Lieblingsjünger«. Er tadelte Simon Petrus, sagte aber kein Wort des Vorwurfs zu dem, der wohl der wirkliche Schuldige war, weil er unter allen bevorzugt wurde.
Welche Rolle spielte also Johannes in der Gruppe um Jesus? Die zweideutigsten Vermutungen können einem durch den Kopf gehen. Die Hippies unserer Zeit leben auch ohne zu arbeiten, sie rauchen Haschisch und Marihuana. Sie haben ihre Frauen versklavt und lassen sich von ihnen Zigaretten drehen, Nahrungsmittel beschaffen, das verächtliche Geld verdienen.
Es wäre höchst verblüffend, wenn die Huren und Strichjungen von Baker Ranch, Paris oder Hollywood in einigen Jahrhunderten in Helden verwandelt und z. B. Manson, der Jesus-Satan in der Affäre Sharon Tate, ein echter Messias würde.
Aber nichts ist unmöglich. Ist nicht Johannes, der selige Schläfer vom Ölberg, für die Theologen und angeblichen Eingeweihten *der Adler* geworden?

* Jakobus und Johannes.

Beim Studium dieser zweifelhaften Passagen des Evangeliums fällt einem vor allem die Gleichgültigkeit – fast müßte man sagen Verachtung – der Apostel Jesus gegenüber auf.
Alle verraten ihn, außer vielleicht Judas, und sogar wenn das Gesicht des Meisters mit blutigem Schweiß bedeckt ist, und er sich auf den Tod vorbereitet, schlafen sie in ihrer Gedankenlosigkeit einfach ein.
Dabei kann nicht einmal die Entschuldigung gelten, daß es sich nur um Mitläufer handelte, die nie das Wesentliche erfaßt hatten. Nein, es waren die Bevorzugten: Petrus, Jakobus und Johannes.
Sie schlafen wie die Murmeltiere, schnarchen laut, obwohl sie genau wissen, in welch großer Gefahr sich Jesus befindet, daß er sich auf den Tod vorbereitet. Jesus ermahnt sie zwar, doch sie lassen sich nicht stören. Kaum hat er ihnen den Rücken gekehrt, schnarchen sie wieder um die Wette. Welch klangvolle Untermalung für eine letzte Nachtwache!
Man kann den heiligen Büchern fast nicht glauben. Im normalen Leben wäre ein solches Verhalten nicht möglich. Angehörige einer Gangsterbande, die Gefolgsleute von Hitler, Stalin oder Mussolini hätten sich niemals vom Schlaf übermannen lassen, wenn sie gewußt hätten, daß sich ihr Meister gerade darauf vorbereitete, erschossen, gevierteilt oder gekreuzigt zu werden. Keiner dieser Strolche oder Leibwächter hätte sich so weit erniedrigt.
Ein Mensch unter Drogeneinfluß oder der *Gleichgültige* von Watteau (eine Person mit unbestimmbarem Geschlecht) könnte allerdings einen solchen Vertrauensbruch begehen; entweder, weil sein menschlicher Wille durch die Droge geschwächt ist, oder weil ihm seine moralische Verworfenheit das Schreckliche der Situation nicht bewußt werden läßt. Unweigerlich muß man an Drogenmißbrauch denken, wenn man das Benehmen der Apostel am Ölberg erklären möchte.
Jerusalem liegt an der Gewürzstraße, die aber auch zu den Drogenparadiesen von Benares, Kabul und Katmandu führt.

Die Apostel waren high

Die Parallele zwischen den Gefolgsleuten Jesu in den Evangelien und den Schwärmen von Hippies, die sich an den Ufern des Ganges in Benares tummeln, drängt sich förmlich auf. Es ist bekannt, daß man in der Antike Rauschgifte verwendete, sowohl im gesellschaftlichen Leben als auch im Rahmen des Priesteramtes, der Wahrsagung und der Künste.
Waren die Apostel rauschgiftsüchtig? Man ist versucht, es zu glauben, wenn man den Berichten der kanonischen Evangelien vertraut. Diese

Hippies, die lebten ohne zu arbeiten, waren sicher nicht müde. Aber Jesus findet es nicht ungewöhnlich, daß sie das Bedürfnis haben zu schlafen. Er weiß also Bescheid.
Daneben führen uns auch die Angst und das Fehlen eines ethischen Gefühls, der Zuneigung, wenn nicht des Mitleids bei Petrus, Jakobus und Johannes immer wieder zur Rauschgiftthese zurück. Vielleicht benützten sie *Nepenthes*, ein Zaubermittel, das in der Odyssee erwähnt wird.

Das Nepenthes bei Homer

Hier die Übersetzung des Abschnitts über dieses Narkotikum:
»Doch die Tochter Jupiters, die schöne Helena, hatte einen sehr nützlichen Einfall: Sie mischte in den Wein, der bei Tisch gereicht wurde, ein Pulver, das die Trauer linderte, den Zorn besänftigte und alle Leiden vergessen ließ. Wer davon mit seinem Getränk zu sich genommen hatte, würde den ganzen Tag lang keine Träne vergießen, wenn sein Vater und seine Mutter gestorben wären, oder man in seiner Anwesenheit seinen Bruder oder seinen einzigen Sohn getötet hätte, und er es mit eigenen Augen gesehen hätte.
Dies war die Eigenschaft der Droge, die ihr Polydamna, die Frau des ägyptischen Königs Thonis, gegeben hatte, dessen fruchtbares Land eine Unzahl von guten und schlechten Pflanzen hervorbringt. Alle Menschen sind dort ausgezeichnete Ärzte, und von dort ist die Rasse des Päon gekommen.«
Nach den Worten der Bibel und der Schriftrollen vom Toten Meer ist Jerusalem die Große Buhlerin geworden. In ihrem Schatten gediehen Götzendienst, Unzucht, Päderastie und Rauschgiftsucht. Als Eingeweihte und Hippies müssen die Apostel versucht haben, ihre intellektuellen Fähigkeiten zu schärfen und ihren Protest z. B. durch den Gebrauch von Drogen auszudrücken.
So machen es die Hippies von Los Angeles, Paris, Amsterdam und Katmandu. So und nicht anders haben zu allen Zeiten die Pythien, Wahrsagerinnen, Hellseher und Propheten ihre Sehergabe erlangt. Es ist kein Zufall, daß die heutigen Wahrsagerinnen die Zukunft aus dem Kaffeesatz lesen: Bevor sie darin lesen, pflegen sie das Einweihungsgetränk zu trinken.
Der indische Hanf, das Nepenthes, das Opium, der Mohn, die Ochsenzunge, der Borretsch, der *Hyosciamus datura* und viele andere Pflanzen und Drogen, die wir heute nicht mehr kennen (da die Arten ausgestorben sind), waren in der Antike sehr gebräuchlich.

Jesus war also nicht das, was man glaubt, und wenn die von den verfälschten Evangelien suggerierte Hippie-Hypothese auch nicht ganz abgelehnt werden darf, so bin ich im Innersten doch der Überzeugung, daß der wahre Jesus, in höchstem Maße schätzenswert, aus einer jüdischen Sekte hervorgegangen ist, die es neu zu entdecken gilt: die Essener.

19. Die authentischen Evangelien

Wenn es ein authentisches Evangelium gibt, so ist es – zumindest in den Augen der ehrlichen Exegeten – das *Evangelium der Ebioniten*, das auch Evangelium der Nazaräer oder *Evangelium der Hebräer* genannt wird. Die Ebioniten werden von manchen als mit den Nazaräern identisch betrachtet. Sie waren nach einem Ideal strebende Puristen, überzeugt, daß nur die Armen das Heil erlangen können. Sie leugneten die Göttlichkeit Christi, betrachteten ihn als einfachen Propheten, lebten weiterhin nach dem Mosaischen Gesetz und behaupteten, daß allein das Evangelium der Hebräer die Wahrheit enthält.

Die Taufe Jesu

Aus diesem Evangelium sind die Legende von der wunderbaren Empfängnis Mariä, die Ankunft der Weisen aus dem Morgenland, die Wunder und wunderähnlichen Ereignisse zugunsten der einfachen, logischen Erzählung verbannt.

Dennoch geben die Ebioniten zu, daß Jesus am Tag der Taufe durch Johannes im Jordan vom Heiligen Geist durchdrungen, das heißt, von Gott inspiriert wurde.

Esoterisch gesehen heißt taufen, also mit Reinigungswasser übergießen, geboren werden. Das reinigende Wasser schenkt das Leben. Diese These wird auch durch den Bericht über die Taufe Jesu im Evangelium der Hebräer bestätigt:

»Nachdem das Volk getauft worden war, kam auch Jesus und wurde von Johannes getauft.

Als er aus dem Wasser stieg, öffnete sich der Himmel, und er sah den Heiligen Geist Gottes in Gestalt einer Taube herabsteigen und in ihn eintreten.

Eine Stimme vom Himmel sagte: ›Du bist mein vielgeliebter Sohn, an dir habe ich Wohlgefallen.‹

Die Stimme fügte hinzu: ›Ich habe dich heute gezeugt‹, und alsbald erglänzte ein großes Licht.«

Es ist interessant, die rein exoterische Schilderung der Taufe Jesu durch Matthäus mit der esoterischen im Evangelium der Hebräer zu vergleichen.
Der vermutlich authentische Charakter Jesu, des Lehrers der Gerechtigkeit, wird im Buch der Ebioniten deutlich. In den kanonischen Evangelien sagt Matthäus über die Opfer, daß »er (Jesus) gekommen ist, nicht um sie abzuschaffen, sondern um sie zu erfüllen«. Da ein Opfer ein Ritualmord ist, staunt man wohl, diese Sprache aus dem Mund eines Wesens zu hören, das sich als Gott der Liebe ausgibt.
Im Evangelium der Ebioniten dagegen erklärt Jesus: »Ich bin gekommen, um die Opfer abzuschaffen; wenn ihr nicht aufhört zu opfern, wird der Zorn Gottes nicht aufhören, auf euch zu lasten.«
Es ist klar, daß der Jesus der Christen, wenn er die blutigen Opfer bejaht, auf einem niedrigeren Niveau steht als der Jesus der Ebioniten.

Ebionit = Essener

Die Ebioniten waren Essener aus Samaria, die von der Bibel nur den Pentateuch anerkannten. Das sagt der Gelehrte Michel Nicolas, ein protestantischer Schriftsteller, der insbesondere *Etudes sur les Evangiles apocryphes* (Studien über die apokryphen Evangelien) im Jahre 1865 veröffentlichte.
Ihre religiösen Regeln und Riten stammten sowohl aus dem Urchristentum als auch dem Judentum: Beschneidung, Taufe, strenge Einhaltung der Sabbatregeln und der asketischen Zucht, Eucharistie und Jubeljahr. Sie waren arm, ehrlich, barmherzig, und man kann annehmen, daß sich in ihnen die jüdische und christliche Religion in ihrer reinsten Ausdrucksform verkörperte. Es ist möglich, daß sie in Jesus den Lehrer der Gerechtigkeit gesehen haben, der von den alten Texten und den Essäern angekündigt wurde.
Ihr Gerechtigkeitssinn und ihre Redlichkeit machten sie den Juden und den Christen verhaßt. Diese deklarierten sie schließlich als Häretiker. Die Ebioniten hatten dieselben Regeln wie die Nazaräer oder Urchristen.
Der heilige Paulus hat gegen ihr Evangelium und dessen Anhänger gewettert: »Aber so auch wir oder ein Engel vom Himmel euch würde Evangelium predigen anders denn das wir euch gepredigt haben: der sei verflucht!« (Galaterbrief, Kap. 1, Vers 8)
Das Evangelium der Hebräer läßt das unbekannte Leben und die Person Jesu in einem ganz neuen Licht erscheinen; dies war wohl der Grund, warum es bereits im 4. Jahrhundert aus der Bibel entfernt wurde (wie

auch das Buch Henoch). Ich kann versichern, daß beide Bücher, ebenso wie die 1947 entdeckten essenischen Manuskripte vom Toten Meer, streng zensiert wurden und werden. Die Wahrheit ist zu gefährlich.
Das Evangelium der Hebräer und das Buch Henoch sind auch in ihrer heute erhaltenen Form für uns noch von ungeheurem Interesse, obwohl die Übersetzer und Mönche kurz entschlossen die Substanz manipuliert haben.
Alle Bücher der Ebioniten sind auf geheimnisvolle Weise verschollen, so wie alle Geschichtsbücher des 1. Jahrhunderts verschwunden sind.

Das Evangelium des Khenoboskion

Es gibt in der Tat zahlreiche »Evangelien nach Thomas«, zahlreiche ägyptische Evangelien und eine Anzahl von Evangelien der Gnostiker.
Das Evangelium des Khenoboskion ist jedenfalls nicht identisch mit dem »Buch von Thomas dem Israeliten, dem Philosophen, der über jene Dinge schrieb, die der Herr noch als Kind getan hatte«, einem Buch, das seit dem 15. Jahrhundert bekannt ist.
Der Schriftsteller und Ägyptologe Jean Doresse, Dr. Pahor Labib, H.-Ch. Puech, G. Garitte und L. Cerfaux haben Übersetzungen des Evangeliums von Khenoboskion angefertigt, das zwar vielleicht auch manipuliert wurde, aber immerhin den Vorzug hat, tatsächlich zu existieren: Teile des Papyrus-Manuskripts in koptischer Sprache können am Jung-Institut in Zürich eingesehen und begutachtet werden; der Hauptteil befindet sich im koptischen Museum von Kairo.
Ich beziehe mich auf die Übersetzung von Jean Doresse, wenn ich nun der Reihe nach die Passagen zitiere, die das echte Antlitz Jesu beleuchten können.
7. Jesus sagt: »Glücklich der Löwe, den der Mensch essen wird, so daß der Löwe Mensch werde. Aber verflucht sei der Mann, den der Löwe frißt, damit der Löwe Mensch werde!« (Dies ist eine echte Anerkennung der Reinkarnation.)
17. »Sicher, die Menschen denken, daß ich gekommen bin, um der Welt den Frieden zu bringen. Sie wissen nicht, daß ich gekommen bin, um auf die Erde Zwietracht, das Feuer, das Schwert und den Krieg zu bringen . . .«
27. ». . . Und wenn ihr das Männchen und das Weibchen in einem macht, damit das Männchen nicht mehr Männchen und das Weibchen nicht mehr Weibchen ist, . . . dann werdet ihr ins Himmelreich eintreten.«

29. »Wer Ohren hat, der höre! Wenn ein Licht im Inneren eines leuchtenden Wesens besteht, dann beleuchtet es das gesamte Universum; aber wenn es nicht beleuchtet, dann ist es eine Finsternis.«
30. Jesus sagt: »Liebe deinen Bruder wie deine Seele; wache über ihn wie über deinen Augapfel.«
42. »Wenn ihr euch entblößt, ohne euch zu schämen, wenn ihr eure Kleider auszieht und wie kleine Kinder vor eure Füße legt, dann werdet ihr die Kinder des Lebendigen sein . . .«
60. Jesus sagt: »Wer nicht seinen Vater und seine Mutter haßt, kann nicht mein Jünger sein; und wenn er nicht seinen Bruder und seine Schwester haßt und sein Kreuz nimmt wie ich, wird er meiner nicht würdig werden!«
61. »Wer die Welt gekannt hat, ist in eine Leiche gefallen; und wer in eine Leiche gefallen ist, dessen ist die Welt nicht würdig!«
83. ». . . Selig der Leib, der nicht geboren und die Brust, die nicht genährt hat!«
105. »Wer nicht wie ich seinen Vater und seine Mutter gehaßt hat, kann nicht mein Jünger sein, und wer seinen Vater und seine Mutter wie mich geliebt hat, kann nicht mein Jünger sein. Denn meine Mutter (Lücke im Text) . . . weil sie mir in Wahrheit das Leben geschenkt hat.«
116. »Unseliges Fleisch, das von der Seele abhängt, und unselige Seele, die vom Fleisch abhängt!«
117. »Das Reich des Vaters ist auf der Erde, und die Menschen sehen es nicht!«
118. Simon Petrus sagte zu ihnen: »Maria trete aus unseren Reihen, denn die Frauen sind des Lebens nicht würdig.« Jesus sagt: »Seht, ich würde sie an mich ziehen, um sie männlich zu machen, damit auch sie ein lebendiger Geist werde, wie ihr, die Männer: Denn jede Frau, die zum Mann wird, wird in das Himmelreich eingehen.«

Die vollständige Übersetzung des Khenoboskion-Papyrus ist noch nicht abgeschlossen, aber das Vorhandene genügt uns: Es ist eindeutig ein Evangelium ähnlich jenen von Matthäus, Markus und Lukas, aber im Text ausdrucksstärker, da es von der Kirche nicht gesäubert wurde.
Die Aussprüche zeigen wie in den Evangelien einen Jesus, der ein Gerechtigkeitsfanatiker wie die Essener, aber zugleich auch sehr unmenschlich war.

20. Der wahre Jesus

»Die Gelehrten, die die Schriftrollen vom Toten Meer studiert haben, haben nie gesagt, was im Text stand.
In der Tat, sie waren Priester, vor allem Jesuiten, und sie hatten Angst vor dem, was sie entdeckten.
Es ist sensationeller als sie geahnt hatten. Es ist eine Bombe, die die christlichen Religionen in ihren Grundlagen erschüttern würde.«

John Marco Allegro
Professor an der Universität Manchester. (Einer der größten Spezialisten der Welt für die Schriftrollen vom Toten Meer.)

Fünf- bis sechshundert Personen auf der Welt wissen, wer Jesus war und was von der Bibel zu halten ist, aber alle schweigen. Diese Wissenden sind entweder Christen, Juden oder bedeutende Professoren an Laienuniversitäten. Die einen können aus religiösen Gründen nicht sprechen, die anderen wagen es nicht, Eröffnungen zu machen, die sich auf ihre Karriere oder ihr Privatleben verheerend auswirken würden.
Was ich in diesem Kapitel veröffentliche, ist meiner Meinung nach der erste ernsthafte, dokumentierte Versuch einer Studie über den echten Jesus. Vielleicht entspricht meine These nicht ganz der Wahrheit, aber diese werden wir niemals kennen.
Das Rätsel konnte unter alleiniger Zuhilfenahme des zweifelhaften Neuen Testaments nicht vernünftig gelöst werden. Aber die *Schriftrollen vom Toten Meer*, mit deren Übersetzung um 1960 begonnen wurde, bringen ganz neue Erkenntnisse über die wahre Persönlichkeit Jesu, obwohl ihr Inhalt nicht ganz bekannt ist.

Jesus, der Brandstifter

Es ist leicht, beim Lesen des Evangeliums aus den Widersprüchen im Text zwei vollkommen entgegengesetzte Jesusgestalten zu erkennen. Die eine ist Jesus als Gott der Liebe und des Friedens.
Bei Matthäus liest man (Kap. 5, Vers 9, 39, 42, 44, 45):

9. Selig sind die Friedfertigen, denn sie werden Gottes Kinder heißen.
39. Ich aber sage euch, daß ihr nicht widerstreben sollt dem Übel, sondern, so dir jemand einen Streich gibt auf deinen rechten Backen, dem biete den anderen auch dar.
42. Gib dem, der dich bittet, und wende dich nicht von dem, der dir abborgen will.
44. Liebet eure Feinde; segnet die euch fluchen, tut wohl denen, die euch hassen; bittet für die, so euch beleidigen und verfolgen.
45. Auf daß ihr Kinder seid eures Vaters im Himmel; denn er läßt seine Sonne aufgehen über die Bösen und über die Guten und läßt regnen über Gerechte und Ungerechte.
Der andere Jesus ist ein Lehrer der Gerechtigkeit.
Ebenfalls bei Matthäus steht geschrieben (Kap. 10, Vers 34, 35, 37):
34. Ihr sollt nicht wähnen, daß ich gekommen sei, Frieden zu senden auf die Erde. Ich bin nicht gekommen Frieden zu senden, sondern das Schwert.
35. Denn ich bin gekommen, den Menschen zu erregen wider seinen Vater und die Tochter wider ihre Mutter, und die Schwiegertochter wider ihre Schwiegermutter.
37. Wer Vater oder Mutter mehr liebt denn mich, ist meiner nicht wert.
Bei Lukas ist Jesus noch strenger (Kap. 12, Vers 49, 51):
49. Ich bin gekommen, daß ich ein Feuer anzünde auf Erden, was wollte ich lieber, denn es brennte schon!
51. Meinet ihr, daß ich hergekommen bin, Frieden zu bringen auf Erden? Nein, sondern Zwietracht.
Weiter Kap. 14, Vers 26:
So Jemand zu mir kommt und haßt nicht seinen Vater, Mutter, Weib, Kinder, Brüder und Schwestern, auch dazu sein eigen Leben, der kann nicht mein Jünger sein.
Welche der beiden Jesusgestalten ist nun echt? Jene, die sagt: Liebet einander, oder jene, die Vater und Mutter zu hassen gebietet und alles in Brand stecken möchte?
Die Schriftrollen vom Toten Meer und die authentischen Evangelien, aus denen ich einige Auszüge zitiert habe, lassen den wahren Jesus erkennen. Es ist nicht der, der die gefährliche Philosophie der Liebe, also der Privilegien und der Ungerechtigkeit, predigt.
Der wahre Jesus möchte das Verbrechen bestrafen, nur die Gerechten bestehen lassen. Es ist jener, der sagt: Man muß seinen Vater, seine Mutter und seine Familie hassen. Er ist der wahre, da der zwiespältige Jesus des Evangeliums seine irdische Mutter haßt, die Frauen verachtet und die Liebe verabscheut. Er ist ganz ohne Zweifel ein Essener, vielleicht ge-

recht, aber hart, unzugänglich und mitleidlos. Er war der echte Jesus, von seinen Aposteln gehaßt und sie hassend, von den Juden gehaßt und sie brandmarkend, schließlich von ihnen gekreuzigt, als exemplarische Bestrafung.
Die Liebe ist ein gefährlicher Begriff, aber die Gerechtigkeit nicht minder. Vor die Wahl gestellt, gaben die Verschwörer des Jahres 1 der Liebe den Vorzug.
Der Jesus des Evangeliums ist also in diesem Fall ein Antichrist; die geheime, aber wahre Geschichte des Christentums beginnt sich abzuzeichnen.

Die Schriftrollen vom Toten Meer

Es gibt eine einzige sichere Quelle, die uns über den authentischen Ursprung des Christentums Auskunft gibt: die *Schriftrollen vom Toten Meer*. Die ersten Rollen wurden 1947 vom Beduinen Mohammed ad-Dib in einer Felsenhöhle bei Qumran gefunden.
Man weiß nun, daß sich im 1. Jahrhundert unserer Zeitrechnung drei Sekten die philosophische, religiöse und soziale Vorherrschaft im Vorderen Orient streitig machten: die *Essener*, die bibeltreuen *Hebräer* und die *Christen* (wobei auch die Essener und ersten Christen Hebräer waren; ich bezeichne als Hebräer jene Leute, die sich an die Entscheidungen des Sanhedrins, des Hohen Rats der Juden, hielten).
Aus den traditionellen Schriften wissen wir, wer die Hebräer und die Christen waren, aber ihr wahrer, verborgener Charakter wird erst durch die Qumran-Schriften deutlich.
Die Essener sind rein, unbestechlich, Asketen, Feinde der Sünde, des Reichtums, der Frauen, sogar des Lebens. Als Vorläufer der Katharer wollen sie, daß nur die Gerechten oder *Söhne des Lichts* fortbestehen; die Bösen müssen vernichtet werden.
Nach Plinius dem Älteren lebte ihre Gemeinschaft an den Ufern des Toten Meers, gerade dort, wo die berühmten Manuskripte gefunden wurden. Diese Texte bestehen hauptsächlich aus folgenden Schriftrollen: *Jesaiarolle* (2. Jh. v. Chr.), *Sektenrolle* (100 v. Chr.), *Habakukkommentar* (20 n. Chr.), *Lamechrolle*, *Kriegsrolle* und *Dankpsalmenrolle* (1. Jh. n. Chr.).

Abbildung 48: Nach der orientalischen Überlieferung soll dies das Porträt von Jesus sein, das von Anan, dem Sekretär König Abgars V. von Edessa in Syrien, gemalt wurde.

IC
XC

Über die Datierungen schreibt Millar Burrows (*Les Manuscrits de la Mer Morte* – bei Robert Laffont): »Das Ergebnis aller Forschungen zur Festlegung des Alters der in den Höhlen gefundenen Manuskripte kann sehr kurz zusammengefaßt werden: Sie sind vor 70 n. Chr. geschrieben worden. Dies ist die Meinung aller Gelehrten.«

Wahre Auserwählte, auserwähltes Volk, berufenes Volk

Der Gründer der Sekte war ein außergewöhnlicher Mensch, der Lehrer der Gerechtigkeit genannt wurde.
Die Essener waren Feinde des offiziellen Priestertums und hatten mit der »Gemeinschaft der verderbten Menschen« (die Hebräer) gebrochen, um eine Sekte von wahren Auserwählten zu gründen, inmitten derer, die sich selbst das »auserwählte Volk« nannten.
Diese Fanatiker waren zu den schlimmsten Ausschreitungen entschlossen. Dies geht aus der Rolle mit dem Titel *Der Krieg der Söhne des Lichts gegen die Söhne der Finsternis* hervor, in der die Ausrottung aller jener angekündigt wird, die keine Essener sind.
»Unter den Söhnen der Finsternis wird es ein schreckliches Blutbad geben«, sagt die Rolle der *Kriegsordnung*. Die *Wahren Auserwählten* mußten schicksalhaft mit dem *Auserwählten Volk* in Konflikt geraten.
Alle Völker, die eine Hegemonie anstreben, geben vor, das von Gott auserwählte oder berufene Volk zu sein: Die Römer haben rund um das Mittelmeer die *pax romana* eingeführt, die Spanier haben ganz Südamerika ihr militärisches und religiöses Joch aufgezwungen, die Engländer tun so als wären sie überall zu Hause, und die Franzosen halten sich für die geistvollsten Menschen der Erde.
Vor 2000 Jahren, als die Römer die Welt militärisch in ihrer Gewalt hatten, wurde die künftige Versklavung der Menschheit zwischen den essenischen *Wahren Auserwählten*, dem jüdischen *Auserwählten Volk* und dem *Berufenen Volk* der Christen entschieden.

Die Essener

Die Essener kennen genau das Gesetz, nehmen keine Frauen als Mitglieder auf, dulden sie aber in ihrer Gemeinschaft, in der alles allen gehört. Ihre Lehre sieht mehrere Stadien für den Neueinzuweihenden vor. Die höchsten Eingeweihten sind die *rabbim* (die Meister oder Vollkommenen).

Das Gebet ist für sie »das Opfer der Lippen«, und sie haben keinen Tempelkult, da die Sekte Jerusalem verlassen hat, als Israel ihrer Meinung nach das Heiligtum durch seine Heuchelei und seine Verderbtheit besudelte.
Wie im Zendawesta teilen sie die Menschen in zwei Gruppen: Die Söhne des Lichts (die Gerechten oder Männer der Partei Gottes) und die Söhne der Finsternis (die Bösen oder Männer der Partei Belials).
Ihre Hohenpriester sind *Lehrer der Gerechtigkeit*. Der letzte uns bekannte wurde zwischen 65 und 63 v. Chr. getötet; der nächste wird vor dem Weltuntergang als Messias kommen.
Nach einem anderen, allerdings nicht erwiesenermaßen authentischen, Text, »sind die Essener nicht jüdischen Ursprungs, sondern pythagoräischen (?), und haben bei den Hebräern eine besondere und nationale Form gehabt«.
Ihre Regel forderte, daß sie das Land bebauten, barmherzig und gastfreundlich waren. Sie beschäftigten sich mit Medizin, kümmerten sich jedoch nicht um Politik, hatten keine Dienstboten und heirateten nicht untereinander. Sie lebten in Gemeinschaft nach dem obersten Grundsatz des Beistands für jene, die sich in Not befanden.

Vorkämpfer der Wahrheit

Das *Buch Tobias* enthält interessante Schilderungen der Regeln ihrer Gemeinschaft, die sich mit der Damaskusschrift und den Pseudepigraphen überschneiden.
Die Essener treten für die Beachtung der Wahrheit um jeden Preis ein. Ihre Abscheu vor der Lüge stammt – so sagt Professor Dupont-Sommer – vom Einfluß der persischen und indischen Religion.
»Die Perser«, erklärt Herodot, »lehren ihre Kinder vom Alter von fünf Jahren bis zum Alter von zwanzig Jahren nur drei Dinge: Reiten, Bogenschießen und die Wahrheit sagen . . . Das schändlichste Verbrechen ist in ihren Augen die Lüge und an zweiter Stelle das Eingehen von Schulden; dies hat viele Gründe, der wichtigste ist, daß derjenige, der verschuldet ist, in Gefahr kommt zu lügen.« (Historiae, I, 36)
Dieser Kult der Wahrheit durchdringt das ganze Denken des Mazdaznan und die Person Zarathustras, der der Jesus des Jahres 600 vor unserer Zeitrechnung war. Er gehört auch der pythagoräischen Ethik an, und A. Dupont-Sommer berichtet, nach Porphyrios, daß Pythagoras von den Magiern wußte, daß die Seele von Ormuzd (der Gott Ahura-Mazda) der Wahrheit ähnelte.

Dieses tiefe kultische Gefühl ist sicher einer der Hauptgründe dafür, daß die Essener die Hebräer haßten, nahmen diese es doch mit der Wahrheit nicht so genau: Sie entstellen die Geschichte zu ihren Gunsten, eignen sich Adam und Eva an; sie verehren Patriarchen wie Abraham, der von den Ägyptern gut aufgenommen werden möchte und deshalb »seine Frau Sarah als seine Schwester ausgibt, und sie so ihren lüsternen Bewunderern ausliefert«, schreibt A. Dupont-Sommer in seiner Interpretation der Genesis (Kap. 12, Vers 10, 20). Beim Pharao macht es Abraham ebenso. Dieser wirft ihm sein unlauteres Verhalten vor. Was aber den »ehrenwerten Patriarchen« nicht hindert, kurz darauf seine Frau dem König Abimelech gegenüber wieder als seine Schwester auszugeben (I. Mose Kap. 20, Vers 1–18).

Isaak tut es mit seiner Frau Rebekka gleich, als er sich nach Gerar begibt (I. Mose Kap. 26, Vers 7).

Noch schlimmer ist der Vertrauensbruch, dessen sich Jakob und seine Mutter Rebekka Isaak gegenüber schuldig machen, indem sie Esau um sein Erstgeborenenrecht betrügen (I. Mose Kap. 28).

Das Gravierendste in diesen finsteren und unmoralischen Geschichten ist die Tatsache, daß der Gott der Hebräer, Jehova, diese Lügen und Betrügereien gutheißt und segnet.

»In dir sollen gesegnet werden alle Geschlechter der Erde«, sagt er zu Abraham kurz vor dem ägyptischen Abenteuer. Und eine Erpressung und die widerrechtliche Aneignung des Erstgeburtsrechts bilden für Jakob die Grundlage dafür, daß er der Anführer des auserwählten Volkes wird!

Die Bibel ist voll von solchen Beispielen, wo die Lüge zum System erhoben wird, knapp gefolgt von Völkermord und Ungerechtigkeit. Unter dem Eindruck dieser Sittenlosigkeit brachen die Essener mit den »bibeltreuen« Hebräern, die sie als verdorben, ungläubig und lügnerisch verachteten.

Der wahre Messias: Melchisedech

Ein Text der Qumranschriften aus der Höhle 11 hat den holländischen Professor van der Woude (*Oudtestamentische Studien*, 1965) veranlaßt zu schreiben, daß Melchisedech, diese geheimnisvolle, mehrmals in der Bibel zitierte Persönlichkeit, der Messias war, beauftragt, die Frohbotschaft und das Heil zu bringen.

»Im Urchristentum«, schreibt Dupont-Sommer, »enthält der *Hebräerbrief* eine lange Abhandlung (Kap. 7), in der das Priesteramt (heilige Amt) Jesu, des Messias im christlichen Glauben, mit dem geheimnisvollen Amt des Melchisedech verbunden wird, diesem transzendenten Amt, dessen Erhabenheit über die levitischen Priester der Autor des Briefs verkündet und beweist.«

Für den bedeutenden Professor am Collège de France ist Melchisedech der Erlöser; dieser Meinung waren auch die Essener. Und wir gelangen zur überraschenden Feststellung: Der wahre Messias, der Erlöser, Jesus Christus, war Melchisedech. Die Hebräer haben diesen *Christus* (Gesalbten) erstickt, in einer längst vergangenen, überholten Geschichte vergessen, und die Christen haben ihn zum günstigen Zeitpunkt auferweckt, ihn Christus genannt und beauftragt, die Rolle des Priesters von Salem zu spielen.

»Die Tatsache, daß die jüdische Bibel über die Person des Melchisedech nur dürftige Informationen liefert«, sagt A. Dupont-Sommer, »legt die Annahme nahe, daß es zwischen der jüdischen Bibel, also dem Alten Testament, und dem Neuen Testament intertestamentarische Spekulationen gegeben hat, in denen der Priester-König vonSalem (Jerusalem) in solchem Maße sublimiert werden sollte, daß er mehr oder weniger, nach den Worten des Hebräerbriefes (Kap. 7, Vers 3), *dem Sohne Gottes ähnlich gestaltet war.*«

Diese Meinung wird auch von den ehrlichen Exegeten der Bibel und der Schriftrollen vom Toten Meer vertreten. Sie ist ein neuerlicher Beweis dafür, daß die Bibel in ihren Grundlagen manipuliert wurde, und daß das Evangelium in Wahrheit nur eine Wiederaufnahme von Mythen und Fakten aus früherer Zeit ist, um die Messiasgestalt der Christen glaubhaft zu machen.

Der Lehrer der Gerechtigkeit und die Sekte der Essener waren von den Geistesströmungen der griechischen Weisen, der persischen Magier und der indischen Gymnosophisten (asketische Spiritualisten) beeinflußt worden, schreibt Philon von Alexandria. Diese Bemerkung beweist einmal mehr, daß die Religionen sowohl in Europa als auch im Vorderen Orient und in Asien einen gemeinsamen mythischen Hintergrund haben, und daß es illusorisch wäre, in ihnen eine vollkommen neue, eigenständige und begründete Aussage über ihre persönlichen Wahrheiten finden zu wollen.

Der Lehrer der Gerechtigkeit

Um gegen die Lüge und Gottlosigkeit der Hebräer und das Vorrecht, das sie sich anmaßten, zu kämpfen, löste ein Lehrer der Gerechtigkeit, der zugleich Hoherpriester, Gesetzgeber und Prophet war, um die Mitte des

2. Jahrhunderts v. Chr. das essenische Schisma aus, zu der Zeit, als die *Kittim* (Römer) Palästina besetzten.
Die Sadduzäer unter Aristobulus II. und die Pharisäer unter Hyrkanus II. – letztere wurden von der großen Masse des jüdischen Volkes unterstützt – machten einander die Königswürde streitig. Die essenischen Kommentatoren nannten König Aristobulus II. *Manasse* und König Hyrkanus II. *Ephraim*.
Sadduzäer und Pharisäer hatten sich gegen »Juda« verbündet, das heißt, schreibt Professor Dupont-Sommer, »gegen die Sekte der Essener (die in den Augen ihrer Anhänger das einzig authentische Judentum verkörperte) und gegen seinen Anführer, den Lehrer der Gerechtigkeit.
Die Schilderung vom Verrat des Judas im Evangelium ist höchstwahrscheinlich aus diesem Haß der Juden gegen die Essener, das heißt gegen die *Judas*, geboren worden.
Letztere wollten weder Aristobulus noch Hyrkanus als König der jüdischen Partei, und Diodorus Siculus berichtet, daß nach dem Willen dieser Sektierer »die Nation nicht durch einen König, sondern durch einen Hohenpriester regiert werden sollte«.
Nun war aber der Lehrer der Gerechtigkeit ein Hoherpriester, und er allein war in den Augen der Essener würdig, die Juden zu regieren, und zwar als Verfechter des republikanischen Ideals.
»Zwei Texte der *Damaskusschrift*«, sagt A. Dupont-Sommer, »drücken klar und deutlich dieses republikanische und antiroyalistische Gefühl aus: der König, das ist die Versammlung (Kap. 7, Vers 16–17) . . . die Schlangen, das sind die Könige der Völker (Kap. 8, Vers 10).«
Um das Jahr 63 v. Chr. waren diese Demokraten schrecklichen Verfolgungen ausgesetzt. Fast alle kamen dabei ums Leben. Die Gemeinschaft von Qumran verbarg sich in ihren Höhlen und konnte wahrscheinlich am längsten bestehen: bis zum Jahr 80 unserer Zeitrechnung.
Der Lehrer der Gerechtigkeit, so steht es im *Habakukkommentar* (Kap. II, Vers 4–8), wurde gemartert und getötet.
»Aber zur Zeit des Ruhensfestes am Versöhnungstag ist er ihnen erschienen, um sie zu vernichten (seine Feinde, unter ihnen den gottlosen Priester, der ihn verfolgte), und um sie am Fasttag, ihrem Ruhesabbat, straucheln zu lassen.«
Der Lehrer der Gerechtigkeit war also der von den Juden erwartete Prophet, der Nachfolger Mose, »da ihm Gott alle Geheimnisse der Worte seiner Diener, der Propheten, hat wissen lassen«, versichert der Kommentar.
Der Lehrer der Gerechtigkeit wurde wahrscheinlich gekreuzigt, was sehr an die Geschichte Jesu erinnert. Dieser Eindruck wird noch durch die

Tatsache verstärkt, daß der Lehrer der Gerechtigkeit sein eigenes Evangelium hatte und sich selbst in den Qumranschriften als »Prediger des Evangeliums, das heißt der Frohbotschaft« dargestellt hat (Dupont-Sommer).

Die Frau als ein Geschöpf des Teufels

Das Evangelium der Essener wird vom Konzept der Sünde und der Buße beherrscht. Die Aufgabe des Lehrers der Gerechtigkeit ist es, »dem Geschöpf aus Lehm sein Verhalten und die Fehler dessen, der aus der Frau geboren wurde, vorzuwerfen« (Hymnen, Kap. 18, Vers 12–13).
Man findet dieselben Worte in den christlichen Evangelien und in den Evangelien der ägyptischen Gnostiker, wo Jesus stärker als anderswo seiner Abneigung gegenüber der Frau und sogar gegenüber seiner Mutter Ausdruck verleiht.
Wie besessen vom Gedanken der Sünde und der Verunreinigung, betrachteten die Essener alle Freuden als satanisch, insbesondere die Freuden der Liebe, ohne deshalb ausdrücklich Ehe und Fortpflanzung zu verurteilen.
Für sie war die Frau »das Prinzip aller Wege der Verderbtheit, eine teuflische Gefahr für die Männer, und vor allem für die Auserwählten der Gerechtigkeit*«.
Ihr Radikalismus trieb sie so weit, daß sie die Frauen ganz allgemein als »Prostituierte« bezeichneten.
Da die *Schriftrollen vom Toten Meer* zum Großteil älter sind als die Evangelien, ist es klar, daß sich in ihnen ebenso wie in der Johannes zugeschriebenen Apokalypse die vorherrschenden Gedanken der essenischen Vorschriften wiederfinden.
Dies gilt vor allem für Jesus, der nach Bedarf als Frauenfeind, Demonstrant und Puritaner, Anführer einer Gemeinschaft und Prediger gegen die »Bourgeoisie« seiner Zeit dargestellt wird. Die »große Buhlerin«, das »scharlachrote Weib« der Apokalypse entspringen direkt dem essenischen Gedankengut.
Wie einst die Pythagoräer und Republikaner mit ihren Zeichen und Losungswörtern, erkannten die Essener einander an diesem brüderlichen Gruß: »Der Friede sei mit uns«, was manche Exegeten dazu verleitet, sie zu den Vorläufern der Freimaurer zu rechnen.

* Die Schriftrollen vom Toten Meer, Dokument aus Höhle IV, veröffentlicht von J. Allegro in Palestine Exploration Quarterly Kap. 1, Vers 8 und Kap. 1, Vers 14.

Ein im vergangenen Jahrhundert von einem Mitglied der Französischen Handelsgesellschaft in Abessinien in der Bibliothek eines alten Hauses, das einst von griechischen Mönchen bewohnt war, gefundenes Dokument wirft ein neues – allerdings zweifelhaftes – Licht auf die Rolle der Essener im 1. Jahrhundert und auf den Tod Jesu.

Erdbeben auf Golgatha

Hier eine Zusammenfassung des Berichts:
In einem nicht datierten Pergament steht geschrieben, daß Jesus, aus Nazareth gebürtig, ein Essener war. Er gab sich durch Zeichen zu erkennen: Taufe, Brotbrechen, Kelchdarbietung. Er war durch einen anderen Bruder namens Johannes getauft worden.
Nach einem »Brief des Ältesten der Essener von Jerusalem an den Ältesten der Essener von Alexandria« wurde Jesus von Jerusalem auf den Berg Golgatha geführt.
Die Römer und die Schergen des Hohen Rats hatten diesen Ort gewählt, um das Kreuz aufzustellen. Sie bereiteten für ihn den Trank der Verurteilten vor, der empfindungslos macht und den Schmerz verringert. Dieser Trank, er wurde *poska* genannt, bestand aus saurem Wein und Absinth. Jesus lehnte es ab, betrunken zu sterben.
»Beim Kreuz, an das er geschlagen wurde, ragte der aufsteigende Balken stark über den waagrechten hinaus.«
Jesus hatte Arme und Füße gebunden, Nägel in den Händen, aber nicht in den Füßen, denn das war nicht der Brauch. Bei Einbruch der Nacht zerstreute sich das Volk, um so mehr, als es drückend heiß war.
»Die essenischen Brüder« – sagt der Text – »wußten, daß es ein Erdbeben geben werde, wie es schon zuvor, in den Zeiten unserer Väter, welche gegeben hatte.
Und gegen Abend bebte die Erde stark. Der römische Zenturio erschrak und betete zu den Göttern, die er verehrte, in dem Glauben, Jesus sei einer ihrer Günstlinge.«
Als das Volk geflohen war, führte Johannes Maria zum Fuße des Kreuzes; Jesus war am Ende seiner Kräfte, lebte aber noch.
»Und als er seine Mutter dem Johannes empfohlen hatte, verdunkelte sich die Nacht, obwohl Vollmond war und er die Erde beleuchtete . . .«
Ein Nebel stieg vom Toten Meer auf; es begann ein großer Lärm: Es war ein Brausen, das immer den Erdbeben vorangeht. Dann erbebte der Berg . . .
»Ihr habt uns vorgeworfen, meine lieben Brüder, daß wir unseren Freund

nicht vor der Marter und dem Kreuz gerettet haben, durch unsere geheime Macht.
Ich brauche nur dies zu sagen: Zunächst verbietet uns unser Gesetz, öffentlich zu handeln; weiters bemühten sich zwei unserer Brüder – sie waren mächtig und lebenserfahren – mit großem Eifer und im geheimen bei Pilatus und dem Hohen Rat der Juden, um die Unschuld Jesu zu beweisen.
Aber ihre Bemühungen blieben erfolglos, weil Jesus selbst zu sterben verlangte, für die Tugend und die Wahrheit, um das Gesetz zu erfüllen.«

Jesus war nicht tot

Joseph und Nikodemus gingen zum Fuß des Kreuzes, wo Johannes wachte. Nikodemus sagte zu Joseph, daß er Jesus auferwecken würde, daß aber Johannes es nicht wissen dürfe.
Das Gesetz verbot, daß ein zum Tode Verurteilter über Nacht am Richtpfahl hängen blieb und verlangte, daß man seine Beine brach, um seines Todes sicher zu sein. Dann mußte er begraben werden.
Pilatus war einverstanden, Joseph die Leiche zu geben; aber Jesus war nicht tot.
»Nikodemus bereitete lange Byssusbänder vor, die mit flüssigen und stärkenden Salben getränkt waren, die er mitgebracht hatte und die zur Liste der Geheimnisse unseres Ordens gehörten.
Er wickelte darin den Körper von Jesus ein . . . Er wurde in die nahe Höhle gelegt, die Joseph gehörte. Man verbrannte dort Aloen und andere stärkende und stark reizende Mittel. Als der Körper auf dem Moos lag, verschloß man den Haupteingang der Höhle mit einem schweren Steinzylinder, den man *gotal* nennt, um den Räucherdampf zu bewahren.
Die Erde bebte wieder in dieser Nacht.
Ein essenischer Bruder ging, wie es die Gemeinschaft beschlossen hatte, in seinen Festgewändern zum Grab. Als er im dichten Morgennebel näherkam, glaubten die Diener des Kaiphas, die in der Umgebung wachten, daß ein Engel von den Felsen herabstieg, und sie flohen.«
Bald kamen vierundzwanzig Essener zur Höhle, in der Jesus wieder zum Leben erwacht war. Man brachte ihn in die Gemeinschaft, doch sobald er sich besser fühlte, wollte er mit aller Kraft fort, und einige Tage später erschien er seinen Jüngern und Anhängern, die glaubten, einen Auferstandenen zu sehen.
»Dann verschwand Jesus aus Jerusalem und starb an den Anstrengungen, die er durchgemacht hatte.«

Die bibeltreuen Hebräer

Zugegeben, dieser Bericht enthält keine überzeugenden Beweise, die ihn als authentisch ausweisen würden. Im Gegenteil, er verdichtet noch das Geheimnis, das über Leben und Tod Jesu schwebt.
Immerhin gibt es zusätzliche Informationen über die Essener, deren Einfluß in der Antike so stark war, daß er schließlich die gesamte weitere Geschichte des Abendlandes entscheidend prägte.
In Wahrheit waren diese unzugänglichen Asketen gefährliche Leute, sektiererisch, primitiv, hassenswert wegen der Unmenschlichkeit ihrer Doktrin. Hätte man auf sie gehört, die Welt hätte aufgehört, sich fortzupflanzen: Man kann daher sagen, daß sie höchstwahrscheinlich im Irrtum waren, und frevlerisch in den Augen der Menschen, Gottes und des Universums.
Kaum sympathischer erscheinen ihre erbitterten Feinde, die bibeltreuen Hebräer. Sie verstanden es, sich mit den Imponderabilien des Lebens abzufinden, predigten aber Ideen voll Größenwahn, die dem Frieden und der Moral abträglich waren.
Die Hebräer lebten, zumindest dem Schein nach, gesetzestreu, aber in Wahrheit legten sie das Gesetz zu ihrem Vorteil aus. Um jeden Preis wollten sie der Welt ihre Oberherrschaft aufzwingen und annektierten Gott-Jehova-Yahwe, den einzigen, eifersüchtigen Gott, der sein Volk zum Vorreiter aller Nationen machen wollte, vorausgesetzt, daß es ihm treu blieb.
Um das versprochene Schicksal zu erreichen, wollten sich die Hebräer nicht durch Nichtjuden verunreinigen lassen; sie betrieben daher eine strenge Rassenpolitik und heirateten nur untereinander. Als sie aber von ihren abtrünnigen Religionsbrüdern, den Essenern, demaskiert wurden, entschieden sie sich schließlich für Lösungen, die Josua vertrat: Zerstörung der Gemeinschaften und Blutbad unter den Feinden.
Ihr Ziel war es einzig und allein, die führende Nation zu werden, um die anderen Rassen und anderen Menschen im Namen des eifersüchtigen Gottes auf den Weg zum Heil zu führen.

Die Christen

Diesen beiden sich redlich hassenden Parteien tritt eine neue Gruppe gegenüber. Wohl ist sie aus dem traditionellen Judentum entstanden, aber sie öffnet *allen* Völkern des Universums die Tore zum Himmel: das *Christentum*.

Durch ihren Glauben, ihre echten und edlen menschlichen Eigenschaften wird es den Urchristen gelingen, das Gleichgewicht der Kräfte zu verändern, das Antlitz der Erde umzumodeln, ja selbst die Essenz des Abendlandes zu verwandeln.
Durch sie wird sich die Erde mit bewundernswerten Bauten schmücken: Kirchen, Kathedralen, Klöstern; die Moral verliert an Egoismus und Barbarei, die Künste blühen, den Armen, den vom Leben Benachteiligten, den Bescheidenen, wird der Himmel geöffnet.
So stellte sich das Christentum im 1. Jahrhundert unserer Zeit dar. Es wurde zur führenden Religion der zivilisierten Welt. Aber: Das ganze großartige Abenteuer, die ganze wunderbare Bewegung gründete sich, wenn nicht schon von Anfang an so zumindest ab dem 2. Jahrhundert, auf eine Fälschung von Texten und die glatte Erfindung von Personen und pseudo-historischen Fakten.
Als das Christentum seine Strukturen aufbaute, schöpfte es *bewußt* in einem manipulierten okkulten Bereich, fabrizierte falsche Dokumente, »heilige« Schriften, und übernahm Abenteuer und Helden aus dem alten religiösen und mythischen Bestand der Völker.
Zwei Hauptargumente entschuldigen diese sonderbare Politik: Der Gott der Christen war universal und barmherzig; und die soziale Situation der damaligen Zeit rechtfertigte diese Vorgangsweise.

Der Lehrer der Gerechtigkeit hieß Jesus

Man kann gar nicht mehr daran zweifeln: Der Lehrer der Gerechtigkeit war der von der Bibel angekündigte Christus, der Gesalbte des Herrn, oder hatte zumindest den Ehrgeiz, es zu werden.
Er wurde festgenommen, verurteilt, hingerichtet; er ist auferstanden, versichert der *Habakukkommentar*, aber die Angelegenheit, die sich um 65–63 vor unserer Zeit abspielte, hat – nach Professor Millar Burrows – bis 1957 in den historischen Annalen keinen Niederschlag gefunden.
So wie die Hebräer die Pyramiden und Tempel in Ägypten – wo sie jahrhundertelang gelebt haben sollen – nicht gesehen hatten, so scheinen sie ihre Erzfeinde, die Essener, nicht zu kennen. In der Bibel wird ein einziges Mal auf sie angespielt, wenn von »den Vielen« die Rede ist.
Flavius Josephus, der nie von Jesus sprach, schrieb ausführlich über die drei großen jüdischen Sekten: die *Sadduzäer*, den Freuden des Lebens zugetan; die *Pharisäer*, heuchlerisch und geziert; die *Essener*, rein und ohne Schwäche.

Die Christen hätten ihren Jesus nur mit großen Schwierigkeiten durchsetzen können, wenn sie etwas von der Existenz des Lehrers der Gerechtigkeit ahnen hätten lassen, von dem sie viele Züge und auch die Todesart übernahmen.
In Wahrheit verschmelzen Jesus und der Lehrer der Gerechtigkeit so sehr, daß es eine vernünftige Hypothese ist, anzunehmen, daß der Gekreuzigte des Jahres 63 v. Chr. Jesus hieß. Es ist in höchstem Maße wahrscheinlich.
Darüber, daß Jesus der essenischen Sekte angehörte, kann kein Zweifel bestehen: Es wird in den kanonischen Evangelien ständig deutlich, und vielleicht noch mehr in den Apokryphen und im Evangelium der ägyptischen Gnostiker.
Jesus stiftet Unruhe, wenn er der religiösen Bourgeoisie einen heißen Sommer verspricht, wenn er die Reichen brandmarkt und ankündigt, daß die Ersten die Letzten sein werden.
Aber die poetischen demokratischen Ergüsse hindern ihn nicht, im Grunde seines Herzens ein harter und weiberfeindlicher Essener zu bleiben. Wohl sagt er, daß die Letzten die Ersten sein werden, aber er erhebt nicht die Frau aus ihrer Versklavung, im Gegenteil.
Er sagt von ihr ganz allgemein: »Sie muß zum Manne werden«, was kein Fortschritt, sondern eine Vernichtung der weiblichen Art ist; er weigert sich, seine Mutter zu empfangen, ja erklärt sie sogar seinem Blute fremd. Er läßt sich von Frauen die Füße mit den Haaren trocknen und sagt: »Schande über den, der aus dem Leib einer Frau geboren wurde.«
Diese peinliche und beleidigende Haltung steht in krassem Gegensatz zum Geist der Kontestation, der ihn dazu bringen hätte müssen, die Frau zu erheben, ihr wieder wie in den Zeiten des Matriarchats den ihr gebührenden ersten Platz zu geben. Doch Jesus war ganz offensichtlich der Kult der Mater fremd.

Der Hermaphrodit

Wenn Jesus sagt (Thomas-Evangelium), daß die Frau zum Mann werden soll, scheint er mit den Thesen konform zu gehen, die die Menschheit von einem Hermaphroditen ausgehen lassen.
Diese Auffassung von der Erschaffung des Menschen stützt sich darauf, daß der Mann seine Brustwarzen behalten hat und manchmal zweigeschlechtlich zur Welt kommt, was von seiner ursprünglichen und grundlegenden Natur herrühren soll.
Die Befruchtung des Mannes durch den Mann ist im gegenwärtigen Stand seiner Entwicklung unmöglich, aber die Natur liefert einige Beispiele für

Abbildung 49: Geburt der Eva nach einem alten Stich.

produktiven Hermaphrodismus: beim Blutegel, der Schnecke, den Weichtieren, den Pflanzen etc.
Nach der Bibel (und die meisten heiligen Bücher bringen ähnliche Theorien) war Adam ein Hermaphrodit, da Eva aus ihm hervorgegangen ist.

Im 1. Mose Kap. 2, Vers 21, 22, liest man:
21. »Da ließ Gott der Herr einen tiefen Schlaf fallen auf den Menschen und er schlief ein. Und er nahm seiner Rippen eine und schloß die Stätte zu mit Fleisch.

22. Und Gott der Herr baute ein Weib aus der Rippe, die er von dem Menschen nahm, und brachte sie zu ihm.«
Nun behaupten manche Kommentatoren, daß die Übersetzung sinnwidrig sei, und daß man an Stelle von *Rippe Seite* lesen müßte. In diesem Fall würde der Text folgendermaßen lauten:
21. » . . . und er nahm seiner *Seiten* eine und schloß die Stätte zu mit Fleisch.
22. Und Gott, der Herr, baute ein Weib aus der *Seite*, die er von dem Menschen genommen hatte, . . .«

In diesem Sinne wäre die Frau tatsächlich die Hälfte des Mannes, wie es auch im Volksmund heißt. Und man versteht dann auch, warum der Mann immer auf der Suche nach der Frau ist, die ihn EINS macht, warum manche Menschen Zwitternaturen sind, und schließlich auch warum der Tierkörper, nach der These von Etienne Serrès, aus zwei symmetrischen Hälften gebildet ist, die sich sozusagen voneinander unabhängig entwikkeln.
Dies würde im Fall von Hermaphrodismus auch die Lage der verschiedenen Geschlechtsorgane erklären: die männlichen auf der einen Seite des Körpers, die weiblichen auf der anderen.
Die Kenntnis dieser Eigenart, oder ganz einfach die ursprüngliche Interpretation der biblischen Schöpfung, hat wohl die Essener und Jesus dazu veranlaßt, den physischen Zustand des Hermaphroditen anzustreben, um dem Urwesen ähnlich zu sein, das von den Händen des Schöpfers geformt wurde und ihrer Meinung nach zugleich männlich und weiblich war.

Initiation oder Irrtum

Zahlreiche angebliche Spiritualisten und Leute, die sich für eingeweiht halten, widmen Jesus einen Kult und zugleich der Mater, deren Symbole zahlreich und – meiner Meinung nach – mit einer tiefen esoterischen Bedeutung erfüllt sind.
Nun ist es aber vollkommen unvorstellbar, daß man gleichzeitig zwei grundsätzlich widersprüchlichen und sich gegenseitig aufhebenden Begriffen huldigt.
Wenn Jesus tatsächlich ein Eingeweihter war (ich halte es für unwahrscheinlich, war er doch nur ein harter, verbitterter, frauenfeindlicher und wenig feinfühliger Essener), hätte er recht gehabt, an einen ursprünglichen Hermaphrodismus zu glauben und für eine Rückkehr zu den Quellen, also zum ursprünglichen Zustand, einzutreten.

In diesem Fall würde der Kult der Mater (Mutter der Menschheit) nicht zur echten Initiation gehören, ebensowenig wie der Kult und die Symbole der Höhle, der Jungfrau-Mutter, der Schwarzen Jungfrau, der Isis, der Schale, des Höhlenwassers, der mystischen Mandel, der Vulva, der Narben der Gäa, der Göttin-Mutter, der Grundlage aller heidnischen Religionen. Dann wäre es auch frevlerisch gewesen, eine Mater, die uns nicht geboren hat, mit einem Glorienschein zu schmücken, den sie nicht verdient.

Der Kult müßte also dem Gott Hermaphrodit gelten, oder vielleicht der phönizischen Aphrodite, die eng mit der bärtigen Aphrodite verwandt ist, die in Zypern verehrt wurde.

Diese These, die notwendigerweise mit dem Mythos von Jesus dem Eingeweihten verbunden ist, kann nicht akzeptiert werden; ich lehne sie ausdrücklich ab, das heißt, ich kann Jesus nicht als einen Wissenden betrachten.

Dagegen glaube ich an die tiefe Bedeutung der Mater, der Höhle, der Großen Göttin der Kelten, und schließlich an das lebensspendende Wasser, die Mater des Zellebens, des LEBENS mit einem Wort.

Denn für den Eingeweihten, der dieses Namens würdig ist, ist die Mater das Wasser, jungfräulich, ursprünglich, symbolisch dargestellt durch die heilige Quelle und das Taufwasser; Jungfrau und dennoch schwanger mit allem Zelleben. Und weil dieses lebensspendende Wasser schwanger ist, wird es durch die Jungfrau-Mutter symbolisiert.

Jesus hatte eine instinktive Abneigung gegen die Jungfrau-Mutter (Maria), gegen die Frau im allgemeinen, und manche werden darin ein Zeichen dafür sehen, daß er der Welt des Irrtums, wenn nicht der Finsternis, angehörte.

Was die Initiation und die Fragen um den Ursprung des Lebens anbelangt, stellen die Essener und Jesus den Aberglauben und das Unwissen dar, aber man muß ihnen ihren Glauben und ihre guten Absichten als Entschuldigung anrechnen.

Jesus hätte wohl durch Maria Magdalena die Offenbarung finden können, aber er hat diese Weihe entschlossen abgelehnt.

Wie die Essener und manche andere asketische Sekten, haben in späteren Zeiten auch die Katharer die Frau aus ihrer wesentlichen und wunderbaren Rolle verdrängt, die darin besteht, das Leben der Menschheit hervorzubringen.

Angesichts des Größenwahns der Hebräer und des barbarischen Asketentums der Essener, hielten es Eingeweihte oder eine jüdische Sekte von Eingeweihten für notwendig und nützlich, vor zweitausend Jahren die Aktion Jesus zu starten.
Diese Verschwörung hatte ein hohes Ideal, und seine Ziele lassen sich meiner Meinung nach in drei Hauptpunkten zusammenfassen: Die Regeln der Moral neu formen; allen Menschen einen universalen Gott geben; demokratische und soziale Ideen verbreiten, die den Armen günstig sind.
Die ursprüngliche Sekte hatte wahrscheinlich einen geheimen Namen, der uns nicht überliefert ist, aber in dem Maße, als sich ihre Philosophie auf die ganze westliche Welt ausbreitete, erlebte sie einen ungeheuren Aufschwung und wurde zum Christentum.
Die Christen, oder katholischen Eingeweihten (katholikos = universal), sind weder allzu streng und unzugänglich noch so übertrieben asketisch wie die Essener. Sie sind auch nicht gottlos und rassistisch wie die Hebräer. Sie wollen, daß die Welt weiterbesteht, und daß Gott für alle Menschen da ist.
Drei Götter machen sich nun die Gunst der Menschheit streitig: der schreckliche Gott der Essener; der eifersüchtige Gott der bibeltreuen Hebräer; der universale Gott der Katholiken.
In dieser Epoche, nach dem Niedergang des griechischen Einflusses, ist das vorherrschende Gedankengut in erster Linie jüdisch, und es sind die jüdischen Eingeweihten, die die Welt neu formen und ihr die universale Religion geben werden.
Die Bewegung profitiert von günstigen Faktoren: Die Hebräer massakrieren die Essener, die Verschwörung benützt einen essenischen Jesus, der in einen Gott der Liebe umgewandelt wird, die Christen verstehen es, zu sterben und sich aufzuopfern.
Die Mittelmeerwelt wird also den einzigen Gott annehmen, der ihren Bestrebungen entspricht: den universalen und barmherzigen Herrn, den es braucht.
So entsteht die Aktion Jesus, mit einem vielleicht authentischen Lehrer der Gerechtigkeit, den die Juden kreuzigen, weil er ein Essener, ein Reformator und ein Katholik ist.

Wir wissen nichts über diesen Jesus, denn die Verschwörung hat seine wahre Identität mit Erfolg verschleiert. War er wirklich ein Lehrer der Gerechtigkeit, ein essenischer Prophet? Viel spricht für diese Annahme. Denn der Jesus der Evangelien wurde zwar in einen Apostel der Liebe verwandelt, aber seine essenische Natur bricht alle Augenblicke durch. Gewiß verwandelt er den eifersüchtigen Gott seiner Religionsbrüder in einen universalen Gott, gewiß mildert er ihre unmenschliche Moral beträchtlich, aber es gelingt ihm nicht, sein Mißtrauen – fast müßte man sagen seine Verachtung – gegenüber den Frauen abzulegen.

Oft kommt es vor, daß sein asketisches Temperament durchbricht, daß sein christlicher guter Wille überschäumt, und dann taucht im Evangelium der Jesus mit dem Schwert und der Brandfackel auf, der Jesus, der mit seiner essenischen Grausamkeit die Frau erniedrigt, seine Mutter genauso wie die Prostituierte. So lassen sich auf klare und logische Weise die Widersprüche in den Schriften erklären.

Man sieht Jesus in Judäa predigen, vielleicht Wunder vollbringen – oder Taten, die als solche erscheinen –, aber nur in beschränktem Rahmen. Wenn er vor einem großen Publikum Wunder getan hätte, wenn er nur ein wenig aus der Schar der Propheten seiner Zeit herausgeragt hätte, würden Tacitus, Flavius Josephus, Justin, Plinius der Ältere und Sueton ihn zweifellos erwähnt haben. Dann wurde er von den Hebräern gekreuzigt . . . zur großen Erleichterung aller.

Die Christen nützten dies, um im Laufe der Zeit diesen unbeständigen Jesus, der mit seiner Rolle nur wenig vertraut und einmal heilig, einmal zornglühend war, in einen Christus zu verwandeln, der segnend und strahlend das Evangelium des barmherzigen Gottes predigt. Aus dem Lehrer der Gerechtigkeit wurde ein Lehrer der Liebe.

Die Evangelien wurden dementsprechend verfaßt, und es war sicher keine Kleinigkeit, hundert Jahre später einer Person eine schickliche und schmeichelhafte Biographie zu geben, die in Wahrheit sehr wenig von sich reden gemacht hat.

Um die Ecken abzurunden, gute Ratschläge einzufügen, falsche oder veraltete auszurotten, manipulierte man Matthäus, Markus, Lukas und den Pseudo-Johannes, indem man die Betonung stets auf den Jesus der Liebe legte, zum Nachteil des protestierenden und frauenfeindlichen Esseners. Von der Verschwörung der jüdischen Eingeweihten des 1. Jahrhunderts bis zu jener der Theologen des 2. Jahrtausends verkehrte eine umfassende und radikale Entwicklung die Grundlagen und die Bestimmung der ursprünglichen Religion in ihr Gegenteil.

Der Papst sitzt mit Gold und Edelsteinen aufgeputzt auf seinem goldenen Thron im luxuriösen Vatikan-Palast. Er empfängt, er segnet und belohnt die Großen, die Reichen und Mächtigen dieser Welt, und ist damit die vollkommene Inkarnation dessen, was Jesus als gottlos und satanisch anprangerte.
An seinem Holzkreuz hebt der Gekreuzigte die Augen zum Himmel, um ihn zum Zeugen anzurufen, daß er dies niemals gewollt hat . . . Und ein neuer Lehrer der Gerechtigkeit bereitet sich – diesmal im Osten – auf ein neues Abenteuer vor . . .

Mao Tse-tung der Messias

Nach Ablauf eines Jahrtausends sind die Wertbegriffe überholt und müssen geändert und erneuert werden.
Jesus folgte auf Moses, der zweite Gott folgte auf den ersten. Heute ist die Zeit der jüdisch-christlichen Zivilisation abgelaufen. Ein dritter Gott wird kommen, wenn die christliche Kirche untergeht. Der Protest auf allen Ebenen: der Studenten, Politiker, Arbeiter, Bauern und Intellektuellen kündigt den Anbruch eines neues Zyklus an, einer neuen Ära, in der es einen wahreren, einen abstrakteren Gott geben wird, eine universalere Gerechtigkeit und einen Begriff der Liebe, der nicht nur Exklusivität und Privilegien bringt.
Seinen Vater lieben ist gut, wenn man genauso den Unbekannten am anderen Ende der Welt liebt, den schwarzen Bruder und den gelben Bruder, den Bruder Tier, den Bruder Baum und das Sandkorn in der Wüste.
Der Begriff der Liebe, der von Gott zur Familie, von der Familie zu den Freunden und weiter zu allen Menschen der Erde absteigt, muß durch die universale Liebe, wie sie von Buddha gelehrt wurde, ersetzt werden.
Dieser Begriff der Gerechtigkeit und der Universalität, der von den Christen schlecht verstanden, von den Marxisten und Nationalsozialisten schlecht angewandt wurde, könnte im Chinesen Mao Tse-tung einen echten Propheten finden.
Der Niedergang des Reichs der Weißen wurde durch die Mai-Revolution von 1968 klar aufgezeigt; er ist das Vorzeichen für den beginnenden Aufschwung des chinesischen Volkes. Die maoistischen Thesen mögen zwar ungeheuerlich erscheinen, doch zeigen sie eine bemerkenswerte Übereinstimmung mit der Lehre des essenischen Jesus im Thomas-Evangelium, und sogar mit jener der Christen.
Die Evangelisten haben berichtet, wie Jesus es abgelehnt hat, seine Mutter und seine Brüder zu empfangen: Wer ist meine Mutter, wer sind

meine Brüder? Dann blickte er die im Kreise um ihn Sitzenden an und sagte: Seht, da sind meine Mutter und meine Brüder (Matthäus Kap. 12, Vers 48–49, Markus Kap. 3, Vers 33–34). Er lehnt es sogar ab, seine Mutter zu sehen (Lukas Kap. 8, Vers 21).
Dies ist die reine Doktrin Maos und der Rotgardisten. Wir sind schlecht darauf vorbereitet, diese These zu analysieren und zu akzeptieren, aber ein neuer Zyklus zeigt sich am Horizont, erschreckend in seiner unerbittlichen Reinheit.
Es wäre Wahnsinn, nicht darüber nachzudenken und nicht zugeben zu wollen, daß für eine Milliarde Menschen Mao Tse-tung vielleicht der angekündigte Messias ist.

Gott

Der einzig gültige Gotteskult besteht in dem Bemühen, das Leben auf natürliche Weise zu leben, ohne das Erbgut zu schädigen. Jede andere Praxis ist Masochismus und Dienst am Teufel.
Dies ist die Überzeugung der wahren Spiritualisten und steht im Gegensatz zu jener der Materialisten, die ihre Zeit, ihre Kraft und ihre Würde mit Kniebeugen, öffentlichen Gebeten, Bitten, Litaneien und anderem sinnlosen Hokuspokus verschwenden; die sich auf kindische Dogmen und eine nie eingehaltene Moral stützen.
Der Mensch, der mit Gott im reinen ist, ist gesund, freundlich, glücklich, gerecht; er hat schöne Kinder, um das Leben fortzusetzen und die universale Natur zu ehren.
Wenn ein Mensch nicht seine Zeit damit vergeudet, sich einem Gott seiner Phantasie, seines Glaubens, seiner Angst zu widmen, dann kann er daran denken, sich für die anderen Menschen aufzuopfern. Die richtige Religion besteht darin, zunächst Gott in unserem Nächsten und im ganzen Universum zu verehren. Es wäre eigenartig, wenn plötzlich eine unserer Zellen einen Kult unseres menschlichen Ichs einführte. Weder wir selbst noch unser biologisches Ganzes, noch das Universum verlangen solches. Wenn die Zelle ihre Rolle als Zelle spielt, der Mensch seine Rolle als Mensch, dann wird Gott-Universum zufrieden sein.

21. Fremdlinge aus dem All

Es ist ziemlich sicher, daß die Erde der einzige Planet unseres Sonnensystems ist, der von denkenden Wesen bewohnt wird.
Es ist wenig wahrscheinlich, daß es in unserer Milchstraße oder im Kosmos Menschen gibt, die uns vollkommen *gleich* sind, aber es mag welche geben, die den Erdenmenschen *ähnlich* sind.
Seit 1968 ist die Welle der UFOs und fliegenden Untertassen stark abgeebbt, als wären die Leute müde geworden, des Nachts den Himmel zu beobachten.

Der Standpunkt der Rationalisten

Zwar konnten sie noch nicht endgültig triumphieren, aber die Rationalisten verstärken ihre Position.
Für Professor François Le Lionnais ist das Phänomen der fliegenden Untertassen kein Fall von Halluzination, sondern von kollektiver Illusion.
Der Astronom Paul Müller wieder denkt, daß es sich zumeist um linsenförmige Wolken handelt.
Der Psychiater Dr. René Held urteilt mit strenger Logik: »Seit 3000 Jahren sieht man merkwürdige Dinge am Himmel, und nie hat sich etwas ereignet, man ist am selben Punkt stehengeblieben. Dagegen kann man in einer Wissenschaft irren, zurückgehen, neuen Elan finden, tabula rasa machen, wieder beginnen, aber es bleibt immer etwas Gutes beizubehalten. Es kommt immer etwas hinzu.«
Beim Phänomen der UFOs, bei den Gespenstern, Gott und den Elfen kann man aber keinerlei Gewinn feststellen. Es ist leicht, aus diesen Aussagen eine Schlußfolgerung zu ziehen.
Auch die Nichtgläubigen meinen, daß bei der Wahrnehmung merkwürdiger Himmelskörper der subjektive Eindruck immer sehr groß ist. Um das Problem auszuloten, müßte man bei den Beobachtern von UFOs tiefenpsychologische Studien anstellen. Sie sind sicher sehr sensibel, und manche dichten in ihren Erwachsenenhimmel Traumbilder hinein, die sie seit ihrer Jugend nähren.

In Israel gibt es keine UFOs mehr

In Israel, wo die Bevölkerung und die Radarstationen pausenlos alarmbereit sind, und wo die Wachsamkeit eine Frage von Leben oder Tod ist, muß jeder Bürger sofort die zuständigen Behörden verständigen, wenn er am Himmel einen nicht identifizierten Gegenstand entdeckt. Findet man nichts, wird die Sache ad acta gelegt. Wenn dieselbe Person ein zweitesmal ein UFO sieht, ohne daß die Überprüfung positiv ausfällt, wird sie verwarnt. Beim dritten UFO, nach dem die Jagdbomber vergeblich suchen, wird der Untertassenfanatiker in eine psychiatrische Klinik eingeliefert.

Das Ergebnis dieser Politik ist überwältigend: Anzahl der fliegenden Untertassen und UFOs, die in Israel zwischen 1966 und 1969 gesichtet wurden = 0.

Im Tschad hatten die Eingeborenen niemals fliegende Untertassen oder Wesen von fremden Planeten gesehen. Dann kam zu ihnen das Radio und erzählte ihnen, daß überall auf der Welt die Bahnwärter, die Bauern und Autofahrer täglich Hunderte von Untertassen und Dutzende von Marsmenschen sichteten. Und heute sehen auch die Bewohner des Tschad fast jeden Tag wie alle anderen Leute UFOs, fliegende Untertassen und außerirdische Wesen in Zwergen- oder Riesengestalt.

Zur Unterstützung ihrer Thesen führen die Rationalisten noch ein gewichtiges Argument ins Treffen: Buddha, Pythagoras, Descartes, Pasteur, Niels Bohr, die Professoren Monod und Joliot-Curie, sie alle haben niemals fliegende Untertassen gesehen!

Fremdlinge aus dem All

Trotzdem, das Problem bleibt bestehen, da es eine übermäßig große Zahl von Übereinstimmungen und Überlieferungen gibt, die nicht in Bausch und Bogen beiseite geschoben werden können.

Für die Gelehrten der Kirche und für die alten Völker »sind die Engel Gottes die *Piloten* dieser mächtigen und glänzenden Schiffe, die das Firmament bevölkern und durchpflügen«.

Im Neuen Testament liest man: »Diese alle sind im Glauben gestorben . . . und bekannt, daß sie Gäste und Fremdlinge auf Erden wären.« (Hebräerbrief, Kap. 11, Vers 13)

Im ersten Korintherbrief des Paulus findet man eine merkwürdige Exegese: »Der erste Mensch, Adam, ward zu einer lebendigen Seele, der letzte Adam zum Geist, der da lebendig macht.« Und weiter: »Der erste

Mensch ist von der Erde und irdisch, der andere Mensch ist der Herr vom Himmel.« (Kap. 15, Vers 45 und 47)
Tatsächlich gibt es in der Bibel (1. Mose Kap. 1, Vers 27, und Kap. 2, Vers 7) zwei Erschaffungen des Menschen, aber im Gegensatz zu dem, was der heilige Paulus sagt, wird ausgeführt, daß der zweite irdisch ist, »aus Erdenstaub gemacht«.
Wenn man die Theorie von der Pluralität der bewohnten Welten auf diese Texte anwendet, kann man verstehen, daß es eine eingeborene menschliche Rasse gab, und eine andere Rasse, die von einem anderen Planeten gekommen ist, zusätzlich noch zu den Engeln, die vom Himmel herabstiegen, um die schönen Erdentöchter zu verführen.
Nach dem Koran wurde Adam nicht auf der Erde, sondern in einer anderen Welt geboren. Im Himmel spricht Gott zu den Engeln und sagt zu ihnen (Sure Kap. 2, Vers 28): »Ich werde auf Erden einen Stellvertreter einsetzen.« Die Engel protestieren, aber Gott stellt ihnen diesen Stellvertreter vor: Adam, der alle Wesen benennen kann. Da verehren alle Engel den Adam, mit Ausnahme von Eblis.
Es wird deutlich gesagt, daß sich diese Szene nicht auf der Erde abspielt. Dann bewohnten Adam und seine Gemahlin den Garten und näherten sich dem verbotenen Baum. Sie werden dafür bestraft und dazu verurteilt, in Hinkunft *auf der Erde zu wohnen*:
(Vers 34): »Steigt herab von diesem Ort; die einen als Feinde der anderen, wird euch die Erde als Wohnstatt und vorübergehender Besitz dienen.«
Einer meiner Korrespondenten, Gérard Guillet, hat vermerkt, daß im Sanskrit die Worte *Mars* und *Mongol* auf dieselbe Weise geschrieben werden. Dies ist für die Himmelssöhne recht merkwürdig, denn im Osten ist noch viel mehr als im Westen von interplanetarischen Verbindungen die Rede.

Die Vimanas im Samarangana Soutradhara

In seinen *Essais de méditations immatérielles* (Versuche immaterieller Meditationen) zitiert Kronos-Paul Fisch eine Seite von Louis Dubreucq, Mitglied der Astronomischen Vereinigung, der sich seinerseits auf ein wedisches Manuskript bezieht:
»Das *Samarangana Soutradhara* enthält eine anschauliche Beschreibung von Flugmaschinen, die es bei den zivilisierten Völkern gab, um die Verbindung zwischen den Kontinenten herzustellen oder die Ordnung auf-

Abbildung 50: Der Kosmonaut der Höhle von Glenelg River in Australien.

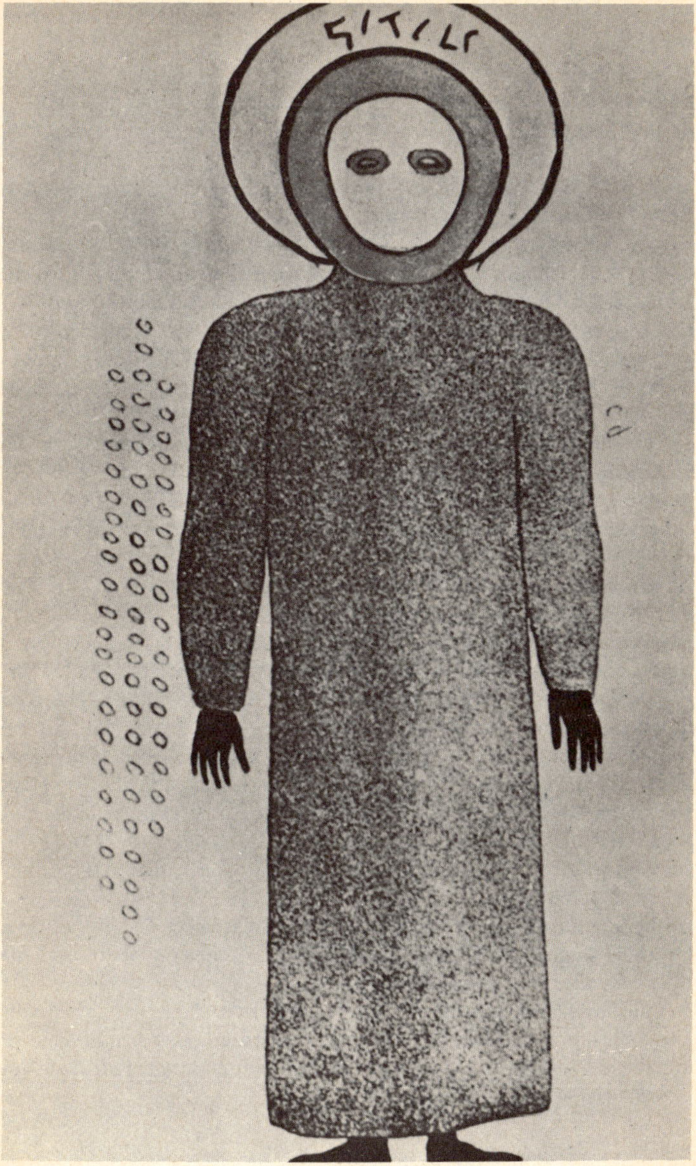

rechtzuerhalten, oder das Gelingen großer interstellarer Expeditionen sicherzustellen.«

»Dieses Manuskript«, setzt Paul Fisch fort, »widmet dem Konstruktionssystem und der Verwendung der *vimanas* (Flugapparate) zweihundertdreißig Seiten.

Diese Maschinen stiegen vertikal auf, flogen über Tausende von Kilometern, und ihre Geschwindigkeit war so groß, daß man sie manchmal vom Boden aus gar nicht sehen konnte . . .

Das *Samarangana* erklärt, daß die *vimanas* keineswegs das Produkt dichterischer Phantasie waren, sondern echte Maschinen, die durch die latente Kraft des während des Fluges erhitzten Quecksilbers funktionierten. Sie hatten keine Flügel und wurden allein von der erzeugten Kraft getragen. Es werden neunundvierzig Arten von Antriebsfeuern aufgezählt, die mit elektrischen oder magnetischen Phänomenen zusammenhängen.

Die *vimanas* konnten sich dem Blick entziehen und ohne jedes Geräusch vollkommen geschützte Besatzungen befördern.

Jede Flugmaschine hatte ihren eigenen Namen, und die wedischen Tafeln sprechen von einem *vimana agnihotra*, das heißt mit zwei Antriebsdüsen.

Anscheinend waren die Menschen dieser Zeit daran gewöhnt, Besuche von Wesen anderer Planeten zu empfangen.

Manche *vimanas* von besonderer Bauart konnten sich bis in die Sonnenregionen erheben (*surymandala*), andere zu den Sternen (*nahsatramandala*), und sie hatten riesige Ausmaße, um das Sonnensystem zu durchqueren und noch weiter zu fliegen . . .

Der *Tantjur* und der *Kantjur* der Tibeter beschreiben diese wunderbaren Raumschiffe, die eine langgestreckte Form hatten und sich in einer Kreisbahn um die Erde drehten, wo sie auf die Abfahrt von mehr als tausend Reisenden warteten.«

Im *Mahabharata*, im *Drona Parva* und im *Ramayana* finden sich ähnliche Beschreibungen*.

In diesem Zusammenhang ist auch erwähnenswert, daß die irischen Überlieferungen von alten Zeiten sprechen, »in denen jeder in der Luft tanzte wie die Blätter im Herbstwind . . .«

Auf der Insel Sankt Vinzenz »konnten die weisen Männer von einst sehr leicht fliegen. Sie hatten keine Flügel, sondern erhoben sich in die Luft durch die Wirkung der Geräusche, die sie verursachten, indem sie auf Goldplatten schlugen . . .«

* Siehe auch *Phantastische Vergangenheit*, R. Charroux

Eine Legende der Karibischen Inseln besagt, »daß die Leute in sehr alten Zeiten die Stiegen weder hinauf- noch herunterstiegen; sie schlugen eine Zimbel und sangen ein Lied. Das Lied besagte, wohin sie gehen wollten, und sie gingen auch dorthin . . . Jeder konnte in der Luft tanzen wie die Blätter im Sturm. Alles war so leicht!«
Ich schließe mich der Meinung von Paul Fisch an, wenn er diesen Überlieferungen einen gewissen Glauben schenkt und sie mit höherstehenden Ahnen von Atlantis oder Mu in Verbindung bringt.
»Ein großer Teil der Vorgeschichte«, schreibt Paul Fisch, »hat sich auf Gebieten abgespielt, die heute unter Wasser liegen.«

Kosmonauten in australischen Höhlen

In einer Höhle in Australien, bei Glenelg River, in der Gegend von Kimberley, hat der Forscher George Grey im Jahre 1838 ein sonderbares Fresko entdeckt: die Darstellung eines – man möchte unbedingt sagen – Astronauten.
Der Kopf der Figur ist mit glänzenden roten Kreisen umgeben, die vielleicht die Sonne symbolisieren; der Körper und die Hände sind rot angemalt, und auf den Körper sind ebenfalls rote Bänder und Streifen gezeichnet.
In derselben Höhle sah der Forscher eine Gruppe von vier Köpfen mit Kapuzen oder Heiligenscheinen, aber tiefblau bemalt.
Einer der »Astronauten« trug eine Halskette, und die Sanftheit seines Ausdrucks führte Grey zur Annahme, daß es sich um eine Frau handelte.
In einer anderen Höhle fand er eine Malerei, die einen drei Meter großen Mann darstellte, der von Kopf bis Fuß in eine Art unförmige Hemdhose gehüllt war, wie sie die Taucher und die Piloten anziehen, wenn sie sich in die Stratosphäre begeben.
Ein doppelter Kreis, rosa und gold, umgab seinen Kopf, und auf den rosa Teil waren in einem unbekannten Alphabet sechs Buchstaben oder Zahlen gezeichnet, die an die Schrift von Glozel erinnern. Es ist möglich, daß der rosa Kreis einen Helm aus Plexiglas darstellt.
Nach den »Experten« und dem Anthropologen A. P. Elkin handelt es sich um Malereien, die von Künstlern der Urzeit angefertigt wurden und Wandjina darstellen, den Regengott der Urbevölkerung; aber diese Interpretation ist wenig überzeugend. Viele sind der Meinung, daß die australischen Urbewohner Taucher des Weltraums, also Kosmonauten, darstellen wollten.

Daß sich die offiziellen Stellen bemühen, alles zu verheimlichen, was mit den geheimnisvollen Himmelsobjekten in Verbindung steht, wird immer eindeutiger.
Mein Freund, Professor Jean Villegoureix aus Limoges, wird mir nach dem Abenteuer, das ihm in Olbia widerfahren ist, beipflichten.
»Im August 1968«, schreibt Jean Villegoureix, »fuhr ich nach Olbia, einem freundlichen Marktflecken an der Mittelmeerküste im Departement Var. Dort nimmt die örtliche archäologische Gesellschaft seit Jahren unter größter Geheimhaltung Grabungen vor.
Bei meinem ersten Besuch wurde ich von einer entsetzlichen Megäre sehr unfreundlich empfangen, die mich durch die geschlossene Tür hindurch aufforderte, wieder schleunigst zu verschwinden . . .
Einige Tage später kam ich in Begleitung meiner Frau Rosette wieder. Diesmal traf ich auf einen verständnisvolleren Pförtner und konnte den Ort betreten.
Auf den ersten Blick zeigten mir die Ruinen die Übereinanderlagerung von drei Kulturtypen: griechisch, römisch, christlich. Die interessanten Gegenstände waren zwar entfernt worden, aber es blieb ein schöner Grabstein erhalten, auf den etwas gezeichnet war, das auf erstaunliche Weise einem Düsenflugzeug ähnelte. Ich wollte ihn fotografieren, aber der Führer verbot es mir . . .
Achtundvierzig Stunden später kehrte ich ein zweites Mal nach Olbia zurück, und bei einbrechender Dunkelheit wollte ich nur noch einmal den Grabstein ansehen, der – ich könnte nicht sagen warum – an den Planeten Venus erinnerte. Der Stein war verschwunden . . .«
Trotz intensiver Nachforschungen gelang es Jean Villegoureix und Philippe Lenglet, den die Sache ebenfalls fesselte, nicht, die Spur des Grabsteins und seiner geheimnisvollen Zeichnung zu finden.
Nach dem Schriftsteller Guy Tarade soll Dr. Glenn Seaborg, Präsident der Atomic Energy Commission, in Moskau im Jahre 1969 erklärt haben, daß die Besatzungen von Apollo 8, 10, 11 und 12 auf der erdabgewandten Seite des Mondes Bauten und Spuren von außerirdischen Fahrzeugen entdeckt haben.
Wenn die Information stimmt, ist es unerklärlich, wieso sich die Zeitungen ihrer nicht bemächtigt haben. Wieder eine Verschwörung des Schweigens?

»Eine fliegende Untertasse zerschellt, und man findet die Leiche eines Weltraumungeheuers«: So lautet der Titel der kanadischen Zeitschrift *Minuit* vom 5. August 1969.
Die Geschichte läßt sich so zusammenfassen: Der Körper eines Ungeheuers von einem fremden Planeten wurde von einem Bauern namens Wassili Dubischew, 43 Jahre alt und Bewohner eines Dorfes in Georgien, gefunden.
Befragt durch die Polizei soll er erzählt haben, daß er um 6 Uhr morgens auf seinem Traktor mit aufgeblendeten Scheinwerfern auf sein Feld fuhr, als er einen ohrenbetäubenden Krach hörte.
Seine Scheinwerfer verlöschten, und als er den Kopf hob, sah Dubischew ungefähr 400 Fuß über dem Erdboden eine unbewegliche fliegende Untertasse. Um den Apparat herum waren kleine rote, grüne und blaue Lichter.
Dann gab es einen explosionsartigen Knall, die Untertasse startete mit unglaublicher Geschwindigkeit, und die Lichter des Traktors gingen wieder an.
Einige Sekunden später hörte der Russe eine Explosion, und eine vielfarbige Wolke stieg von einem zwei Meilen von der Straße entfernten Hügel auf. Ein Kreis geschmolzenen Schnees zeigte einen Aufschlagpunkt, aber es gab keine Spur von der Untertasse; dagegen lag unweit von der Stelle ein bewegungsloses Monstrum.
Das Ungeheuer, von dem Sie auf den Seiten 260 u. 261 Abbildungen sehen, maß vier Fuß, und seine Form erinnerte ein wenig an einen Menschen; es hatte Arme und Beine, einen Kopf mit zwei Augen, zwei Ohren und einen Mund, aber keine Nase. Die Haut war faltig und rauh, und es schimmerten kleine blaue Adern durch.
Der Körper trug verbrannte Kleidungsstücke. Man nahm an, daß das Ungeheuer vor der Explosion abgesprungen war, durch die die fliegende Untertasse vollkommen aufgelöst wurde.
Biologen stellten bei der Analyse fest, daß seine Zellen nicht auf Kohlenstoffbasis aufgebaut waren, sondern auf Silikon. Dr. Fjodor Petrow glaubt, daß es von einem wesentlich heißeren Planeten kam als die Erde, und daß es durch die Poren seiner Haut Helium oder Stickstoff absorbierte.
»Dieses Wesen«, schreibt Doktor Petrow, »kann eine Temperatur von 1000 Grad Fahrenheit aushalten, wie sie auf dem Planeten Venus herrscht.«
Diese Geschichte könnte für wahr gehalten werden, wenn ihr in Rußland

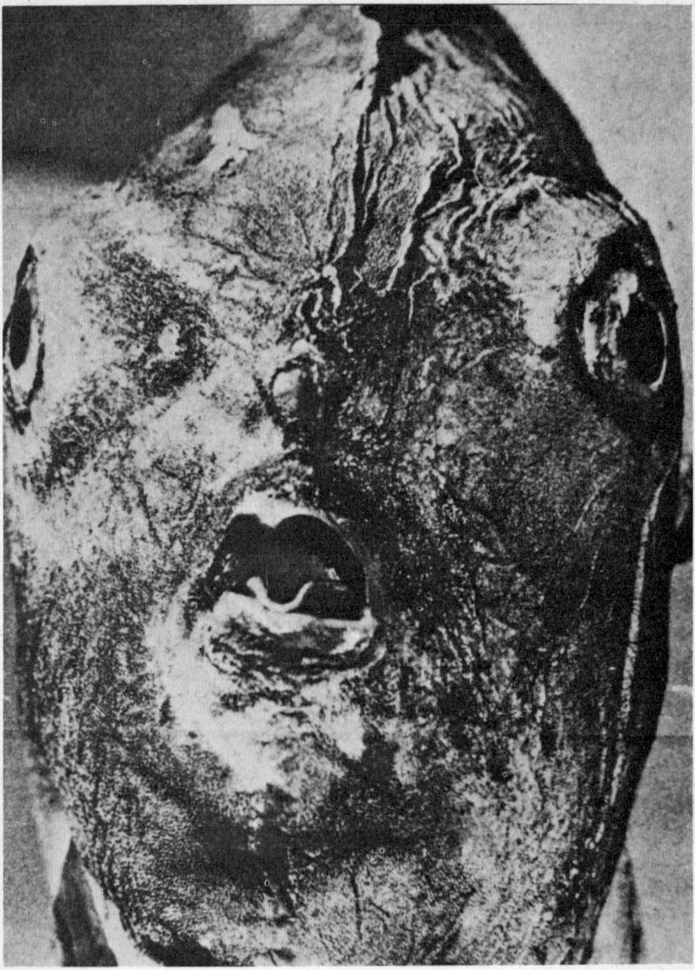

Abbildung 51: Kopf des außerirdischen Ungeheuers.

Abbildung 52 und 53: Seine verkohlten Reste, wie sie in Georgien gefunden worden sein sollen.
Geheimnisvoller Lichtschein, der das amerikanische LEM bei der ersten Mondexpedition im Jahre 1969 umgab.

oder Europa irgendein wissenschaftliches Echo gefolgt wäre, aber dies war nicht der Fall. Außerdem sind die Meldungen der Zeitschrift *Minuit* zwar oft sensationell, aber nicht immer auf Wahrheit gegründet.

Armstrong hat Mondbewohner gesehen

Am 11. August berichtete diese Zeitung in großen Lettern, daß die amerikanischen Astronauten auf dem Mond Lebewesen gesehen hätten!
Nachdem Armstrong am 20. Juli um 10.56 Uhr den Fuß auf unseren Satelliten gesetzt hatte, gab es einen blendenden Blitzstrahl, genau in dem Augenblick, als der Astronaut seine Fernsehkamera einstellte. Man hörte, wie er einen Satz begann, aber bevor er ihn beenden konnte, hatte ihn das Kontrollzentrum in Houston abgeschnitten. Er soll aber gesagt haben: »Vielleicht, ah . . .« Es gab eine neuerliche Unterbrechung, und man sagte ihm brüsk: »Weiter, weiter.«
Armstrong soll ein eiförmiges Fahrzeug gesehen haben, dem – so schreibt *Minuit* – zwei menschenähnliche Wesen entstiegen, die blasenförmige Helme trugen und ihn zu überwachen schienen.
Als Armstrong zum erstenmal seinen Bericht an Houston weitergab, hätte man ihm empfohlen, diese Zwischenfälle nicht zu filmen, sondern auf einem separaten Kanal zu übertragen. Dies ist wohl ein wenig zu sensationell, als daß es wahr sein könnte.
Die Zeitschrift *Phénomènes spatiaux* tadelt in einer Sondernummer aus dem Jahre 1969 die Fanatiker, die ohne Bedenken von Venus, Mars, Saturn oder Jupiter Raumschiffe kommen lassen und berichten, daß unsere Brüder im Raum auf der Venus Städte und Straßen haben, Felder und Bauernhöfe, Flüsse und Fabriken . . . Zweifellos schaden solche Behauptungen dem ehrlichen und vernünftigen Studium des UFO-Phänomens.

Das Luftschiff von Cloera

Das irische Manuskript *Konungs Skiggsa*, aus dem Jahre 950, berichtet diese außergewöhnliche Geschichte (sie wird auch von Alexander Gorbowski in *Les Anciennes Enigmes de l'Histoire* – Die alten Rätsel der Geschichte – berichtet):
»Eines Sonntags, als die Einwohner bei der Messe waren, geschah in der kleinen Ortschaft Cloera ein Wunder.
Ein großer metallischer Anker, der an einer Kette hing, kam vom Himmel

herunter: Einer seiner Arme war mit einem sehr spitzen Schnabel versehen und bohrte sich in den hölzernen Pfosten des Kirchentors.
Die Gläubigen liefen sofort heraus und sahen am Himmel, am anderen Ende der Kette, ein Schiff, das auf einem imaginären Ozean zu schwimmen schien.
An Bord dieses Schiffes beugten sich Männer über die Reling und schienen zu beobachten, was am Grund des Wassers vor sich ging.
Da sahen die Einwohner von Cloera einen Seemann auf den Schiffsrand steigen und in die Luft springen, die für ihn Wasser sein mußte; rund um den Taucher sah man einen feurigen Strahlenkranz.
Der Mann wollte ganz ohne Zweifel den Anker wieder losmachen. Als er am Boden angelangt war, umringten ihn die Gläubigen, um ihn gefangenzunehmen, aber der Pfarrer verbot, ihn zu berühren, aus Angst vor einem Verbrechen oder einer Freveltat.
Der Taucher schien nicht zu bemerken, was um ihn vorging. Er versuchte, den Anker freizubekommen, doch als es ihm nicht gelang, entschwebte er auf sonderbare Weise zu seinem Schiff, und zwar wieder mit den Bewegungen eines Brustschwimmers.
Dann kappte die Besatzung die Ankerkette, und das freigekommene Luftschiff segelte davon und entschwand den Blicken.
Aber der Anker blieb jahrhundertelang im Tor stecken und bezeugte das Wunder.«

22. Die fliegenden Übermenschen und das Geheimnis der Delphine

Eines ist gewiß: Niemand kann das Wrack eines UFOs oder den Körper eines außerirdischen Wesens oder gar einen lebendigen Extraplanetarier vorzeigen.
Dennoch geschieht etwas am Himmel, etwas außerordentlich Geheimnisvolles und Verlockendes, das unsere Logik, unsere Intelligenz und unsere Sinne gleichermaßen verwirrt. Als würden die himmlischen Phänomene nicht unserer dreidimensionalen Welt angehören.
Aus diesem Grund bin ich der Meinung, daß eine Erforschung der sogenannten Parallelwelten das Problem der UFOs einer Lösung um vieles näherbringen könnte.

Der Mesmersche Zuber

André Castou aus Saint-Aignan glaubt, daß das Problem mit jenem des Mesmerschen Zubers in Verbindung steht, der im Jahre 1778 Gegenstand der Pariser Chronik war, nachdem der deutsche Arzt Franz Mesmer die erstaunlichen Eigenschaften des animalischen Magnetismus entdeckt hatte.
Dieser geniale Physiker (andere nennen ihn einen Scharlatan) hatte einen Apparat für kollektiven Magnetismus entwickelt; er bestand aus einem Bottich aus Eichenholz mit 2 m Durchmesser und einer Höhe von 0,50 m, der zu zwei Drittel mit Wasser gefüllt war und eine Mischung von Eisenspänen und zerstoßenem Glas enthielt.
Auf diesen Dingen lagen mit Wasser gefüllte Flaschen, deren Hals zur Mitte des Apparates wies; andere gleiche Flaschen waren umgekehrt angeordnet. Ein von Löchern durchbohrter Deckel verschloß den Bottich. Aus den Löchern ragten Eisenstäbe mit spitzen und gebogenen Enden heraus, deren andere Enden im Wasser lagen. Das Ganze bildete eine Art Batterie oder Elektrizitätsakkumulator.
Die Patienten legten das spitze Ende der Eisenstäbe auf den kranken Körperteil, was bei manchen zu Krisen führte, die oft in kollektive Hysterie ausarteten. Zur Verstärkung der Wirkung waren die Kranken unterein-

ander durch ein dickes, locker hängendes Seil verbunden, oder sie hielten einander an den Daumen fest.

Hair, der Zuber und die Levitation

Auf dem Höhepunkt ihrer Erregung machten sie sich los, liefen und sprangen mit außergewöhnlicher Leichtigkeit umher, lachten, entkleideten sich und gaben sich ähnlichen Zurschaustellungen hin wie die Hippie-Schauspieler in *Hair* oder in den Freiluftzusammenkünften von New York und London.
Mesmer ließ sie dann in einen Raum bringen, der »Krisensaal« oder »Hölle der Zuckungen« genannt wurde und gepolstert war, um mögliche Unfälle zu vermeiden, insbesondere weil manche Personen in ihren Verrenkungen in die Luft geworfen zu werden schienen, als wären sie in Levitation.
Dann machten die Kranken ein Stadium der Lethargie, der Depression durch, und schließlich versicherten die meisten, daß sie von ihren Leiden geheilt wären.
War diese Therapie wirklich wirksam? Brachte der durch den Zuber erzeugte animalische Magnetismus eine echte Erleichterung? Die Meinungen über diesen Punkt sind sehr geteilt.
Der Mesmersche Zuber wurde zuerst in einem Privathaus am Place Vendôme und später im Hôtel Bullion, in der Rue Jean-Jacques Rousseau, erprobt. Da der Zustrom sehr groß war, wurden Apparate »für die Armen« auf dem Boulevard am Ende der Rue de Bondy aufgestellt.
Dazu wird berichtet, daß der »Zuber« der Rue de Bondy einfach durch einen Baum dargestellt wurde, an den sich Tausende von Kranken hängten mit einem Glauben, der – wie so oft – Wunder wirkte.
Sieben Jahre lang begeisterte sich die Pariser Bevölkerung für die Zuber; dann kamen sie aus der Mode, und Mesmer mußte die Hauptstadt verlassen: Sein animalischer Magnetismus hatte keine heilende Wirkung mehr, und man beschuldigte den Arzt, in erster Linie die Börsen der Leichtgläubigen erleichtert zu haben.
Einige Spaßmacher ließen vom Dach eines Hauses einen kleinen Papierballon steigen, der in etwa folgende Inschrift trug: »Die Sache ist mißglückt, der Zuber wird fortgeschickt.«

Ein Schritt zur Levitation

Für einen Spezialisten wie André Castou weist der Mesmersche Zuber eine Anzahl von Berührungspunkten mit den UFOs auf: »Kreisrunde Form, Kette von menschlichen Wesen, übersinnliche Wirkungen ... Der einzige Unterschied war der, daß im Hôtel de Bullion die Leute außerhalb standen, während sie sich bei einer fliegenden Untertasse im Inneren befinden.«

»Ich bin überzeugt«, fügt André Castou hinzu, »daß es mit den Mitteln der heutigen Wissenschaft und unter Verwendung der niemals beanspruchten Elektrizität unseres Gehirns möglich wäre, einen neuen Mesmerschen Zuber zu verwirklichen, dessen Wirkung hundertmal so stark wäre und eine allgemeine Levitation bewirken könnte.«

Diese Hypothese war an und für sich schon verlockend, doch sie gewann noch an Bedeutung, als sich einer meiner Korrespondenten, ein glühender Untertassenfanatiker, ebenfalls für sie einsetzte und in eine merkwürdige These über das Rätsel der geheimnisvollen Himmelsobjekte integrierte.

Das schreckliche Bekenntnis des B. D.

Dieser Korrespondent, den ich aus Gründen der Diskretion nur mit seinen Initialen nennen kann, hat unzählige Stunden seines Lebens damit verbracht, in nächtlicher Beobachtung die GHK (geheimnisvollen Himmelskörper) zu studieren. Dies hat ganz beträchtlich an seinen Lebenskräften gezehrt, was sein Bekenntnis nur noch ergreifender macht.

»Seit Jahren«, so schreibt er mir, »leide ich an Gedächtnisschwund, nachdem ich sowohl an Enzephalitis als auch an chronischer Meningitis erkrankt war. Meine spontanen Anfälle von Hypoglykämie (abnorm geringer Zuckergehalt des Blutes) bewirken Störungen wie Angstzustände und Bewußtlosigkeit, gestörten Bewegungsablauf, larvierte Epilepsie, Bewußtseinsspaltung, Halluzinationen, Schlafsucht und anderes mehr. Wozu soll ich alle meine Leiden aufzählen; ich will damit nur sagen, daß ich stark behindert bin und meinen elenden Körper mühsam durchs Leben schleppe.

Aber schon früher, als ich noch meine Nächte damit verbrachte, den Himmel zu erforschen, war ich beinahe gegen meinen Willen zu einer Art Fakir geworden, zu einem Medium, das sein Bewußtsein spalten konnte, wobei ich Halluzinationen aller fünf Sinne hatte.

Acht medizinische Kapazitäten haben mir versichert, daß ich chronische

Gehirnschäden hätte. Meine Krankheiten, die ich mir bei meiner Arbeit zugezogen habe, wurden sicher dadurch verschlimmert, daß ich viele Nächte im Freien verbrachte (auch im Winter), um die fliegenden Untertassen zu beobachten.«

Dieses ehrliche, fast tragische Bekenntnis läßt uns zunächst Mitleid empfinden, vermittelt aber gleichzeitig die Gewißheit, daß der Autor vollkommen aus dem Gleichgewicht geraten ist. Gibt er nicht selbst zu, daß er Trancezustände, Krisen, Komas hat, daß er Gespenster und fliegende Untertassen sieht, und daß ihm acht Ärzte bestätigt haben, daß sein Gehirn geschädigt ist?

Nein, man kann nicht sagen, er gibt zu, vielmehr *sagt* er ganz einfach in voller Ruhe, was ihm fehlt. Sicher, er ist schwer krank, aber gerade dieser Zustand, der uns an der Richtigkeit seiner Urteilskraft zweifeln läßt, erleichtert ihm – nach seiner Aussage – die Wahrnehmung von Phänomenen, die gewöhnlich dem nicht geschärften, das heißt dem normalen Geist entgehen.

Es wäre verrückt zu glauben, daß der normale Geist das Anormale oder Übernormale verstehen kann. Wir können jeweils nur jene der drei Welten wahrnehmen, der wir angehören, ob sie nun die normale, anormale oder übernormale ist.

In welcher Welt bewegen sich nun die fliegenden Untertassen? In mehreren, sagt mein Korrespondent, weshalb auch fast jeder Mensch die eine oder andere sehen kann. Aber das Phänomen in seiner Vollständigkeit gehört allen drei Universa an, so daß nur die Wesen, die gleichzeitig normal, anormal und übernormal sind (ich verstehe darunter jene Wesen, die für übersinnliche Wahrnehmungen empfänglich sind), dem phantastischen Schauspiel der UFO-Ballette, der fliegenden Untertassen und ihrer Landungen beiwohnen können.

Schizophren oder übermenschlich?

Der Übergang von der Vernunft zum Wahnsinn, von der Lüge zur Wahrheit ist so fließend, daß eine Abgrenzung nie ganz leicht ist.

Man hält einen Menschen für »normal«, wenn er sich an die Spielregeln unseres Gesellschaftssystems hält, selbst wenn sein Körper von Cholesterin und sein Geist durch das Fernsehen vergiftet ist, selbst wenn er mit seinem Auto über die Straßen rast und schon einige Fußgänger oder Autofahrer getötet hat. Wer außerhalb dieser konventionellen Normen steht, dem werden beunruhigende Symptome von physischen und geistigen Störungen nachgesagt.

Mein Freund B. D., der fliegende Untertassen und Gespenster sieht, ist als anormal zu bezeichnen; trotzdem würde ein Neurologe diese Diagnose nur widerstrebend unterschreiben. Gewiß ist B. D. schwer krank, dennoch bleibt er zum überwiegenden Teil unserer wahrnehmbaren Welt zugehörig, mit der besonderen Eigenschaft oder Anomalie, daß er *zusätzlich* Zugang zu einem Universum hat, das uns verschlossen ist.
Er verfügt also über authentische mediale Fähigkeiten, und seine Visionen, seine »Halluzinationen«, können auch auf authentische Vorgänge Anwendung finden, die für normale Menschen unsichtbar, im supranormalen Bereich aber wahrnehmbar sind. Zwar ist dies nur eine Hypothese, man darf aber nicht glauben, daß der sogenannte ausgeglichene (»normale«) Mensch mit seinen fünf Sinnen die objektive Realität des totalen Universums wahrnehmen und verstehen kann.
Für einen Neurologen oder Spiritualisten sind die Visionen meines Korrespondenten nicht unbedingt unwirkliche Hirngespinste, sondern vielleicht eine Kontaktnahme mit einer höheren Realität oder deren Bewußtwerden. Dies behauptet B. D. mit einer Logik, die um so aufwühlender klingt, als die von ihm geschilderten Vorgänge zweifellos an den geheimnisvoll-unbekannten Bereich rühren, der für den sogenannten normalen Menschen tabu ist.

Die fliegenden Übermenschen

Natürlich hat mein Korrespondent auch über das Wie und Warum seiner Beobachtungen nachgedacht und dazu verschiedene Hypothesen formuliert.
Eine davon macht die UFOs und leuchtenden Gegenstände am Nachthimmel zu fliegenden Übermenschen, die in ihrer Natur etwas von einem menschlichen Wesen, von einem interstellaren Raumfahrzeug und von der Materialisierung von Wunschbildern vereinen. Abgekürzt nennt er sie die »FÜM«.
Sie sollen von der Erde stammen, die sie vor der Sintflut verließen, um sich im kosmischen Raum weiterentwickeln zu können. Ihr physischer Körper ist degeneriert, doch sie haben ein stark entwickeltes Gehirn; so sind sie zwar Zwerge in ihrer Statur, aber Riesen durch die Hypertrophie und die Denkkraft ihres Gehirns.
Sie leben an den äußersten Grenzen unseres Universums. Manchmal führen sie Experimente durch: Eine Anzahl von FÜM vereinigt sich zu einer Art lebendigem physischen Agglomerat, das ihnen als künstlicher Riesenkörper dient. Dieser Energie-Materie-Komplex bildet das eigent-

liche interplanetarische Raumschiff, die sogenannte »fliegende Untertasse«, die demnach nichts anderes als ein Akkumulator von Gehirnen ist, ein Kondensator zerebraler Energie. Wie beim Mesmerschen Zuber werden mehrere Gehirne zur Steigerung ihrer Leistung gekoppelt, was auch an das System der Spiritisten erinnert, die sich mit den kleinen Fingern ihrer gespreizten Hände berühren und so eine Kette bilden.
Wenn sich die FÜM in Trance befinden, entwickelt ihr Komplex eine ungeheure Energie. Diese bewirkt ihre Levitation und ermöglicht ihre Raumausflüge. Dieser Trancezustand ist etwas Natürliches, vom Willen Unabhängiges, wie unsere Träume, wenn wir schlafen.
Bei dieser These reichen die möglichen Erklärungen von der Schizophrenie bis zum Supranormalen: irgendwo dazwischen liegt der goldene Mittelweg, der nach Ansicht des großen Rabelais das klinische Zeichen der Vernunft ist.
Neben solchen metaphysischen Spekulationen gibt es aber Möglichkeiten, die den Errungenschaften und Techniken unserer Zeit näher stehen und untersucht werden müssen, wenn man bei der Erfassung des Problems weiterkommen möchte.

Eroberung der Sterne im Jahre 2050

Die amerikanischen und russischen Raumfahrtbehörden haben errechnet, daß sie noch vor dem Jahr 2050 in der Lage sein werden, agravitationelle Raumschiffe zu Planeten auszusenden, die von intelligenten Wesen bewohnt werden; die Fahrzeuge werden entweder durch magnetische Kräfte angetrieben, oder durch Kräfte, die direkt aus dem Kosmos geschöpft werden.
Diese Planeten liegen natürlich in unserer Milchstraße, aber außerhalb des Sonnensystems.
Ein bewohnter Planet in dem Sinne, wie wir es auf der Erde verstehen, verfügt über Wasser, eine Atmosphäre, eine Vegetation und Einwohner, die mit Intelligenz, einem Bewußtsein und Ausdrucksmöglichkeiten ausgestattet sind.
Es ist möglich, daß es in unserer Galaxie einen solchen Planeten gibt, aber wenig wahrscheinlich, daß er mit unserer Erde völlig identisch ist, also eine Atmosphäre mit demselben Gehalt an Sauerstoff und Stickstoff hat, ein Volumen, eine Dichte, eine Rotation und ein Magnetfeld gleicher Art. Im günstigsten Fall kann der Planet nur *ähnlich* sein; das bedeutet, daß sich seine Bewohner wegen der verschiedenen atmosphärischen Bedingungen von der irdischen Menschheit unterscheiden müssen.

Auch die Verteilung der Wasser- und Landflächen kann nur in etwa mit unseren irdischen Verhältnissen vergleichbar sein.
Die Astrophysiker erwarten also, in Zukunft mit denkenden Wesen konfrontiert zu werden, deren Natur sie nicht einmal erahnen können.

Weltraumgeschöpfe, die keine Menschen sind

Manche Leute denken, daß die ersten außerirdischen Wesen, mit denen wir zusammentreffen werden, entweder Lebewesen im freien Raum sein werden (Wesen, die schweben oder fliegen), oder aber Fisch-Menschen. Ihre Hypothese wird allerdings durch keine fundierten Fakten unterstützt.
Diese Völker könnten nämlich ebensogut biologisch höher entwickelte Pflanzen oder Tiere (Insekten, Säugetiere, Vögel) sein, oder sogar Menschen mit einem stark entwickelten Gehirn, einem Atmungssystem, das einer bestimmten Atmosphäre angepaßt ist, und wahrscheinlich einem Körper und Gliedmaßen zur Fortbewegung und zum Ergreifen von Gegenständen.
Zu Recht oder zu Unrecht kann man sich nur schwer Wesen vorstellen, die zwar denken, nicht aber sich bewegen oder etwas bauen und herstellen können. Unser Kartesianismus zwingt uns zu glauben, daß eine der Haupteigenschaften des bewußt lebenden Wesens darin besteht, Gegenstände herzustellen, aber eigentlich ist dies nur eine Ansicht des menschlichen Geistes.
Wenn Wesen aus dem All eine unbewegliche physische Natur hätten, könnte man sich vorstellen, daß sie sich allein kraft ihres Denkens verwirklichen, mit der Möglichkeit, dieses auch zu schöpferischen Zwecken einzusetzen. Es ist dies keine unbedingt abzulehnende These, da die Dualität von Körper und Geist nicht zwingend erscheint.
Wesen mit einem so außerordentlich entwickelten Intellekt müßten in der Lage sein, sich in einer von ihnen gewählten Bewegungsform materialisieren zu können, oder noch besser: ihre Existenz auf rein geistige Weise zu verwirklichen.
Vernünftig gesehen müssen wir diese Möglichkeit aus unseren Betrachtungen ausklammern, denn solche Wesen, die dem physischen Zwang unserer Welt nicht unterliegen und wahrscheinlich einem mehr als dreidimensionalen Universum angehören, könnten auf jedem beliebigen Planeten, sogar im freien Raum, leben, ohne einen Körper zu brauchen. Bevölkern diese reinen Geister den Kosmos, unsere Erde inbegriffen? Die Spiritualisten sind davon überzeugt. Wie dem auch sei, nicht ein solches

Volk ist es, mit dem sich die Astronauten in Verbindung setzen wollen, sondern vielmehr körperliche Wesen, die einen Planeten bewohnen, der Kontinente und Ozeane besitzt, aus Kalk, Kohlenstoff, Wasserstoff, Stickstoff, Sauerstoff und allen anderen Bestandteilen unseres Planeten besteht. Auf dieser Basis bereiten sich die Astrophysiker darauf vor, mit denkenden Wesen zusammenzutreffen, die die körperliche Beschaffenheit von Tieren oder Pflanzen haben, wie es sie auf der Erde gibt.
Die Untersuchung der Mondsubstanzen scheint zu beweisen, daß die nicht gasförmigen Himmelskörper alle aus denselben chemischen Stoffen bestehen.

Maritime space people

Man wußte natürlich, bevor man zum erstenmal auf dem Mond landete, daß man Bakterien und vielleicht niedere Formen pflanzlichen Lebens finden würde, nicht aber Menschen, die es dort wahrscheinlich auch nie gegeben hat.
Wohl hatten so manche Schriftsteller angekündigt, daß der Mond bewohnt sei und den Schlüssel unserer Vorgeschichte berge, aber das waren nur Utopien.
Daß der Mond Raumfahrern als Relaisstation gedient hat, ist nicht unglaublich, aber es ist unbestritten, daß es seit Jahrtausenden auf dem Mond keine Atmosphäre und keine Bevölkerung im eigentlichen Sinn gibt.
In Anbetracht ihres gegenwärtigen physikalischen Zustands ist anzunehmen, daß auch Mars, Venus und Merkur keine unserem Entwicklungsgrad ähnlichen Lebewesen beherbergen, obwohl es auf diesen Planeten sicher verschiedene Formen von Zelleben gibt (außer vielleicht auf dem Merkur, der radioaktiv und ausgeglüht sein dürfte wie der Mond).
In weiterer Entfernung von unserer Erdkreisbahn scheint es sicher, daß auch die Planeten Jupiter, Saturn, Uranus und Neptun auf Grund ihrer Natur, ihrer Dichte und der dort herrschenden großen Kälte (zwischen –150° und –270°) keine günstigen Lebensbedingungen bieten.
Der erste »bewohnte« Planet, den die Astronauten – wenn überhaupt – entdecken werden, wird daher außerhalb unseres Sonnensystems liegen.
Er könnte fast zur Gänze kontinental oder aber vollkommen von einem Ozean bedeckt sein. Im letzteren Fall würden dort eventuell existierende denkende Wesen fischähnlich oder amphibisch sein. Wie soll man mit solchen Wesen Kontakt aufnehmen?

Nun, Physiker, Biologen und Chemiker haben alle das Problem studiert und Möglichkeiten erforscht, wie man sich diesen Verwandten aus dem All verständlich machen, ihnen unsere Absichten erklären und sich ihrer Lebensweise anpassen könnte.
Der erste Versuch bestünde darin, sich durch Zeichen, Laute, Zeichnungen, Schrift oder telepathische Mittel verständlich zu machen. Im Falle eines Erfolgs würden die Erdenmenschen die Möglichkeiten einer Akklimatisierung entweder an das irdische und atmosphärische oder an das maritime Milieu studieren, mit dem Endziel der Schaffung eines Erdenmenschen, der mit besonderen Kiemen ausgestattet ist.
Dieser *homo aquaticus*, der eine gewisse Zeit im Wasser leben und seinen Sauerstoff verwerten kann, ist gegenwärtig im Zustand fortgeschrittener Mutation. An ihn würden sich unsere Astronauten wenden, um die Bewohner eines »ozeanischen« Planeten zu kontaktieren.
Die außerplanetarischen Wesen würden in ihm eine Art Meeresungeheuer erblicken und vielleicht glauben – wenn sie in ihrer Kultur und in ihrem Wissen nur relativ wenig entwickelt sind –, daß alle Erdenbewohner Fischmenschen sind.

Orejona, Oannes, Venus und der homo aquaticus

Was die amerikanischen Astronauten und russischen Kosmonauten bald unternehmen und wahrscheinlich erfolgreich durchführen werden, kann logischerweise von außerirdischen Astronauten in umgekehrter Richtung bereits unternommen worden sein.
Heutzutage ist auf unserer Erde nichts von solchen Besuchern bekannt. Aber die Wahrscheinlichkeit ist groß, daß Extraplanetarier in den vergangenen geologischen Zeitaltern und sogar in vorgeschichtlichen Zeiten zu uns gekommen sind.
Ein gewisser, wenig skrupelhafter Autor gefällt sich darin, diese Weltraumreisenden »meine Götter« zu nennen; er hat sich damit nur eine meiner Ideen angeeignet, da ich schon lange vor ihm, nämlich im Jahre 1962, ausdrücklich erklärt habe, daß die Weltraumreisenden Initiatoren und Lehrmeister waren, die von den alten Völkern zu Göttern erhoben wurden.
Wenn uns auch die meisten dieser Extraplanetarier äußerlich ähnlich sahen – zum Beispiel die »Engel« in der Bibel und im Buch Henoch –, ist es merkwürdig festzustellen, daß sich andere durch gewisse Anomalien oder Attribute unterschieden, die sie direkt mit dem wäßrigen Milieu verbanden.

Orejona, Mutter und Zivilisatorin der Inkas, hatte nur je vier Finger und Zehen und dazwischen Schwimmhäute.
Oannes, der Gott der Chaldäer, war in den Überlieferungen dieses Volkes der erste Kulturbringer der Menschen. Er lehrte sie die Schrift, die Wissenschaften und Künste, die Landwirtschaft; sein Name bedeutet auf altsyrisch *Fremdling*. Nach Berosos war er ein Ungeheuer, halb Mensch und halb Fisch, und stammte aus dem Roten Meer.
Venus, die Göttin des griechisch-römischen Pantheons, war aus dem Meerschaum geboren, was mit den Thesen der Biologen übereinstimmt, wonach alles Leben aus dem Wasser entstanden ist.
Es empfiehlt sich nicht unbedingt, den Versuch zu machen, aber man hat beobachtet, daß Babys schwimmen können, ohne es gelernt zu haben, oder zumindest eine natürliche Begabung für das Schwimmen zeigen.
Zusammenfassend sei festgestellt, daß man in unseren Zeiten der wissenschaftlichen Forschung und wohl auch der Apokalypse zwei Phänomene beobachten kann, die auf phantastische Weise miteinander verbunden sind:
- Die Menschen bereiten sich auf die Eroberung anderer Planeten vor, vielleicht auch jenes, von dem ihre Ahnen ausgegangen sind.
- Die Wissenschaftler arbeiten an der Verwirklichung eines Menschentyps, der sich längere Zeit im Meer aufhalten und sogar den Sauerstoff im Wasser verwerten kann: der *homo aquaticus* (Fischmensch).

Es hat den Anschein, daß die Erdenmenschen so etwas wie eine Vorahnung davon haben, daß der homo aquaticus bald dazu dienen wird, eine hybride Menschenart auf einem Planeten mit vorwiegend maritimen Verhältnissen zu akklimatisieren.

Der Delphin ist mit dem Menschen verwandt

Kein anderes Tier ist zum Menschen so selbstlos freundlich wie der Delphin. Niemals greift er den Menschen an, und immer nähert er sich ihm mit allen Anzeichen des Vertrauens und der Zuneigung.
Diese rührenden Freundschaftsbezeigungen lassen uns annehmen, daß der Delphin einst ein treuer Gefährte des Menschen war, vielleicht sogar eine parallele Art Mensch, die mit einer großen Intelligenz und der Sprache begabt war.
Der Delphin hat als Vorfahren den Kreodont, der vor 100 Millionen Jahren sowohl auf dem Lande als auch im Wasser lebte. Von diesem fernen Urahn hat der Delphin in seinem Skelett Ansätze von Pfoten mit Fingern, Hüften und Wirbeln beibehalten.

Der Delphin lebt wie der Mensch in organisierter Gesellschaft mit Gesetzen, Riten und Bräuchen, und er kann an Leiden wie Herzinfarkt, zerebraler Kongestion oder Magenbeschwerden erkranken. Sein Fötus sieht dem menschlichen Fötus so ähnlich, daß die Physiologen berechtigte Gründe für die Annahme haben, die beiden Arten könnten gemeinsame Ahnen gehabt haben.
Dies sagen auch die Überlieferungen: Die Delphine waren einst Menschen, sie sprachen und haben heute noch Sehnsucht nach diesem fernen goldenen Zeitalter.
Die Ozeane bedecken heute sieben Zehntel der Erdoberfläche; es ist aber so gut wie sicher, daß ihre Ausdehnung in früheren geologischen Epochen noch größer war. Es ist daher nicht unvernünftig anzunehmen, daß das erste denkende Wesen ein Meerestier war: der Delphin.
In Millionen Jahren konnten sich sehr wohl Mutanten dieses denkenden Wesens, das mit einem großen Gehirn ausgestattet war, zu einer amphibischen und später rein erdgebundenen Form entwickeln, als die Kontinente aus den Tiefen auftauchten.
Der Mensch wäre in diesem Fall das Endprodukt dieser Evolution, wobei der jetzige Delphin entweder den ursprünglichen Typus oder eine rückläufige Art darstellt.
Wohl ist es nur eine Hypothese, sie würde aber die außerordentliche Zuneigung dieses Tiers für den Menschen erklären: Sie wären so etwas wie Brüder.

Der Delphin: Ein Experiment von Extraterrestriern

Genaugenommen ist diese Genealogie des Menschen nicht befriedigend, wenn man eine zwar phantastischere, aber wahrscheinlichere Gegebenheit aus den Überlieferungen in Betracht zieht: Der entwickelte Mensch ist der Nachfahre von Extraplanetariern.
Gewiß, der Delphin und der irdische Ureinwohner haben vielleicht einen gemeinsamen Ursprung, aber andere Hypothesen müssen auch untersucht werden.
Wenn unsere Astronauten eines Tages auf einem »ozeanischen« Planeten landen, wird dann der *homo aquaticus* in der Lage sein, mit den maritimen Wesen dieses Planeten in Kontakt zu treten? Wenn nicht, würden die russischen und amerikanischen Biologen der Raumfahrtbehörden versuchen, den Delphin an die außerirdische Existenz anzupassen. Dies wäre das erste Stadium der Kolonisierung, während in einer zweiten Etappe der *homo aquaticus* akklimatisiert würde. Was im Raumfahrt-

programm des 20. Jahrhunderts vorgesehen ist, könnte ebensogut vor Jahrtausenden, wenn nicht Jahrmillionen schon einmal unternommen worden sein.
Die Wahrscheinlichkeitsrechnung läßt nur geringe Möglichkeiten für das gleichzeitige Bestehen von zwei Kulturen denkender Wesen in unserem beschränkten Universum offen.
Wenn Extraplanetarier einst die Erde besuchten – sagen wir im Tertiär –, fanden sie sie zu mehr als drei Vierteln von Ozeanen bedeckt. Kein denkendes Wesen – so nimmt man wenigstens an – existierte zu dieser Zeit, aber die am höchsten entwickelten Tiere waren vielleicht maritimer Natur. Was haben also die Astronauten des Jahres 1 000 000 vor unserer Zeitrechnung gemacht? Man muß sich vorstellen, daß sie Anpassungsversuche mit Prototypen machten, die sie von ihrem Planeten brachten: den Yeti auf den Landgebieten und den Delphin in den Ozeanen.
Wahrscheinlich experimentierten sie auch noch mit anderen Implantaten: Ungeheuer wie halb Mensch, halb Schlange oder halb Mensch, halb Pferd, Sphinx oder hybride Tiere, deren Spur nur in der Erinnerung an den Kampf der Erdenbewohner mit diesen Monstren um die Vorherrschaft auf unserem Planeten erhalten geblieben ist.
Wenn die Delphine so außergewöhnlich intelligent sind, so vielleicht, weil ihnen die außerirdischen Biologen einst menschliche Gehirne eingepflanzt haben, außer der Astronaut im Tertiär war selbst ein *homo aquaticus* und mit den Zetazeen verwandt.
Dann vergingen Tausende von Jahren; die Initiatoren kamen nicht wieder oder gaben die Experimente auf; der *homo sapiens* bestätigte sich, während der Delphin seine intellektuellen Fähigkeiten nach und nach verlor. Dennoch soll es – wie die Überlieferung sagt – eine Epoche gegeben haben, in der sich Delphine und Menschen sprachlich verständigen konnten.
Nach der Sintflut sank der Mensch auf sein tiefstes intellektuelles Niveau ab. Es ist möglich, daß die starke Strahlung eine Wandlung oder aber das Fortbestehen der ursprünglichen Eigenschaften der Delphine bewirkte und es einem von ihnen ermöglichte, die Rolle von Oannes zu spielen. Die Hypothese ist nicht gänzlich von der Hand zu weisen.

Orejona kam von einem »ozeanischen« Planeten

Die Legende der Orejona verlangt eine viel rationalere Erklärung. Nach den Überlieferungen der Inkas landete eines Tages am Ufer des Titicacasees ein Raumschiff, das strahlender glänzte als die Sonne. Eine schöne

junge Frau entstieg ihm, die von der Venus stammte und zur Mutter der Menschheit wurde.
Sie erhielt den Namen »Orejona«, weil sie – wie die Götter und die Wesen besonderer Herkunft: Buddha, Baal, die Götter der Osterinsel, in Tiahuanaco oder Tula, wie die Sphinx von Gizeh – große Ohren hatte. Ihr Schädel war nach oben länglich, an Händen und Füßen hatte sie nur vier mit Schwimmhäuten versehene Finger beziehungsweise Zehen.
Kam Orejona wirklich vom Planeten Venus? Man kann es nicht beweisen, aber man kann es glauben, denn dieser Bericht weist zu viele Gemeinsamkeiten mit den Legenden der Magier (persische Priester), der Chaldäer und der Phönizier über die Initiatoren auf, als daß man an Zufall glauben könnte.
Außerdem haben die geheimnisvollen Figuren auf der Puerta del Sol in Tiahuanaco, auf deren Kopf merkwürdige Apparate und eine Art Taucheranzug gezeichnet sind, auch nur vier Finger an jeder Hand.
Sollen diese Finger mit Schwimmhäuten, dieser Taucheranzug, die Verbindung der Puerta del Sol mit Venus, die venusische Herkunft der Orejona, das fast gleichzeitige Auftreten von Oannes, dem Fisch-Initiator, und die von den alten Völkern ständig wiederholte Aussage, daß Venus die Göttin der Wasser ist, nur eine Anhäufung von Zufällen sein?
So phantastisch auch der Glaube an die Ankunft der Orejona auf der Erde sein mag, er ist viel vernünftiger als das Ableugnen von Überlieferungen, die in den Chroniken der ganzen Welt tausendfach wiederholt werden.
Wir können also glauben, daß Orejona einer denkenden Menschheit angehörte, die halb auf dem Land und halb im Wasser lebte und von einem – das Wort ist eine Neuschöpfung – »ozeanischen« Planeten kam.
Wenn die Raumfahrer dieser Zeit dieselben Anliegen hatten wie die Astrophysiker des 20. Jahrhunderts, haben sie sicher versucht, auf der Erde ein Tier zu akklimatisieren.
Entsprechend dieser bereits – aber unter einem anderen Blickwinkel – erwähnten Hypothese konnte der Bote eines »ozeanischen Planeten« nur der Delphin sein, intelligent und sprachbegabt, wissenschaftlich vorbereitet – vielleicht durch eine Gehirnübertragung –, den Menschen zu lieben und dem Zauber seiner Sprache zu erliegen.

Das Geheimnis der Sirene und der Melusine

Ein anderes maritimes Fabelwesen ist die Sirene der alten Völker, in der man den Lamantin, den Dugong oder die Seekuh sehen wollte.
Gewiß, die homerischen Sirenen, die den schlauen Odysseus in Versu-

chung führten, haben in dieser Form nur in der Phantasie der Griechen existiert. Immerhin ist es bemerkenswert, daß sie einen Zaubergesang und eine Sprache hatten.
Soll man zwischen ihnen und den Delphinen eine Verbindung herstellen. Hätten sie die Ahnen oder das Verbindungsglied zu einem außerirdischen *homo aquaticus* sein können?
Homer schrieb vor drei Jahrtausenden den Sirenen menschliche Formen zu, sowie den Göttinnen und Nymphen. Erst später machte man aus ihnen Meereswesen mit einem Frauenoberkörper. Ovid sagt, daß sie Flügel hatten, was die Verfälschung der Legende beweist und damit eine mögliche ursprüngliche Realität.
Wie Orejona, wie der Fischmensch Oannes waren die Sirenen Wissende. In der Odyssee rufen sie Odysseus zu:
»Naht euch, großmütiger Odysseus . . . um die sanfte Harmonie unserer Gesänge zu bewundern und von uns eine Unzahl von Dingen zu erfahren . . . denn nichts, was in diesem riesigen Universum geschieht, ist uns verborgen . . .«
Sie schwiegen, sagt die Überlieferung, bei ihrer Begegnung mit jenen anderen großen Eingeweihten, den Argonauten.
Orpheus konnte sie mit seiner Lyra bezaubern, und aus Ärger stürzten sie sich ins Meer und verwandelten sich in Felsen . . .
Wieder einmal hat uns das Geheimnis der Fischgötter, der Delphine und Sirenen in das Gebiet der Initiation geführt, bis zur letzten keltischen Sirene: Melusine, der Schlangenfrau mit dem melodiösen oder tragischen Gesang, die im Brunnen von Sé (des Wissens) im Poitou hauste.
Welches auch immer das wahre Geheimnis des Delphins und der halb mensch- halb fischgestaltigen Initiatoren sein mag, es lenkt unsere Aufmerksamkeit auf jenen geheimnisvoll-unbekannten Bereich, der eng mit den außerirdischen Initiatoren verbunden ist.
Wir wissen nicht, was die UFOs wirklich sind, aber wenn man das Universum als einen riesigen lebendigen Organismus mit den Planeten als Bestandteilen betrachtet, kann man sich vorstellen, daß der Mensch eine wesentliche Rolle zu spielen hat.
Es ist gewiß unser Schicksal, eines Tages zu fremden Sternen zu fliegen, wie es auch die Aufgabe der denkenden Wesen im Kosmos ist, auf die Erde zu kommen, um ihr neue Lebenskeime und eine entwicklungsfördernde Hybridierung zu bescheren.
Aber der Austausch, die Verbindungen, die Zwischenbeziehungen gehen wahrscheinlich nicht so vor sich, wie wir es uns vorstellen, da wir durch unsere irdischen Vorstellungen eingeschränkt und gehemmt sind. Doch ganz langsam, Schritt für Schritt, entdecken die Physiker jene Boten der

anderen Welten, die Neutrinos und kosmischen Partikeln. Was beweist, daß alle Universa eine Verbindungsmöglichkeit haben und sich gegenseitig besuchen.

Schon bald wird vielleicht ein bedeutender Wissenschaftler, Astrophysiker, Chemiker oder großer Eingeweihter den goldenen Schlüssel finden, der diesen Botschaften, die wir nicht entziffern können, diesen Boten, die wir nicht sehen, weil die Zeit noch nicht reif ist, endlich einen überzeugenden Sinn geben kann.

Register

Fotonachweis

1 Popperfoto Ltd., 2–8 R. Charroux, 9 Horst V. Irmer, 10–18 R. Charroux, 19 Edith Gérin, 20–23 R. Charroux, 24 Rapho u. Viollet, 25 Roger Vidler, 26, 27, R. Charroux, 28 Dimitri Rebikoff, 29–36 R. Charroux, 37–39 Musée de l'homme, 40 Francis Mazière, 41–43 R. Charroux, 44, 45 dem Buch »Kama Kala« von Mulk Raj Anand entnommen, 46–50 R. Charroux, 51–53 der Zeitschrift »Minuit de Montréal« entnommen.

Alle Fotos mit freundlicher Genehmigung des Verlages Robert Laffont.